Kult – Sport – Kunst – Symbol

Tanz im kulturellen Gedächtnis

D1717731

Texte – Quellen – Dokumente zur Sportwissenschaft

32

Kult – Sport – Kunst – Symbol

Tanz im kulturellen Gedächtnis

Barbara Ränsch-Trill

GELÖSCHT
STADT- UND
LANDESBIBLIOTHEK
FREIHANDBIBLIOTHEK
DORTMUND

Dieses Buch ist öffentliches Eigentum.
Für Verlust und jede Art von
Beschädigung haftet der Entleiher.
Vor allem bitte keinerlei Anstreichungen!
Auch Bleistiftanstreichungen gelten als
Beschädigung des entliehenen Buches!

hofmann.

Bibliografische Information Der Deutschen Bibliothek
Die Deutsche Bibliothek verzeichnet diese Publikation in der Deutschen Nationalbibliografie;
detaillierte bibliografische Daten sind im Internet über http://dnb.ddb.de abrufbar.

M + b

Raen

Stadt- und Landesbibliothek
Freihandbibliothek
Dortmund

Bestellnummer 6912

© 2004 by Verlag Karl Hofmann, Schorndorf

www.hofmann-verlag.de

Alle Rechte vorbehalten. Ohne ausdrückliche Genehmigung des Verlags ist es nicht gestattet, die Schrift oder Teile daraus auf fototechnischem Wege zu vervielfältigen. Dieses Verbot – ausgenommen die in §§ 53, 54 URG genannten Sonderfälle – erstreckt sich auch auf die Vervielfältigung für Zwecke der Unterrichtsgestaltung. Dies gilt insbesondere für Übersetzungen, Vervielfältigungen, Mikroverfilmungen und die Einspeicherung und Verarbeitung in elektronischen Systemen.

Erschienen als Band 32 der „Texte – Quellen – Dokumente zur Sportwissenschaft"

Druck und Bindung: Daab Druck & Werbe GmbH, Reinheim
Printed in Germany · ISBN 3-7780-6912-8

Inhalt

Vorwort

Es gab zu keiner Zeit eine *Philosophie des Tanzes*, die der Philosophie der Dichtung und der Bildenden Kunst in den unterschiedlichen Zeiten vergleichbar wäre. Aber es sind im Laufe der Geschichte doch eine Reihe von aufschlussreichen Äußerungen über den Tanz entstanden.

Das Buch ist eine Sammlung von Texten aus Literatur und Philosophie seit der Antike, welche sich mit dem Tanz auseinandersetzen: Es ist also eine Geschichte der Auffassung vom Tanz am Leitfaden authentischer Zeugnisse unterschiedlicher Epochen. In diesen Texten wird die Bedeutung des Tanzes im kulturellen Kontext der jeweiligen Zeit sichtbar, und es werden Wandlungen in der Wertschätzung erkennbar. Je früher die Zeugnisse sind, desto weniger lassen sich die konkreten Tänze vorstellen, geschweige denn rekonstruieren. Allerdings wird in den meisten Zeugnissen – Zeiten übergreifend – auf die wesentlichen Momente des Tanzes als einer gestalteten Bewegung Bezug genommen.

Die Texte sind für Studierende und Lehrende zusammengestellt und kommentiert, die sich – aus welcher fachspezifischen Perspektive auch immer – mit dem Tanz befassen. Sportstudenten, Tanztherapeuten und Tänzer, Literatur- und Philosophiestudenten[1] sowie die am Tanz interessierte Öffentlichkeit finden hier Quellen, die sie in vielfältiger Weise nutzen können. Sie können die überaus reiche kulturgeschichtliche Dimension des Tanzes kennen lernen und die eigene Arbeit in der Gegenwart in den geschichtlichen Rahmen einordnen.

Unterschiedliche Linien der Bedeutung und der Wertschätzung des Tanzes ziehen sich durch die Jahrhunderte: Der menschliche Tanz bildet den kosmischen Tanz der Gestirne ab, der kultische Tanz stellt eine Beziehung zu den Göttern oder dem Göttlichen her, Tanz wirkt gemeinschaftsbildend, er ist die Initialzündung einer erotischen Beziehung, er ist eine sportlich-artistische Leibesübung, und nicht zuletzt ist er eine künstlerische Deutung der Welt und des menschlichen Lebens. Er ist schließlich ein Symbol: für das Leben selbst.

Die Textsammlung strebt keine Vollständigkeit an. Obwohl die Äußerungen zum Tanz über die Jahrhunderte hinweg relativ gering an der Zahl sind, würde doch eine „vollständige" Zusammenstellung den Rahmen eines „Informationsbuches" sprengen.

---

[1] Zur Erinnerung: In der Deutschen Sprache schließt die männliche Form bestimmter Substantive die weibliche ein.

Dass es in manchen Epochen nur wenige oder auch gar keine Texte zum Tanz gibt, darf nicht zu dem Schluss führen, die Menschen hätten nicht getanzt. Der Tanz war sicherlich zu *allen Zeiten* eine wesentliche menschliche Lebensäußerung. Wenn sich manchmal kaum Texte finden lassen, so hat das andere Gründe, die sich jeweils aus der Kultur heraus erschließen lassen. Die Übersetzungen fremdsprachiger Texte sind zum Teil historischen Ausgaben entnommen, deren Orthographie und Wortwahl nicht immer der gegenwärtigen entspricht. Hier wurde absichtlich nichts verändert.

Der Tanz als Kult, als Sport, als Kunst und als Symbol lebt von der Sichtbarkeit: Die ausgewählten Texte zum Tanz werden deshalb mit einigen Beispielen aus der Kunst- und Tanzgeschichte ergänzt.

Die Herausgeberin dieses Sammelbandes hat sich bemüht, Texte und Bilder thematisch und zeitlich in einen Zusammenhang zu bringen. Das ist nicht immer gelungen: Manchmal sind die Bilder aus einer anderen Epoche als die Texte.

Für die Herstellung des Druckbildes sei Herrn Tim Nebelung, Doktorand am Philosophischen Seminar der Deutschen Sporthochschule Köln, herzlich gedankt.

Köln, im April 2004   *Barbara Ränsch-Trill*

Einführung – Tanz im kulturellen Gedächtnis

Tanz – Faktum und Symbol

Der Tanz ist ein universales Phänomen. In allen Kulturen hat er eine lange Ge-
schichte, und mit dieser Geschichte verbunden sind seine vielfältigen Wandlungen.
Was wir heute an Tanz und Tänzen kennen, ist also nur ein Teil einer globalen
Gesamtkultur.

Wenn wir das Bild einer Tänzerin
aus der Frühgeschichte, einer afri-
kanischen Felsenmalerei von etwa
4000 v. Chr., anschauen, ergreift
uns ein Schauder vor dem Abgrund
der Zeit. Aber es erfüllt uns auch
mit Respekt, wenn wir sehen, welch
ein hohes Niveau die tänzerische
Bewegungskultur in dieser frühen
Zeit gehabt haben muss.

Weiße Dame von Auahouret,
ca. 4000 v. Chr. (afrikanische Felsenmalerei)

Reigentanz (ca. 1400-1100 v. Chr.), Kreta, Heraklion, Archäologisches Museum

Wahrscheinlich ist die geometrische Urform des Tanzes der Kreis gewesen: der Reigen. Eine Tonfigurengruppe aus dem 2. Jahrtausend vor Christus dokumentiert früh den Schwung des Tanzreigens. Der Reigen grenzte die Tanzenden als die Feiernden oder Betenden aus der alltäglichen Umwelt heraus und schloss sie gleichzeitig zusammen. Der Kreis sicherte das Gefühl der Zusammengehörigkeit einer Gruppe. Dass aus dem frühen Reigentanz sich der kultische Tanz entwickelt haben mag, ist eine Vermutung, die eine gewisse Wahrscheinlichkeit hat. Das griechische Theater als noch heute in Ruinen sichtbare Rundform, ist dem feierlich im Kreis schreitenden Chor nachgebildet, der das Theatergeschehen, das immer von den Menschen und den Göttern handelte, umschloss.

Es mag sich während der kreisenden Bewegung des Reigens nicht nur eine Sensibilität für die Wiederholung von Schritten oder Figuren, sondern auch für die Wiederkehr bestimmter Phänomene in der Zeit eingestellt haben: von Tag und Nacht, von Vollmond und Neumond, von Regen und Sonnenschein, von Sommer und Winter, Saat und Ernte, Leben und Tod. Dass der Tanz über seine jeweils historische Faktizität hinausweisen und zum Symbol werden konnte, hat eine innere Stringenz. Ebenso wie der Kreislauf der Gestirne und der Wechsel der Jahreszeiten ließ sich auch das menschliche Leben als ein Tanz ansehen.

Eine Begründung für den kultischen Tanz, sofern er in seiner Kreisform und seinen kreisenden Bewegungen eine Ordnung – vielleicht sogar eine überirdisch göttliche – darstellt, liefern die Schriftsteller der griechischen Antike. Da findet sich bei Platon (427-347 v. Chr.) eine interessante Begründung, die bis in die christliche Spätantike hinein in verwandelter Form weitergereicht wird.

Im Dialog „Timaios" werden die Bewegungen der Gestirne, dieser „Lebewesen göttlicher Art", als „Reigentänze", gesehen. Das gilt sowohl für die Fixsterne in ihren „Konstellationen", z.B. den Sternbildern, als auch für die Wandelsterne, die Planeten, die zu „schweifen", zu vagabundieren scheinen und doch immer wieder an ihren Ausgangspunkt zurückkehren. Hier wird der Reigentanz in den Kosmos projiziert. Die kosmischen Bewegungen wiederum erscheinen dann ihrerseits als das Vorbild für die Tanzbewegung.

Sehr viel später greift der griechische Schriftsteller Lukian (120-180 n. Chr.) Platons Bild vom Reigen der Gestirne aus dem „Timaios" auf und fügt noch etwas Entscheidendes hinzu: die Vorstellung, das Weltall sei aus einem „uranfänglichen Tanz" entstanden. Diesem ursprünglichen Tanz entspringen die Bewegungen der Fixsterne und „die regelmäßig verschlungene Bewegung der Planeten zu den Fixsternen". Wir sehen, hier wird der Tanz kosmologisch als das Prinzip der Weltentstehung gesehen: eine Vorstellung, die im 20. Jahrhundert – unter den Bedingungen der Moderne – in den Schriften zum „Ausdruckstanz" wiederkehrt.

Die ungeheuer reichen und vielfältigen Tanzäußerungen in der Geschichte der Menschheit lassen sich nach den Funktionen gliedern, die der Tanz hat oder hatte. Zunächst wurde getanzt zu Ehren von Göttern, zur Beschwörung von Geistern und Dämonen. Das konnte stattfinden bei Frühlingsfesten, zur Erntefeier, in Trauerveranstaltungen oder bei Siegesfesten. Dann aber war der Tanz immer auch eine gesellige Angelegenheit: man tanzte spontan aus Freude, zur Unterhaltung bei Festlichkeiten – und allmählich wurden diese Tänze mehr und mehr in unserem Sinne zu sportlichen Veranstaltungen. Allerdings muß der Tanz auch schon sehr früh (in modernem Sinne) eine Kunst gewesen sein, er gehört also in den Rahmen künstlerischer – nicht unbedingt nur kultischer – Weltdeutung.

Tanz als Kult

Der Tanz als Kult ist unserer Zeit und auch unserer Tanzpraxis wohl am weitesten entfernt. Ja, wir können uns kaum vorstellen, dass in unserer nordeuropäischen Kultur kultische Tänze stattgefunden haben könnten. Sicherlich haben sie stattgefunden, wir haben jedoch darüber keine schriftlichen Zeugnisse. Aber sie haben in der griechischen Antike stattgefunden: Da finden wir auch schriftliche Notizen. Tanzhistoriker haben inzwischen sehr viel Material zu Tage gefördert.

Der *kultische Tanz* kann sich als festgelegte Bewegung in theatralischer Gestaltung oder aber über kontrollauflösende anarchische Selbstentäußerung realisieren. Das heißt: er kann Ordnung oder aber – geordnetes – Chaos sein. Zuweilen gibt es Übergänge. Ist er eine theatralische Gestaltung, so überwiegen gemessene Bewegungen, getragener Rhythmus, feierliche Atmosphäre, fast militärischer Gleichklang, sofern es sich um mehrere Tänzer handelt. Im Folgenden sieht man drei Beispiele aus der griechischen Kunst:

„Heiliger Tanz von Delos"

1. Tänzer und Tänzerinnen in archaischer Präsentation, in einem feierlichen Schreit-Ritual.

Griechische Mädchen und Jünglinge tanzen den „Hormos", einen Reigentanz.

2. Tänzer und Tänzerinnen, die den „Hormos", einen Kettentanz, tanzen, den wir als einen offenen Reigen ansehen können. Er war ein Frühlingstanz, der von jungen Männern und Mädchen leicht und locker getanzt wurde, aber gleichwohl eine ritualisierte Bewegung war.

„Borghesische Tänzerinnen"

3. Tänzerinnen eines Kulttanzes in sehr dynamischer Bewegung: die Gewänder bauschen sich, jedoch erscheinen die Figurationen des Tanzes sehr streng modelliert.

Aus dem japanischen Kulturraum sind noch heute Beispiele für Kulttänze bekannt.

Tänze um den Yasukuni-Schrein

Eine aktuelle Präsentation eines solchen Kulttanzes zeigt das Bild des japanischen Tanzes um den Yasukuni-Schrein, der jeweils im Frühling stattfindet.

Die andere Möglichkeit des kultischen Tanzes ist der ekstatische Tanz: Wenn man die Bewegungen dieses Tanzes unterscheidet von dem theatralisch gemessenen Ritual, so erscheint er an der Oberfläche eher chaotisch. Das aber war er wohl nicht. Auch hier gab es – wie bei allen Tänzen – reglementierte Bewegungen. Die Bilder aus der griechischen Antike machen das plausibel. Die Tänze, die bei den Festen zu Ehren des Gottes Dionysos oder Bacchus getanzt wurden, waren rauschhaft, aber bewegungsrhythmisch liefen sie nicht aus dem Ruder.

Wir sehen hier eine bacchantische Tänzerin – nur mit einem Leopardenfell, dem Kennzeichen des Dionysos, bekleidet – zum Flötenspiel eines jungen Mannes tanzen, der möglicherweise einen Sartyr, einen Begleiter aus dem Gefolge des Dionysos, darstellt.

Flötenspieler und Tänzerin (6. Jh. v. Chr.)

Etwas heftiger und eher in die Richtung des selbstvergessenen Tanz-Rausches weisend ist das Bild des Tanzes um den Dionysos-Altar. Die Bewegungen der Tänzerinnen und der Flötenspielerin lassen auf sehr viel Dynamik schließen.

Tanz um den Dionysos-Altar

Eine Steigerung des Ekstatischen ist in dem dionysischen Fresco aus Pompeji um 80 v. Chr. zu sehen: Während bei einer Mysterienfeier das Mädchen im linken Bildteil zur Initiation eine Geißelung erträgt, tanzt sich die bereits „Geweihte" mit einem großen Schwung in die andere, die göttliche Welt hinein.

Dionysischer Fries mit gegeißeltem Mädchen und Bacchantin (Pompejanische Wandmalerei 80 v. Chr.)

Platons Bild von den tanzenden Sternen hat bis in die christliche Spätantike nachgewirkt. Dort nämlich verwandelten sich die Gestirne in Engel – und der Reigentanz der Gestirne wurde zum Reigentanz der Engel um den Allerhöchsten. Ja, die Engel sind es, die den Menschen ergreifen und in die Bewegung der Welt um den die Welt bewegenden Gott hineinreißen. In der alten Kirche gab es vereinzelt eine religiös-sakrale Tanzpraxis, die solchermaßen den Tanz als eine Form der Anbetung ritualisierte. Diese aber wurde schließlich von den Kirchenvätern allegorisiert und den Engeln im Himmel überlassen. Die Christen – so heißt es – haben sich in ihrem Erdenleben gottesfürchtig züchtiger Bewegungen auf ihrem Weg zum Heil zu befleißigen. Der weltliche Tanz wurde verdammt, aber auch der kultisch-sakrale hatte keine Chance.

Das hatte seinen Grund in dem zweiten Element des kultischen Tanzes, dem chaotisch-anarchischen. Dem kultisch sakralen Tanz kommt insgesamt die Bedeutung von Offenbarungen, Visionen und Entrückungen zu. Der Tänzer tanzt seinen Gott, seine Gebärden symbolisieren seine Taten und Leiden, seine Erlösung und seinen Triumph: Er entäußert sich. In manchen Regionen der griechisch-römischen Welt organisierte sich der kultisch-sakrale Tanz zu Ehren von Gottheiten, die –

wenn man so wollte – durchaus Züge der christlichen Gottesvorstellung trugen. Der Gott Dionysos, der immer wieder bis zum Tode leiden muß und dann aufersteht, präsentiert Tod und Leben ekstatisch. Manch einer frühchristlichen Gemeinde mochten daher Dionysos und Christus ähnlich erscheinen. Mit den griechischen Tänzen zu Ehren des Dionysos waren allerdings Trunkenheit, Aggressivität und sexuelle Ausschweifung verbunden. Christliche Feiern hingegen hatten nüchtern zu sein. Von daher wurden Tänze insgesamt als Werke des Teufels verdächtigt.

Tanz der Salome
(Bronzerelief der Bernwardstür, 1022
Hildesheim, Dom)

Außerdem hatte *Salome* den Tanz ein für allemal diskreditiert, als sie – nach dem Bericht des Neuen Testaments – mit ihren lasziven Bewegungen, ihrem künstlerischen Tanz also, den König Herodes dazu gebracht hatte, Johannes den Täufer enthaupten zu lassen. Das mittelalterliche Relief zeigt allerdings weniger die Sünde der Salome als die Schönheit ihres Tanzes. (Salome hat auch in späteren Zeiten noch manchen Künstler inspiriert.)

Der Effekt war allerdings, dass der kultische Tanz in der abendländischen Kultur so gut wie beseitigt wurde. Im Mittelalter gab es hin und wieder Versuche, den Kirchentanz zu etablieren; auch wurde auf den Gräbern der Heiligen getanzt, aber der sakrale Tanz ist in Europa nicht mehr zu finden, wenn man einmal von einzelnen Residuen absieht: den Prozessionen und den Schreit-Ritualen bei kirchlichen Veranstaltungen.

Aubrey Beardsley (1872-1898):
The stomach dance from Salome

Dennoch gab es Beispiele für *religiösen Tanz*: Die „Shaker", Angehörige einer Sekte in Neuengland, haben bis ins 19. Jahrhundert einen kultisch-religiösen Tanz gepflegt: den „Zittertanz".

In den Versammlungshäusern wurden die Gottesdienste abgehalten. Hier saßen die Gläubigen, Männer und Frauen, einander gegenüber und warteten auf ihre Eingebung. Dann hängten sie rasch Stühle und Bänke an die Hakenleiste und begannen zu tanzen. Das rhythmische Stampfen und Singen der Shaker war bis in die Nachbardörfer zu hören. Die eigentümlichen Bewegungen brachten ihnen ihren zunächst abfällig gedachten Namen ein: *Shaker* (Schüttler, Zitterer).

EIN ZITTERTANZ brachte der religiösen Gemeinschaft der Shaker ihren Namen ein

Zittertanz der Shaker

Der kultische Tanz war ein religiöses Ereignis für den ganzen Körper. Der Dichter Heinrich Heine bringt es auf den Punkt: „Tanzen war ein Gottesdienst, war ein Beten mit den Beinen."

Tanz als Sport

Der Kult war eines der Fundamente des Tanzes, das andere war sicherlich das spielerisch-sportliche Vergnügen, das der Tanz dem einzelnen Tänzer ebenso bereitete wie den Tänzern ganzer Gruppen. Sicherlich entstand dieses Vergnügen nicht erst, nachdem der kultische Tanz abgeschafft war: entweder durch das Verbot der Kirchenväter oder aber durch Aufklärung, welche den religiösen Praktiken die Basis nahm, sondern es war vorhanden, seitdem Menschen ein Vergnügen dabei empfanden, sich mit rhythmischem Schwung zu bewegen und Figuren im Verlauf dieser Bewegung zu bilden, die einen Augenblick Bestand hatten und dann wieder verschwanden, um neuen Figuren Raum zu geben.

Die Geschichte des Tanzes legt von diesem Vergnügen Zeugnis ab. Darf man behaupten, dass der Tanz tatsächlich in früheren Zeiten „Sport" in unserem Sinne gewesen ist? Wahrscheinlich darf man es. Frühe literarische Zeugnisse berichten einmal von der durch Übung erworbenen Routine in der „künstlich" gestalteten Bewegung, also vom „gekonnten" Tanz. Dann berichten sie von Tanzwettbewerben, und schließlich berichten sie von der Möglichkeit, durch Tanz den Körper wendig und geschmeidig zu machen, um ihn möglicherweise auch im kriegerischen Kampf einzusetzen. Die sportliche Komponente war im griechischen Tanz sehr wichtig.

Für Plato gehörte der Tanz notwendig zur Erziehung der jungen Aristokraten – neben deren gymnastischer Ausbildung.

Xenophon (430 – ca. 355 v. Chr.) erzählt von einem „Gastmahl", bei dem sich die illustren Athener zu klugen Gesprächen bei reichlichem Essen und Trinken getroffen haben. Dieses Mahl fand im Jahre 421 v. Chr. im Hause des reichen Atheners Kallias statt. Zur Unterhaltung ist ein syrakusischer Tanzmeister mit seiner Truppe engagiert. Es wird die Flöte gespielt und getanzt. Der Blick fällt zunächst auf eine Tänzerin, die zur Bewunderung der Anwesenden mit ihrem Tanz artistische Kunststücke vorführt. Als die Tänzerin Reifen, die ihr gereicht werden, unter fortwährendem Tanzen im Wirbel in die Höhe wirft und geschickt im Rhythmus auffängt, sind alle hingerissen, und Sokrates erklärt den Grund des Entzückens. Alle Körperteile sind tätig: Hals, Beine und Hände sind zur gleichen Zeit rhythmisch-tänzerisch bewegt. Die gekonnten Bewegungen lassen den menschlichen Körper schöner erscheinen als in der statischen Ruhe. Aber Sokrates sieht über den ästhetischen Aspekt hinaus auch schon den kraftsportlichen. Der Tanz nämlich bildet den Körper ganzheitlich aus und stärkt alle Teile gleichmäßig. Während der Läufer im Laufen nur starke Beine bekommt und seine Schultern schwach bleiben, hat der Faustkämpfer starke Schultern, aber schwächliche Beine. Der Tänzer aber ist gleichmäßig kraftvoll und elegant. Eben deshalb begeistert sich Sokrates auch ganz persönlich für den Tanz und gesteht den amüsierten Zuhörern, dass er trotz seines behäbigen Bauches gelegentlich tanze: zur Körperertüchtigung.

Griechischer Waffentanz

Der Waffentanz gehört in der griechischen Kultur eher zum *Sport*, gleichwohl gibt es natürlich kultische Anlässe für den Kriegstanz: Tänze zu Ehren des Kriegsgottes Ares (Mars) vor den Feldzügen oder auch bei Siegesfeiern danach. In der *Anabasis*, dem „Zug der Zehntausend", berichtet Xenophon von sportlichen Waffentänzen: von einem Abend und einer Nacht, welche das Heer den Griechen auf seinem Rückzug von Persien nach Griechenland auf einem Lagerplatz in Paphlagonien zubringt. (Xenophon nahm 401 v. Chr. am Zug des jüngeren Kyros gegen dessen Bruder, den persischen Großkönig Ataxerxes, teil. Kyros fand den Tod, und Xenophon führte gemeinsam mit dem Spartaner Cheirisophos das griechische Heer in die Heimat zurück). Die Thraker, die Ainianen, die Magneten, die Myser, die Mantineer, die Arkader führen vor ihren Gastgebern, den Paphlagoniern, die unterschiedlichen Waffentänze ihrer Herkunftsorte auf. Die im Text genannte „Karpaia" scheint ein pantomimischer Tanz gewesen zu sein, die „Pyrrhiche" ein Waffentanz, den einzelne Tänzer ebenso wie Gruppen tanzen konnten. Kampf, Sieg und Niederlage wurden tänzerisch oder auch pantomimisch vorgestellt. Auf dem Bild auf einer griechischen Vase sehen wir, wie die Tänzer zwei aufeinander treffende Heere simulieren. Xenophon erwähnt besonders eine Schwerttänzerin, die durch ihre akrobatische Geschicklichkeit zeigt, dass sie auch das Kriegshandwerk versteht.

Die Griechen kannten auch den sportlichen Tanzwettbewerb. Davon berichtet der griechische Schriftsteller Plutarch in der römischen Kaiserzeit. Die Juroren bewerten den „Gang", die „Darstellung" und den „Ausdruck". Wir finden solche Hinweise nicht nur bei Xenophon, sondern auch bei Lukian.

Griechische Schwerttänzerin

Die frühchristlichen Theologen: die Kirchenväter, haben mit ihrer herben Kritik die Entwicklungsmöglichkeiten der abendländischen Tanzkultur während der Jahrhunderte des Mittelalters stark beeinträchtigt. Die christliche Polemik gegen die weltlichen Tänze ist so alt wie die Warnung vor den Verführungen des Theaters. Der Satz „Der Tanz ist ein Kreis, dessen Mittelpunkt der Teufel ist", angeblich von Augustinus (354-430) formuliert, wurde in vielen Variationen oft wiederholt. Trotzdem darf man annehmen, dass in allen Epochen des Mittelalters getanzt wurde. Der Tanz entspringt einem viel zu vitalen Bedürfnis, als dass er sich hätte unterdrücken lassen. Alle gesellschaftlichen Schichten haben getanzt: der König, die Ritter, die Bauern. Volkstänze waren sicherlich so etwas wie Volkssport.

Leider gibt es vergleichsweise wenige schriftliche Zeugnisse in der Literatur. Kurze Hinweise auf den Tanz fehlen dennoch in den Beschreibungen der höfischen Feste nicht. Das Bild aus der „Manessischen Liederhandschrift" zeigt ein Beispiel für den höfischen Tanz, wie er auf einer mittelalterlichen Burg getanzt worden sein mag: Ein Ritter führt zwei Damen zu einem Reigen, ein Spielmann spielt die Fiedel.

Die wichtigste Zeit für die Geschichte des sportlichen Tanzes in der Neuzeit ist die Renaissance. Die sich etablierenden Fürstenhöfe der italienischen Stadtstaaten bildeten ihre cortigiani, ihre Hofleute, im Reiten, Fechten und Tanzen aus. Man brauchte Tanzmeister, welche die jungen Herren und Damen unterrichteten. Diese Tanzmeister haben dann die ersten Versuche gemacht, die Tanzschritte – als Choreografie – durch Symbolsysteme, die dem Notensystem ähnelten, festzuhalten. Die Schrittfolgen waren in ein geometrisches System der Raumaufteilung eingepasst, und der tanzende Körper bewegte sich entsprechend der Vorstellungen von Symmetrie und Maß. So wurde jede Tanzveranstaltung zu einem sportlichen Ereignis.

Aus diesen Renaissance-Tänzen entwickelten sich die höfischen Tänze der absolutistischen Höfe des 17. Jahrhunderts, der Barockzeit. Auch diese bei Festlichkeiten getanzten Gesellschaftstänze waren sportliche Tänze: geometrisch diszipliniert, ritualisiert und ästhetisch vollendet.

Hiltbolt von Swanegoen,
ca. 1300 (Manesse-Handschrift)

Sie brachten den europäischen *Kunsttanz* hervor: das *Ballett*, das bald auf den Bühnen der Höfe und schließlich auf den Bühnen der bürgerlichen Städte getanzt wurde. Diese Tänze waren mit ihren abgezirkelten Schrittfolgen, ihren preziösen Figurenbildungen und ihren fast militärischen Gruppenformationen eine komplizierte Ordnung. Sie fügten eine größere Anzahl von Menschen zu synchroner rhythmischer Bewegung. Es waren Ereignisse, die – unter dem Aspekt des Sports – den feierlichen Großveranstaltungen bei den Olympischen Spielen der Neuzeit vergleichbar sind, etwa dem Einzug der olympischen Sportler der unterschiedlichen Nationen in das Stadion, vergleichbar aber auch dem Synchron-Schwimmen, den Darbietungen der Rhythmischen Sportgymnastik durch Gruppen oder denen des „Formationstanzes" etc.

Getanzte Geometrie:
Die Erlösung des Renaud (Finale), 16. Jh.

Synchronschwimmen

Formationstanz

Parallel zu diesen disziplinierten Gruppentänzen (sie wurden im 18. Jahrhundert und sogar noch im 19. Jahrhundert getanzt), die durchaus etwas von militärischer Ordnung hatten, begann um die Mitte des 18. Jahrhunderts ein neuer „Sporttanz" die europäischen Gesellschaften vom Bürgertum bis zum Adel zu erobern: der

Walzer. Das Pathos des Walzers bleibt mit dem Namen Rousseau verbunden. Die „Natur" galt es wieder zu entdecken in einem Zeitalter der Künstlichkeit und mit ihr die ungekünstelten Bewegungen. Der „Walzer", der „natürliche" Tanz, hat seine Wurzel wie auch das Menuett in den Tänzen des Volkes. Aber er wendet sich gegen das Menuett als einem Symbol der absolutistischen Herrschaft. Er ist ein Tanz, der die vorrevolutionäre Stimmung der Bürger in Europa auffängt und weiterträgt. Sein Schwung siegt über abgezirkelten Bewegungen der höfischen Tänze, ja, die Höfe selbst können sich seinem Zauber nicht entziehen. Der Höhepunkt der Begeisterung war das Jahr 1814/15, als alle diplomatischen Verhandlungsführer beim Wiener Kongress den Walzer tanzten. Das war „Sport" auf höchster politischer Ebene.

Walzer (ca. 1815)

Im Bewegungsablauf des Walzers erfahren die Tänzer und Tänzerinnen einen Wechsel zwischen erhöhter – gelegentlich ausgedehnter – und verminderter Spannung. Die enge Umarmung bei kraftvoller Drehung erzeugt eine eigene emotionale Atmosphäre. Während des Tanzes lässt sich die Bewegung so beschleunigen, dass die Zeitwahrnehmung sich ändert. Bei gesteigerter Geschwindigkeit wird die Zeit als wohltuend, beglückend und auch rauschhaft erfahren, nach Ende des Tanzes tritt meistens Ernüchterung ein.

Im Walzertanz zeigt sich – wenn man die Bewegungen auf ihren Begründungszusammenhang bezieht – ein verändertes „Sport-Konzept", das schon vorausweist auf das 19. und 20. Jahrhundert: Die Bewegungen sind selbstverständlich, wie alle sportlichen Bewegungen, „unnatürlich", denn sie sind ja gestaltete Bewegungen, die durch lange Übung erst zur Routine werden. Aber sie erwecken den Anschein einer überwältigenden „Natürlichkeit".

Der Walzer hatte seine große Zeit im 19. Jahrhundert. Ende des 19. Jahrhunderts und im ersten Drittel des 20. Jahrhunderts kommen neue Tanzformen im *Gesellschaftstanz* auf. Das Spiel der Bewegungen erfährt neue, auch exotische Ausgestaltungen. Alle klassisch modernen Gesellschaftstänze besitzen die sportliche Komponente: Foxtrott, Tango, Rumba, Samba, Boogie-Woogie, Rock 'n' Roll, Salsa und andere. Tanzveranstaltungen im Gesellschaftstanz sind heute Sportveranstaltungen. Es gibt „Kampfrichter", und es gibt Sieger-Paare. Wenn man schließlich die in den letzten Jahren inszenierte *Love Parade* in Berlin auf diesem Hintergrund betrachtet, wird auch hier der sportliche Charakter sichtbar. Der stundenlange Tanz wurde als sportliche Leistung empfunden. Längst waren auch hier die Tanzbewegungen nicht mehr zufällig und spontan, sondern es gab eine Choreografie, wenn auch eine schlichte, war doch der Tanzraum nur die Standfläche der Tänzer.

Tanz als Kunst

Dass der Tanz auch immer schon Kunst war, möchte man angesichts dieser griechischen Statuette einer Tänzerin behaupten, die in einem langen Gewand mit großen Gesten und großen Schwung einen Tanz ausführt, der nicht so sehr sportlich als vielmehr künstlerisch anmutet. *Künstlerischer Tanz* hat natürlich auch wie der sportliche Tanz als Fundament die „künstlich" gestaltete natürliche Bewegung. Aber er ist über den Sport hinaus „Weltdeutung" – Weltdeutung im Rahmen der Epochen und der Kulturen, in denen man ihn antrifft. Was die dargestellte Tänzerin zum Ausdruck bringen möchte, wissen wir nicht.

Die Muse des Tanzes in der antiken Mythologie war „Terpsichore". Sie steht für die künstlerische Gestaltung des Tanzes. Diese entsprang wohl zunächst dem Tanzritual, das an bestimmte Kulte gebunden war. Recht bald allerdings musste der Tanz ästhetischen Ansprüchen genügen. Das geschah wahrscheinlich bereits vor der Zeit, in der in Griechenland theoretisch über die Dichtung und die Bildende Kunst nachgedacht wurde, also vor dem „Goldenen Zeitalter" der Griechen, dem 5. Jahrhundert v. Chr.

Statuette einer Tänzerin,
2. Jh. v. Chr. (Terracotta aus Myrna)

Der Tanz ist wie die anderen Künste (Dichtung, Bildende Kunst, Schauspiel, Musik) Welt-Interpretation. Im Unterschied zur Artistik und der Zirkusakrobatik will er immer etwas mitteilen über das Verhältnis des Menschen zur Welt. Auch in seinen abstraktesten Ausprägungen berichtet er wie die anderen Künste von Mensch und Welt: von Liebe und Glück, von Macht und Herrschaft, von Leiden und Tod.

Sein Medium ist die Bewegung, sein Instrument der menschliche Körper. Der Tanz ist aber nicht nur eine Sache des Körpers, er ist auch eine Sache des „schöpferischen Bewusstseins", das sich in seinem Vermögen und seinen Absichten zur Bewegungsgestaltung zur Geltung bringt. Die soziale, historische Seite des Tanzes darf nicht darüber hinwegtäuschen, dass er auch immer eine individuelle Inszenierung durch eine Tänzer oder eine Tänzerin ist – und damit stets einmalig und neu.

Der Tanz wird zur Kunst durch bewusste Gestaltung. Ein Trällern oder Summen ist noch kein Gesang, ein Seufzer ist noch nicht Poesie, ein Farbklecks noch keine Malerei, eine Geste, eine Miene sind noch kein Schauspiel, eine Grimasse noch keine Pantomime, eine spontane Drehung, ein dynamischer Sprung, aus welchen Gründen immer, sind noch kein Tanz. Improvisierter Bewegungsausdruck ist noch nicht Komposition. John Neumeier, Tänzer und Choreograph der Gegenwart, erklärt: „Ich will die Gefühle, die ich spüre, die ich lebe, meine Hoffnungen und Enttäuschungen in eine Form bringen, die ich beherrsche." In diesen Worten macht er klar, dass Tanz Gestaltung ist: beherrschte Form in der Bewegung, nicht unmittelbarer Gefühlsausdruck.

Die Themen des künstlerischen Tanzes sind über die Jahrhunderte und Jahrtausende sicherlich dieselben geblieben, allerdings wechseln die Präsentationsformen je nach historischer Epoche. Diese Präsentationsformen hingen allemal mit der Welthaltung der Epoche im Ganzen zusammen. Bedeutende Tänzer und Tänzerinnen, die dem Tanz als Kunst Geltung verschafften, sind mit Namen allerdings erst eigentlich im 18. Jahrhundert bekannt. Das ist kein Zufall. Die Renaissance war auf das schöpferische Individuum in der Kunst aufmerksam geworden und sah es

zu allererst in der Bildenden Kunst und in der Dichtung. Im 18. Jahrhundert beginnt man generell den Künstler als den „zweiten Schöpfer" neben Gott zu sehen: als Genie, wie der Philosoph Shaftesbury (1671-1713) formulierte. Auch der Tänzer wird als Künstler gesehen und aufgewertet. So ist es ganz plausibel, dass ab dem 18. Jahrhundert uns Bilder der bedeutenden Tänzerinnen bekannt sind. Hier ein Bild der italienischen Tänzerin Barberina, deren Ruhm in Europa so groß war, dass ein absolutistischer Monarch in Deutschland, Friedrich II. von Preußen (1712-1786), sie an der Schweizer Grenze „kidnappen" ließ, um seinen Hof in Berlin mit ihrer wunderbaren Tanzgestaltung zu schmücken.

Die Tänzerin Barberina Campanini von
Antoine Pesne (1683-1757), Berlin-Charlottenburg

Das 19. Jahrhundert kennt eine Reihe illustrer Namen von Ballett-Tänzerinnen. Es ist die große Zeit des Theater-Balletts. Um 1900 setzt in allen Künsten eine radikale Umorientierung ein. Sie antworten auf Welt- und Weltbildveränderungen. Auch der Tanz als Kunst verändert sich. Das Ballett wird in Deutschland zwar nicht abgeschafft, aber es kommen ganz neue Tanzgestaltungen zum Zuge: Bedeutende Tanzkünstler und -künstlerinnen schufen im *Modernen Tanz* oder *Ausdruckstanz* Tänze, die bis in die heutige Tanzkultur fortwirken. Drei Fotos aus jener Zeit zeigen die große Bewegung der Ausdruckstänzer:

„Rosenkavalierwalzer", 1932 (Gret Palucca)

Die Tänzerin Gret Palucca (1902-1993) gestaltet einen Walzer mit den Mitteln des Ausdruckstanzes, Mary Wigman (1886-1973) präsentiert den „Hexentanz", eine ihrer berühmtesten Performationen, der Tänzer Harald Kreutzberg (1902-1968) ist in einer seiner pathetischen Bewegungsstudien zu sehen.

Mary Wigman „Hexentanz"

Es sind Dichter und Philosophen gewesen, die das begrifflich nicht Fassbare des neuen künstlerischen Tanzes verständlich gemacht haben: durch poetische Sprache und poetische Bilder. In diesen poetischen Bildern zeigt sich, dass der Tanz etwas sein muss, was den Menschen über sich selbst hinaussteigen, sich selbst „transzendieren" lässt. Paul Valéry interpretiert den Tanz symbolisch als „Flamme", und das Leben erscheint ihm „wie eine tanzende Frau, die aufhören würde, Frau zu sein, könnte sie ihren Sprung bis in den Himmel fortsetzen". Nietzsche hatte gar erklärt, er könne nur an einen Gott glauben, der zu tanzen vermöchte. Und als man den großen Meister des russischen Tanzes, Georges Balanchine (1904-1983) nach dem legendären russischen Tänzer Nijinskij (1889-1950) fragte, sagte er: „Man wird oft gefragt, ob Nijinskys Sprung so hoch war, wie man ihn beschreibt. Dazu kann ich nur das Eine sagen: Ich weiß nicht, wie weit sein Sprung vom Boden war, aber ich weiß, dass er den Sternen nahe war."

Harald Kreutzberg „Bewegungsstudie"

Das Gedächtnis sei ein riesiger Hof, eine *ingens aula*, sagte Augustin. Die Kulturgeschichte insgesamt ist eine *ingens aula memoriae*, und der Tanz seinerseits in seinen vielfältigen Wandlungen nimmt in dieser *ingens aula* selbst wiederum eine *ingens aula* in Anspruch. Das kulturelle Gedächtnis bewahrt und schließt diesen „ungeheuren Hof" auf – für die Gegenwart.

DAS GILGAMESCH-EPOS
(verfasst um 1700 v. Chr.)

Die Mythendichtung um die Gestalt des Gilgamesch ist anonym überliefert. Gilgamesch, König eines Reiches mit der Hauptstadt Uruk in Mesopotamien, dem heutigen Irak, hat wahrscheinlich um 2600 v. Chr. gelebt. Um ca. 1700 v. Chr. sind die Geschichten seiner Taten auf Tontafeln aufgeschrieben worden. Sie bieten allerdings keine Einheit, die aus einer einzigen poetischen Hand stammen könnte.

Der folgende kleine Abschnitt enthält einen Hinweis auf den Tanz im Rahmen einer Unterweisung zu einer klugen Lebensführung und einem maßvollen Lebensgenuss. Gilgamesch ist auf der Suche nach dem ewigen Leben. Seine Gesprächspartnerin, die „Schenkin Siduri", erklärt ihm, dass es für den Menschen kein ewiges Leben gibt. Die Götter haben dem Menschen den Tod zugewiesen. In seinem endlichen Leben ist der Tanz allerdings e i n e unter mehreren Möglichkeiten, im Augenblick das Leben zu feiern.

(Das Gilgamesch-Epos. Zehnte Tafel. II 14 – III 14. Hrsg. v. W. von Soden. Stuttgart 1997.)

Tanz: Freude im Hier und Jetzt

Die Schenkin sprach zu ihm, zu Gilgamesch:
„Gilgamesch, wohin läufst du?
Das Leben, das du suchst, wirst du sicher nicht finden!
Als die Götter die Menschheit erschufen,
Teilten den Tod sie der Menschheit zu,
Nahmen das Leben für sich in die Hand.
Du, Gilgamesch – dein Bauch sei voll,
Ergötzen magst du dich Tag und Nacht!
Feiere täglich ein Freudenfest!
Tanz und spiel bei Tag und Nacht!
Deine Kleidung sei rein, gewaschen dein Haupt,
Mit Wasser sollst du gebadet sein!
Schau den Kleinen an deiner Hand,
Die Gattin freu' sich auf deinem Schoß!
Solcher Art ist das Werk *der Menschen*!"

Tanz-Figurine
(Ägypten, ca. 4000 v.Chr.)

DER TANZ UM DAS GOLDENE KALB
(vermutlich verfasst um 700 v.Chr.)

Diese Episode der alttestamentlichen Erzählung über die lange Wüstenwanderung des Volkes Israel ist für die Bewertung des Tanzes in späteren christlichen Zeiten nicht gerade günstig gewesen. Die Sünde des Abfalls vom Glauben an den Gott Jahwe wird auf Dauer verbunden mit dem kultischen Tanz um eine orientalische Tiergottheit. Der Tanz bekommt aus dieser Richtung eine Nuance von Gottvergessenheit.

(2. Mose 32,1-11.15-28. In: Die Bibel. Elberfelder Übersetzung. Wuppertal ⁵2002.)

Gottvergessener Tanz

Als nun das Volk sah, daß Mose säumte, vom Berg herabzukommen, versammelte sich das Volk zu Aaron, und sie sagten zu ihm: Auf! Mache uns Götter, die vor uns herziehen! Denn dieser Mose, der Mann, der uns aus dem Land Ägypten heraufgeführt hat, – wir wissen nicht, was ihm geschehen ist. Und Aaron sagte zu ihnen: Reißt ihnen die goldenen Ringe ab, die an den Ohren eurer Töchter sind und bringt sie zu mir. So riß sich denn das ganze Volk die goldenen Ringe ab, die an ihren Ohren (hingen), und sie brachten sie zu Aaron. Der nahm (alles) aus ihrer Hand, formte es mit einem Meißel und machte ein gegossenes Kalb daraus. Und sie sagten: Das sind deine Götter, Israel, die dich aus dem Land Ägypten heraufgeführt haben. Als Aaron (das) sah, baute er einen Altar vor ihm, und Aaron rief aus und sagte: Ein Fest für den Herrn ist morgen! So standen sie am folgenden Tag früh auf, opferten Brandopfer und brachten Heilsopfer dar. Und das Volk setzte sich nieder, um zu essen und zu trinken. Dann standen sie auf, um sich zu belustigen.

Da sprach der Herr zu Mose: Geh, steig hinab! Denn dein Volk, das du aus dem Land Ägypten heraufgeführt hast, hat schändlich gehandelt. Sie sind schnell vom Weg abgewichen, den ich ihnen geboten habe. Sie haben sich ein gegossenes Kalb gemacht, sind vor ihm niedergefallen, haben ihm geopfert und gesagt: Das sind deine Götter, Israel, die dich aus dem Land Ägypten heraufgeführt haben! Weiter sagte der Herr zu Mose: Ich habe dieses Volk gesehen, und siehe, es ist ein halsstarriges Volk. Und nun laß mich, damit mein Zorn gegen sie entbrenne und ich sie vernichte, dich aber will ich zu einer großen Nation machen. Mose jedoch flehte den Herrn, seinen Gott, an und sagte: Wozu, o Herr, entbrennt dein Zorn gegen dein Volk, das du mit großer Kraft und starker Hand aus dem Land Ägypten herausgeführt hast? [...]

Und Mose wandte sich um und stieg vom Berg hinab, die beiden Tafeln des Zeugnisses in seiner Hand, Tafeln beschrieben auf ihren beiden Seiten.; vorn und hinten waren sie beschrieben. Diese Tafeln waren Gottes Werk, und die Schrift, sie war Gottes Schrift, auf den Tafeln eingegraben. Als nun Josua die Stimme des Volkes bei seinem Lärmen hörte, sagte er zu Mose: Kriegslärm ist im Lager! Der aber antwortete: Es ist kein Schall von Siegesgeschrei und kein Schall vom Geschrei bei einer Niederlage; den Schall von Gesang höre ich. Und es geschah, als Mose sich dem Lager näherte und das Kalb und die Reigentänze sah, da entbrannte der Zorn Moses, und er warf die Tafeln aus seinen Händen und zerschmetterte sie unten am Berg. Dann nahm er das Kalb, das sie gemacht hatten, verbrannte es im Feuer und zermalmte es, bis (es) feiner (Staub) war, streute es auf die Oberfläche des Wassers und gab es den Söhnen Israel zu trinken. Und Mose sagte zu Aaron: Was hat dir dieses Volk getan, daß du eine so große Sünde über es gebracht hast? Aaron aber sagte: Der Zorn meines Herrn entbrenne nicht. Du selbst kennst das Volk, daß es böse ist. Sie haben nämlich zu mir gesagt: Mach uns Götter, die vor uns hergehen. Denn dieser Mose, der Mann, der uns aus dem Land Ägypten herausgeführt hat – wir wissen nicht, was ihm geschehen ist. Da fragte ich sie: Wer hat Gold? Sie rissen es sich ab und gaben es mir, und ich warf es ins Feuer, und dieses Kalb ist daraus hervorgegangen. Als nun Mose sah, daß das Volk zuchtlos war, denn Aaron hatte es zuchtlos werden lassen zur Schadenfreude ihrer Gegner, da trat Mose in das Tor des Lagers und rief: Her zu mir, wer für den Herrn ist! Daraufhin versammelten sich bei ihm alle Söhne Levis. Und er sagte zu ihnen: So spricht der Herr, der Gott Israels: Ein jeder lege sein Schwert an die Hüfte! Geht im Lager hin und zurück, von Tor zu Tor, und erschlagt jeder seinen Bruder und seinen Freund und seinen Verwandten! Die Söhne Levis nun handelten nach dem Wort des Mose, und es fielen vom Volk an jenem Tage etwa dreitausend Mann.

Goldener Stier, Verzierung einer Harfe, 3. Jh.
v. Chr., gefunden in Ur
(University Museum Philadelphia)

DER TANZENDE DAVID
(vermutlich verfasst um 560 v.Chr.)

Die Geschichten von der Einholung der „Bundeslade" durch den König David (ca.1004/03-965/64 v. Chr.) berichten von dem Freuden- und Triumph-Fest, das mit der Überführung des altisraelitischen Heiligtums, des Zeichens der Gegenwart Gottes, nach Jerusalem, der mit List eroberten Kanaanäerstadt, verbunden gewesen ist. Der Blick fällt hier insbesondere auf den König David, der die Überführung mit geradezu ekstatischem Tanz angeführt haben soll. Heinrich Heine hat den kultischen Horizont dieses Tanzes sichtbar gemacht, als er schrieb: „Tanzen war ein Gottesdienst, war ein Beten mit den Beinen" (siehe S. 153ff.). Interessant ist der Hinweis auf Davids Ehefrau Michal, der Tochter Sauls, die Davids enthusiastischen Taumel, als den sie seinen Tanz wahrgenommen haben mag, lächerlich und verächtlich findet: eines Königs nicht würdig. Allerdings ist es David, der in der späteren Bewertung des Tanzes den sündigen Reigentanz ums „goldene Kalb" mit seinem Tanz vor Gott kompensiert.

(2. Sam 6,12-23. In: Die Bibel. Elberfelder Übersetzung. Wuppertal ⁵2002.)

Tanz als Gebet

Und dem König David wurde berichtet: Der HERR hat das Haus Obed-Edoms und alles, was ihm [gehört], gesegnet um der Lade Gottes willen. Da ging David hin und holte die Lade Gottes mit Freuden aus dem Haus Obed-Edoms in die Stadt Davids herauf. Und es geschah, wenn die Träger der Lade des HERRN sechs Schritte gegangen waren, opferte er einen Stier und ein Mastkalb. Und David tanzte mit aller Kraft vor dem HERRN, und David war mit einem leinenen Ephod gegürtet. So brachten David und das ganze Haus Israel die Lade des HERRN hinauf mit Jauchzen und mit Hörnerschall. Und es geschah, als die Lade des HERRN in die Stadt Davids kam, schaute Michal, die Tochter Sauls, aus dem Fenster. Als sie nun den König David vor dem HERRN hüpfen und tanzen sah, da verachtete sie ihn in ihrem Herzen. Und sie brachten die Lade des HERRN hinein und stellten sie an ihre Stelle in die Mitte des Zeltes, das David für sie aufgeschlagen hatte. Und David brachte Brandopfer und Heilsopfer vor dem HERRN dar. Und als David die Darbringung der Brandopfer und der Heilsopfer beendet hatte, segnete er das Volk im Namen des HERRN der Heerscharen. Und er verteilte an das ganze

Tänzerische Haltung
Phönizische Gottheit, Bronzefigurine,
(ca. 1900-1150 v. Chr.)
American University of Beirut Museum

Volk, an die ganze Menge Israels, vom Mann bis zur Frau, an jeden einen Brotkuchen, einen Dattelkuchen und einen Rosinenkuchen. Und das ganze Volk ging fort, jeder in sein Haus. Und als David zurückkehrte, um seinem Haus den Segensgruß zu bringen, ging Michal, die Tochter Sauls, hinaus, David entgegen, und sagte: Wie ehrenwert hat sich heute der König von Israel gezeigt, als er sich heute vor den Augen der Mägde seiner Knechte entblößt hat, wie sich sonst nur einer der ehrlosen Leute entblößt! Da sagte David zu Michal: Vor dem HERRN, der mich vor deinem Vater und vor seinem ganzen Haus erwählt hat, um mich zum Fürsten über das Volk des HERRN, über Israel, zu bestellen, ja, vor dem HERRN will ich tanzen. Und ich will noch geringer werden als diesmal und will niedrig werden in meinen Augen; aber bei den Mägden, von denen du sprichst, bei ihnen werde ich in Ehren stehen. Michal aber, die Tochter Sauls, bekam kein Kind bis zum Tag ihres Todes.

Der Bericht von Davids Tanz vor der Bundeslade wird noch an weiteren Stellen des Alten Testaments wiederholt, z.B.: 1. Chr 13,6-8 und 1. Chr 15,14-29.

HOMER (ca. 8. Jahrhundert v. Chr.)

In der „Ilias" berichtet Homer, dass während des Kampfes um Troja für den grie-chischen Helden Achill – auf Wunsch seiner göttlichen Mutter Thetis – von dem Gott Hephaistos persönlich neue Waffen geschmiedet wurden, unter anderem ein Schild. Homer nimmt die Gelegenheit wahr, das griechische Leben – als Relief vorgestellt – auf diesem Schild erscheinen zu lassen. Hephaistos, der „Feuerbe-herrscher", gestaltet – in Metall – einen Reigen von Jünglingen und Mädchen, die einen Ringeltanz tanzen, vielleicht den „Hormos". Auffällig an Homers Reigen sind zwei Tänzer, die sich in der Mitte drehen und – dabei singen. Hier haben wir die Andeutung eines Gesellschaftstanzes als Gruppentanz: Die jungen Tänzer und Tänzerinnen hüpfen kreisend „mit schöngemessenen Schritten", und sie hüpfen „in Ordnungen gegeneinander".

(Ilias. Übers. v. J. H. Voss. München 1960. S. 271.)

Tänzer und Tänzerinnen auf dem Schild des Achill

Ein Reigen auch schlang der hinkende Feuerbeherrscher,
Jenem gleich, wie vordem in der weitbewohneten Knossos
Daidalos künstlich ersann der lockigen Ariadne.
Blühende Jünglinge dort und vielgefeierte Jungfraun
Tanzten den Ringeltanz, an der Hand einander sich haltend.
Schöne Gewänder umschlossen die Jünglinge, hell wie des Öles
Sanfter Glanz, und die Mädchen verhüllete zarte Leinwand.
Jegliche Tänzerin schmückt' ein lieblicher Kranz, und den Tänzern
Hingen goldene Dolche zur Seit' an silbernen Riemen.
Kreisend hüpften sie bald mit schöngemessenen Tritten
Leicht herum, so wie oft die befestigte Scheibe der Töpfer
Sitzend mit prüfenden Händen herumdreht, ob sie auch laufe;
Bald dann hüpften sie wieder in Ordnungen gegeneinander.
Zahlreich stand das Gedräng um den lieblichen Reigen versammelt,
Innig erfreut; und zwei nachahmende Tänzer im Kreise
Stimmten an den Gesang und dreheten sich in der Mitte.

HESIOD (8./7. Jahrhundert v. Chr.)

Welche große Bedeutung der Tanz in der griechischen Kultur gehabt haben muss,
zeigt der Beginn der „Theogonie" von Hesiod: der Dichter preist die Musen, die
Töchter des Zeus, die auf dem Helikon um den Altar des Zeus „herrliche Reigen"
tanzen. Die Musen als die Schutzgöttinnen (oder – modern ausgedrückt – als die
Allegorien) der damaligen Wissenschaften und Künste gewinnen im Tanz die E-
nergie, in alle Richtungen auszuschwärmen und von den Göttern zu künden. So
kommen sie auch zu dem Hirten Hesiod und „hießen ihn preisen die Sippe der
ewigen, seligen Götter" (Terpsichore ist von den neun Musen eigens für die Tanz-
kunst zuständig.).

(Theogonie. Sämtliche Werke. Übers. v. M. von Scheffer. Hrsg. v. E. G. Schmidt. Leipzig 1965. S. 53.)

Der Tanz der Musen

Musen am Helikon, ihr, von euch beginn ich zu singen,
Die des Helikon Höhe, die heilige, große, bewohnen
Und um die bläuliche Quelle mit zartgeschmeidigen Füßen
Tanzen und um den Altar des kampferprobten Kronion,
Wenn sie den zarten Leib sich im Permessos gereinigt
Oder am Roßquell oder der heiligen Flut des Olmeios.
Herrliche Reigen schlingen sie auf des Helikon Gipfel,
Anmutsvolle, und schwingen im Tanze rührig die Füße.
Dann von dort sich wendend, in dichtem Nebel geborgen,
Wandern sie in der Nacht und senden köstliche Kunde,
Preisend den Herrn der Aigis, den Zeus, und die mächtige Hera,
Argos' Göttin, die schreitet dahin auf goldnen Sandalen,
Auch des gewaltigen Zeus blauäugiger Tochter Athene,
Phoibos Apollon dazu und Artemis, pfeilebeselig,
Und auch den Erdeschüttrer, den Länderumschlinger Poseidon,
Themis, die würdige, und mit leuchtendem Blick Aphrodite,
Hebe, die goldbekränzte, und auch die schöne Dione,
Leto, Iapetos auch, dazu den verschlagenen Kronos,
Eos, des Helios Macht und die leuchtende Göttin Selene
Und die finstere Nacht, den großen Okeanos, Gaia
Und die geheiligte Sippe der anderen ewigen Götter.

Griechische Tänzerin (5./4. Jh. v. Chr.), Berlin, Antiquarium

PLATON (427 – 347 v. Chr.)

In Platons Lebenszeit ist die Epoche des Perikles (443-429) und der Athenischen Demokratie unmittelbare Erinnerung. Nach einer glanzvollen Zeit zeigen sich in den griechischen Stadtstaaten, vor allem zwischen Athen und Sparta, Brüche und Probleme. Der Peloponnesische Krieg, in dem sich Athen zerreibt, dauert von 431 bis 404. Es ist eine Zeit der Verunsicherung. Hier ist der historische Ort des Philosophierens von Sokrates (470-399) und Platon. Platons Schriften sind vorwiegend Dialoge. Er wollte seine Philosophie nicht in Gestalt eines Lehrbuchs fixieren, sondern gleichsam „zur Diskussion stellen". Er war Künstler und Theoretiker zugleich. Seine Dialoge sind sowohl dramatische Inszenierungen als auch theoretische Gedankenführungen, die einem pädagogischen Ziel gelten: der Selbstvergewisserung im Sinne eines zur Vernunft und zur Tugend befreiten Denkens. Es gibt kaum ein Thema der damaligen Zeit, das Platon nicht durch Sokrates, der Zentralfigur seiner Gespräche, und dessen Dialogpartnern, zur Diskussion gestellt hätte. Die Themen reichen von der Kosmologie zur Staatslehre, von der Liebe, der Schönheit, der Unsterblichkeit der Seele und dem Weiterleben nach dem Tod bis zur Erziehung, vom guten Handeln bis zur Theorie der Bildenden Kunst und der Dichtung. Verstreut zwischen diesen Hauptthemen finden sich auch Hinweise zu einer Theorie des Tanzes.

Im Dialog „Timaios" erscheinen die Bewegungen der Gestirne, dieser „Lebewesen göttlicher Art", wie „Reigentänze", nein, sie s i n d Reigentänze. Das gilt sowohl für die Fixsterne in ihren Konstellationen, z.B. den Sternbildern, als auch für die Wandelsterne, die Planeten, die da zu „schweifen" scheinen und doch immer wieder an ihren Ausgangspunkt zurückkehren. Hier wird der Reigentanz, der die ursprüngliche Tanzform gewesen sein mag, in den Kosmos projiziert. Die kosmischen Bewegungen erscheinen sodann ihrerseits als das Vorbild für die Tanzbewegung. Platons Bild hat bis in die christliche Spätantike nachgewirkt.

(Timaios 40b-40d. Bd. 7. Dt. Übersetzung v. F. D. E. Schleiermacher. Bearbeitet v. K. Widdra. Hrsg. v. G. Eigler. Darmstadt 1972. S. 61f.)

Der Tanz der Fixsterne und Planeten

[...] Aus diesem Grunde entstanden all die Sterne, welche ihre Stellung nicht verändern, Lebewesen göttlicher Art, und ewig und in gleichmäßiger Weise stets an der gleichen Stelle sich drehend, immerdar verharren. Die sich umwendenden und in dem Sinne schweifenden dagegen entstanden, wie wir im Vorhergehenden bemerkten, auf jene Weise; die Erde aber hat er zu unserer Ernährerin gemacht und andererseits, indem sie sich um die durch das Weltall hindurchgehende Weltachse herumdreht, zur Hüterin und Erzeugerin von Nacht und Tag, die erste und ehrwürdigste aller Götter, die innerhalb des Himmels geworden sind. Aber die Reigentänze dieser *Götter* selber und ihre Konstellation zueinander sowie das Zurückkehren dieser Kreise gegenüber ihrer eigenen Kreisbewegung und ihr Voranschreiten, welche dieser Götter bei ihrem Zusammentreffen in Vereinigung treten und wie viele in Gegenposition und hinter welchen sie voreinander stehen und zu welchen Zeiten jegliche so den Augen entzogen werden und, wenn sie wieder zum Vorschein kommen, denjenigen, welche so etwas nicht zu berechnen vermögen, Schrecken und Vorzeichen der Dinge, die da kommen sollen, senden – darüber ohne genaues Betrachten der entsprechenden Modelle sprechen zu wollen, wäre vergebliche Mühe; aber damit genug zu diesem Punkt, und unsere Ausführungen über die Natur der sichtbaren und entstandenen Götter seien hiermit beschlossen. [...]

In den „Gesetzen" (Nomoi) wird der Tanz im Rahmen der Erziehung diskutiert. Den Menschen haben die Götter „das mit Lust verbundene Gefühl für Rhythmus und Harmonie gegeben". Im griechischen „Chorreigen" erhält dieses ursprüngliche Gefühl Form – „Ordnung" (τάξις – taxis). Wer erzogen ist, ist fähig, im Chorreigen zu tanzen: „Demnach wäre also einer, der schön erzogen ist, imstande, schön zu singen und zu tanzen." (Gesetze II, 654 b). Platon verwendet in Rahmen seiner Erziehungstheorie den Begriff „eurhythmia" (εὐρυθμία), der mit „Wohlgemessenheit" bzw. mit „richtiger Rhythmus" übersetzt wird und sehr deutlich auf die tänzerische Ausbildung Bezug nimmt (Protagoras 326 b; Politeia III, 400 e). Der Begriff „Eurhythmie" hat Karriere gemacht als Bezeichnung für die Bewegungsgestaltung in der „Anthroposophie", die Rudolf Steiner (1861-1925) begründete.

(Gesetze II. 653c – 654 b. Bd. 8. Dt. Übersetzung v. K. Schöpsdau. Hrsg. v. G. Eigler. Darmstadt 1977. S. 79-81.)

Tanz und Erziehung

Der Athener: [...] die Götter haben aus Mitleid mit dem zur Mühsal geborenen Geschlecht der Menschen zu ihrer Erholung von den Mühen die wechselnde Folge der Feste zu Ehren der Götter angeordnet und ihnen die Musen, den Musenführer Apollon und den Dionysos zu Festgenossen gegeben, damit diese *die Feste* richtig leiten, und haben ihnen somit die Erziehung geschenkt, die bei den Festen mit Hilfe der Götter geschieht. Wir müssen also zusehen, ob der Gedanke, den wir jetzt äußern, der Natur der Sache nach wahr ist oder wie es sonst damit steht. Er behauptet, dass sozusagen fast alles, was jung ist, weder mit seinem Körper noch mit seiner Stimme ruhig zu bleiben vermag, sondern stets bestrebt ist, sich zu bewegen und Laute von sich zu geben teils durch Hüpfen und Springen, geradeso als tanzten und spielten sie vor Lust, teils durch Äußerung von Tönen aller Art. Die übrigen Lebewesen nun hätten kein Gefühl für Ordnung und Unordnung in den Bewegungen, für das also, was Rhythmus und Harmonie heißt; uns Menschen dagegen hätten dieselben Götter, die, wie gesagt, uns zu Reigengefährten gegeben sind, auch das mit Lust verbundene Gefühl für Rhythmus und Harmonie gegeben, und diese würden uns ferner auch in Bewegung setzen und unsere Chöre leiten, indem sie uns in Gesängen und Tänzen miteinander zusammenreihten, und sie hätten dies Chorreigen genannt nach dem der Natur der Sache ganz angemessenen Wort χαρά (Freude). – Wollen wir nun als erstes dies gelten lassen? Sollen wir annehmen, die erste Erziehung erfolge durch die Musen und den Apollon, oder wie? *Kleinias*: So ist es. *Der Athener*: Also wird uns ein Mensch ohne Erziehung für ungeübt im Chorreigen gelten, während wir den richtig Erzogenen für hinlänglich im Chortanz geübt ansehen müssen? *Kleinias*: Gewiss. *Der Athener*: Nun besteht aber der Chorreigen insgesamt aus Tanz und Gesang. *Kleinias*: Notwendig. *Der Athener*: Demnach wäre also einer, der schön erzogen ist, imstande, schön zu singen und zu tanzen. *Kleinias*: So scheint es. [...]

XENOPHON (um 430 – 355 v. Chr.)

Xenophon ist wie Platon ein Schüler des Sokrates. Er ist allerdings weniger Philo-
soph als Schriftsteller. Xenophons „Symposion" (in den 80er Jahren des 4. Jahr-
hunderts entstanden) vergegenwärtigt ein Stück griechischer Alltagskultur: ein
festliches Gastmahl, das den Hintergrund zu Gesprächen bietet. Zur Unterhaltung
ist ein syrakusischer Tanzmeister mit seiner Truppe engagiert. Es wird die Flöte
gespielt und getanzt. Der Blick fällt zunächst auf eine Tänzerin, die zur Bewunde-
rung der Anwesenden mit ihrem Tanz artistische Kunststücke vorführt, sodann auf
einen jungen Tänzer. Sokrates als theoretisierender Gesprächspartner nimmt die
Gelegenheit wahr, einmal die Fähigkeiten der „weiblichen Natur", die dem Manne
in nichts nachstehen, hervorzuheben, sodann aber im Ansatz eine „Ästhetik der
Bewegung" zu formulieren: Der schöne Knabe erscheint durch seine Bewegungen
noch schöner, „als wenn er still steht". Dass die menschliche Schönheit nicht aus-
schließlich durch den architektonischen Bau des Körpers repräsentiert wird, son-
dern vor allem in anmutigen Bewegungen sichtbar wird, ist ein Gedanke, den viel
später Friedrich Schiller zum Gegenstand seiner philosophischen Ästhetik gemacht
hat. Aber auch als Leibesübung kommt der Tanz in den Blick: Tanzen trainiert den
ganzen Körper.

(Das Gastmahl. Übers. und hrsg. v. E. Stärk. Stuttgart 1986. Der griechische Text folgt der Ausgabe:
Xenophontis opera omnia. Rec. brevique adn. crit. instr. E. C. Marchant. Tomos II. Oxford [2]1921.)

Tanz als „Sport"

[...] (7) Sokrates dagegen meinte: „Verschieben wir das, weil es umstritten ist, auf
ein andermal. Jetzt wollen wir uns lieber den Darbietungen zuwenden. Ich sehe
nämlich, daß unsere Tänzerin schon bereitsteht und man ihr Wurfringe bringt." (8)
Da blies ihr die andere auf der Flöte etwas vor, und einer, der danebenstand, gab
der Tänzerin nacheinander volle zwölf Ringe. Die nahm sie und warf sie im Tanz
wirbelnd in die Höhe, wobei sie genau darauf achtete, wie hoch sie werfen mußte,
um sie im Takt wieder aufzufangen. (9) Dazu bemerkte Sokrates: „Wie in vielen
Dingen sonst, meine Herren, zeigt sich auch hier in der Leistung des Mädchens,
daß die weibliche Natur im Grunde genommen keineswegs geringer ist als die des
Mannes, daß ihr nur selbständige Einsicht und Kraft fehlt. Wer von euch eine Frau
hat, soll ihr daher ruhig die Fähigkeiten beibringen, die er an ihr sehen möchte."
(10) „Warum nur, Sokrates", fragte ihn Antisthenes, „erziehst dann nicht auch du

in dieser Erkenntnis Xanthippe, sondern hast an ihr die unverträglichste Frau von allen, die es gibt – ja, ich glaube, sogar von allen, die es gegeben hat und geben wird?" – „Weil ich sehe", antwortete er, „daß Leute, die gute Reiter werden möchten, sich nicht die gutmütigsten Pferde, sondern die feurigen nehmen. Sie glauben nämlich, wenn sie die zu meistern imstande sind, werden sie es mit den andern Pferden leicht haben. Und da ich mit Menschen leben und umgehen wollte, habe ich mir diese Frau genommen; denn ich wußte genau: wenn ich die ertragen kann, werde ich mit allen andern Menschen leicht auskommen." Und diese Worte schienen auch wirklich ins Schwarze getroffen zu haben.

(11) Danach wurde ein Ring hereingetragen, der mit aufgesteckten Schwertklingen bestückt war. Räderschlagend sprang die Tänzerin mitten hinein und über die Klingen hinweg wieder heraus, so daß die Zuschauer fürchteten, es könne ihr etwas geschehen, während sie jedoch das Kunststück unerschrocken und sicher zu Ende brachte. (12) Jetzt wandte sich Sokrates an Antisthenes und sagte: „Ich denke, wer sich das ansieht, wird nicht mehr leugnen können, daß auch die Tapferkeit lehrbar ist, wenn sogar diese Person, obwohl sie eine Frau ist, sich so verwegen in die Klingen stürzt." (13) Darauf sagte Antisthenes: „Wäre es da nicht für diesen Syrakusier gleich das Beste, die Tänzerin der ganzen Stadt vorzuführen und den Athenern anzubieten, sie gegen Bezahlung alle dahin zu bringen, daß sie beherzt auf die feindlichen Lanzen losgehen?" (14) „Beim Zeus", rief Philippos, „da würde ich auch gerne zuschauen, wie Peisandros, der große Redner, kopfüber in die Messer springen lernt, wo er doch jetzt nicht einmal mit ins Feld ziehen will, weil er den Anblick von Lanzen nicht ertragen kann." (15) Danach begann der Knabe zu tanzen, und Sokrates fragte: „Habt ihr gesehen, wie dieser schöne Knabe durch seine Bewegungen noch schöner erscheint, als wenn er still steht?" – „Es scheint", bemerkte Charmides, „du willst seinem Tanzlehrer ein Kompliment machen." (16) „Beim Zeus, allerdings!" sagte Sokrates. „Und noch etwas ist mir klar geworden. Es blieb nämlich beim Tanzen kein Teil des Körpers unbewegt, sondern Hals, Beine und Arme wurden gleichzeitig beansprucht; wer seinen Körper ertüchtigen will, muß also tanzen. Höre, Syrakusier, auch ich würde sehr gerne diese Körperbewegungen bei dir lernen." (17) „Was willst du denn mit ihnen anfangen?" fragte der. – „Beim Zeus, tanzen will ich!" Da lachten alle, doch Sokrates sagte mit wirklich ernst gewordener Miene: „Ihr lacht über mich? Etwa darüber, daß ich durch Körpergymnastik gesünder leben, mit größerem Appetit essen und besser schlafen will, oder daß ich keine Übungen machen möchte, von denen man wie die Langläufer kräftige Beine und schmale Schultern bekommt, und auch keine solchen,

von denen man wie die Faustkämpfer kräftige Schultern und dünne Beine bekommt, sondern solche, bei denen man sich mit dem ganzen Körper einsetzt und
ihn damit gleichmäßig ausbildet? (18) Oder lacht ihr darüber, daß ich mir zum
Turnen keinen Gefährten suchen muß, und daß ich – ein alter Mann – mich nicht
vor aller Welt auszuziehen brauche, sondern daß mir ein Zimmer mit Platz für
sieben Ruhebetten reichen wird, wie dem Knaben eben dieser Raum genügt hat,
um ins Schwitzen zu kommen, und daß ich bei schlechtem Wetter meine Übungen
unter einem Dach, und wenn die Hitze zu groß ist, im Schatten machen werde?
(19) Oder lacht ihr darüber, daß ich meinem Bauch, der größer als nötig ist, einen
maßvolleren Umfang geben will? Wißt ihr nicht, daß unser Charmides mich neu-
lich in aller Frühe beim Tanzen überrascht hat?" – „Beim Zeus, das stimmt", bestä-
tigte Charmides. „Und zunächst war ich erschrocken und fürchtete, du seist nicht
ganz bei dir. Als ich dich dann aber so ähnlich wie eben reden hörte, ging ich selbst
nach Hause und – tanzte zwar nicht, denn das habe ich nie gelernt, ließ aber dafür
den Bizeps tanzen, denn das konnte ich schon immer." (20) „Beim Zeus", rief
Philippos, „daher also sind bei dir Beine und Schultern in so sichtbarem Gleichgewicht, daß du, glaube ich, keine Strafe bekommen würdest, wenn du den Marktauf-
sehern deine untere Partie gegen die obere wie Brote vorwögest." Und Kallias
meinte schließlich: „Sokrates, mich laß jedenfalls rufen, wenn du tanzen lernen
willst, damit ich dein Gegenüber und Mitschüler sein kann."

(21) „Auf geht's", rief Philippos, „auch für mich soll sie die Flöte spielen, damit
ich auch einmal tanze!" Er stand auf und imitierte in aller Ausführlichkeit den
Tanz des Knaben und des Mädchens. (22) Und wenn man vorher gerühmt hatte,
wie der Knabe durch seine Bewegungen noch schöner erscheine, so brachte er es
fertig, daß jeder Teil seines Körpers, den er bewegte, noch lächerlicher wirkte, als
er ohnehin schon war. Hatte das Mädchen aber, indem es sich zurückbog, Räder
nachgeahmt, so versuchte auch er, indem er sich vorbeugte, solche Räder zu imitie-
ren. Und hatte man schließlich an dem Knaben gelobt, daß er beim Tanz den ganzen Körper trainiere, so hieß er die Flötenspielerin, das Tempo anzuziehen, und
warf alles, Beine, Arme und Kopf zugleich umher. (23) Als er sich verausgabt
hatte, legte er sich nieder und meinte dazu: „Ein Zeichen, daß auch meine Tänze
eine gute Übung sind, meine Herren. Jedenfalls habe ich jetzt Durst, und der Junge
soll mir die große Trinkschale füllen."

Waffentanz

Xenophons „Anabasis" (geschrieben um 370 v.Chr.) ist der Bericht über den Feldzug des jüngeren Kyros, des zweiten Sohnes des persischen Großkönigs Dareios II, gegen seinen älteren Bruder Ataxerxes, der den Thron nach dem Tode des Vaters bestiegen hatte. Mit griechischen Söldnertruppen wollte Kyros den Großkönig besiegen und absetzen. Im März 401 brach er auf. Bei Kunaxa besiegten die Griechen tatsächlich die Perser, aber Kyros fand den Tod. Damit war das Unternehmen gescheitert, und die Griechen traten den Rückzug an. Xenophon übernahm bei der Rückführung der Griechen eine wichtige Aufgabe. Nach unsäglichen Mühen und großen Verlusten erreichten sie bei Trapezunt im Februar 400 die Meeresküste. In seinem Bericht erzählt Xenophon von einem Abend und einer Nacht, welche das Heer den Griechen auf dem Rückzug auf einem Lagerplatz in Paphlagonien verbringt. Die Thraker, die Ainianen, die Magneten, die Myser, die Mantineer, die Arkader führen vor den Paphlagoniern die unterschiedlichen Waffentänze ihrer Herkunftsorte auf. Der Tanz der Thraker ebenso wie die im Text genannte „Karpaia" (ein Frucht- oder Erntetanz) scheinen pantomimische Tänze gewesen zu sein, die „Pyrrhiche" ein Waffentanz, den einzelne Tänzer ebenso wie Gruppen tanzen konnten. Auch hier zeigt Xenophon wieder, dass er den Frauen dieselben Fähigkeiten zutraut wie den Männern: Sie tanzen nicht nur den traditionellen Waffentanz, sie verstehen auch das Kriegshandwerk.

(Des Kyros Anabasis. Der Zug der Zehntausend. Sechstes Buch. Übersetzung, Einleitung und Anmerkungen v. H. Vretska. Stuttgart 1999. S. 178f.)

[...] (4) Da sie einige der erbeuteten Rinder und andere Opfertiere geschlachtet hatten, boten sie ein ausreichendes Mahl; sie hatten sich auf niedere Ruhebetten gelagert, aßen und tranken aus Hornbechern, die sie im Lande vorgefunden hatten. (5) Als sie geopfert und den Paian gesungen hatten, erhoben sich zunächst die Thraker und tanzten zu Flötenmusik im Waffenschmuck, sprangen behende in die Höhe und führten dabei ihre Schwerter. Am Schlusse schlug einer auf den anderen los, so daß alle glaubten, der Mann sei getroffen worden. (6) Der aber ließ sich in geschickter Weise zu Boden fallen; die Paphlagonier aber schrien auf. Der eine beraubte dann den anderen der Waffen und verließ dann den Platz, wobei er den Sitalkas sang; andere Thraker trugen den zweiten wie einen Gefallenen hinaus; es war ihm aber nichts widerfahren. (7) Hierauf erhoben sich die Ainianen und Magneten, die in Waffen die sogenannte Karpaia tanzten, (8) Die Darstellung des Tan zes war folgende: der eine legt seine Waffen ab, sät und pflügt, dabei dreht er sich häufig um, als fürchte er sich; dann kommt der Räuber heran. Wenn der andere ihn bemerkt, ergreift er die Waffen, tritt ihm entgegen und kämpft mit ihm um sein Gespann; auch diese führten das aus im Takte zur Flötenmusik; schließlich fesselt der Räuber den Mann und führt das Gespann weg. (9) Manchmal fesselt aber auch der Pflüger den Räuber. Dann bindet er ihm die Hände nach rückwärts, spannt ihn neben die Rinder und treibt ihn an. Darauf trat ein Myser in den Kreis, in jeder Hand einen leichten Schild haltend; bald stellte er durch seinen Tanz dar, als hätte er zwei Gegner vor sich, dann wieder, als gebrauchte er den Schild gegen einen, bald drehte und überschlug er sich, die Schilde in den Händen haltend, so daß es ein schöner Anblick war. (10) Zum Abschluß tanzte er den persischen Tanz, indem er die Schilde aneinanderschlug, sich zusammenkauerte und wieder aufstand; auch das führte er alles im Takte zur Flötenmusik aus. (11) Nach ihm traten die Manti-neer und einige andere Arkader auf, in schönstem Waffenschmucke, soweit es ihnen möglich war; sie schritten heran im Takte, von der Flöte im Rhythmus des Enoplios begleitet, sangen den Paian und tanzten, wie bei den Festzügen zu den Tempeln der Götter. Als das die Paphlagonier sahen, hielten sie es für etwas Au-ßergewöhnliches, daß alle diese Tänze in Waffen dargestellt würden. (12) Als der Myser sah, wie sie über diese Dinge verblüfft waren, überredete er einen der Arka-der, der eine Tänzerin besaß, und führte sie herein, nachdem er sie, so schön er nur konnte, aufgeputzt und ihr einen leichten Schild gegeben hatte. Sie tanzte, leicht dahinschwebend, die Pyrrhiche. (13) Sie erntete viel Beifall, und die Paphlagonier fragten, ob auch die Frauen gemeinsam mit ihnen gekämpft hätten. Sie antworte-ten, diese Frauen seien es, die den Großkönig aus seinem Lager verjagt hätten. Diese Nacht endete auf solche Weise. [...]

Waffentanz (Pyrrhiche), Marmorrelief, Rom, Vatikan

ARISTOTELES (384 – 322 v. Chr.)

Aristoteles war der universale Geist, der aus Platons Schule hervorging. Sein der Nachwelt erhaltenes Lebenswerk ist eine Sammlung von zum Teil fragmentarischen Lehrschriften, deren Nüchternheit wenig mit dem poetischen Philosophieren seines Meisters gemeinsam hat. Seine Leistung ist die Schärfung der philosophischen Begrifflichkeit ebenso wie die metaphysische Durchdringung der Wirklichkeit (θεωρία – theoria), die ethische Begründung des guten Handelns (πρᾶξις – praxis) und die Untersuchung des menschlichen Herstellens in Handwerk, Bildender Kunst und Dichtung (ποίησις – poiesis). In der „Poetik" verhandelt Aristoteles die „Mimesis" (μίμησις) als Prinzip poetischen Gestaltens: der Epik, der Dramatik und der Chorlyrik, des Dithyrambos. Alle Gattungen der Dichtung sind für Aristoteles „mimesis": Nachahmung oder Darstellung. „Mimesis" wird als Wort in den abendländischen Sprachen übersetzt und entfaltet dort als Begriff der unterschiedlichen Kunsttheorien wechselnder Epochen bis hin zum 18. Jahrhundert seine normative Wirkung für das ästhetische Verständnis, vor allem in der lateinischen Version der „imitatio". Auch der Tanz ist in Aristoteles Perspektive Mimesis. Er kommt mit einem einzigen Mittel aus: dem Rhythmus (ohne Melodie). Während auch die mimetische Prosa nur ein Mittel benötigt – die Sprache –, benötigen Gattungen wie Epos und Elegie Sprache und Rhythmus. Der Tanz gehört für Aristoteles deshalb zu den mimetischen Künsten, weil er wie die Dichtung die menschlichen Handlungen mimetisch präsentiert. Durch diesen Bezug hat Aristoteles wohl vor allem den künstlerischen Tanz im Auge und in seinem Rahmen den eher pantomimischen Tanz. Die Dichtung – so sieht es Aristoteles – hatte in derjenigen Phase, in der sie vor allem das Satyrspiel produzierte, eine gewisse Nähe zum Tanz. Man kann dies noch am Versmaß des Satyrspiels bemerken, dem „Tetrameter", der auch das „bewegte Versmaß" für den Tanz ist.

(Poetik. Übers. und hrsg. v. M. Fuhrmann. Stuttgart 1994. S. 5ff.)

Tanz als Nachahmung

[...] Die Epik und die tragische Dichtung, ferner die Komödie und die Dithyrambendichtung sowie – größtenteils – das Flöten- und Zitherspiel: sie alle sind, als Ganzes betrachtet, Nachahmungen. Sie unterscheiden sich jedoch in dreifacher Hinsicht voneinander: entweder dadurch, daß sie durch je verschiedene Mittel, oder dadurch, daß sie je verschiedene Gegenstände, oder dadurch, daß sie auf je verschiedene und nicht auf dieselbe Weise nachahmen.

Denn wie manche mit Farben und mit Formen, indem sie Ähnlichkeiten herstellen, vielerlei nachahmen – die einen auf Grund von Kunstregeln, die anderen durch Übung – und andere mit ihrer Stimme, ebenso verhält es sich auch bei den genannten Künsten: sie alle bewerkstelligen die Nachahmung mit Hilfe bestimmter Mittel, nämlich mit Hilfe des Rhythmus und der Sprache und der Melodie, und zwar verwenden sie diese Mittel teils einzeln, teils zugleich. Zum Beispiel verwenden das Flöten- und Zitherspiel – sowie andere Künste, welche dieselbe Wirkung haben, etwa das Spiel der Syrinx – nur Melodie und Rhythmus, die Tanzkunst allein den Rhythmus ohne Melodie; denn auch die Tänzer ahmen mit Hilfe der Rhythmen, die die Tanzfiguren durchdringen, Charaktere, Leiden und Handlungen nach. [...]

[...] Es ist nun offenkundig, daß von den genannten Arten der Nachahmung jede diese Unterschiede hat und daß sie dadurch je verschieden ist, daß sie auf die beschriebene Weise je verschiedene Gegenstände nachahmt. Denn auch beim Tanz sowie beim Flöten- und Zitherspiel kommen diese Ungleichheiten vor, und ebenso in der Prosa und in gesprochenen Versen. [...]

[...] Aischylos hat als erster die Zahl der Schauspieler von einem auf zwei gebracht, den Anteil des Chors verringert und den Dialog zur Hauptsache gemacht. Sophokles hat den dritten Schauspieler und die Bühnenbilder hinzugefügt. Was ferner die Größe betrifft, so gelangte die Tragödie aus kleinen Geschichten und einer auf Lachen zielenden Redeweise – sie war ja aus dem Satyrischen hervorgegangen – erst spät zu Feierlichkeit, und hinsichtlich des Versmaßes ersetzte der jambische Trimeter den trochäischen Tetrameter. Denn zunächst hatte man den Tetrameter verwendet, weil die Dichtung satyrspielartig war und dem Tanze näher stand; als aber der gesprochene Dialog aufkam, wies die Natur selbst auf das geeignete Versmaß. [...]

[...] Der Jambus und der Tetrameter sind bewegte Maße, der Tetrameter für den Tanz, der Jambus für die Handlung. Es wäre noch sonderbarer, wenn jemand die Versmaße mischen wollte, wie Chairemon. Daher hat niemand ein großes Handlungsgefüge in einem anderen Versmaß verfaßt als dem heroischen. [...]

EPIKUR (324/1 – 271/0 v. Chr.)

Epikur ist Philosoph der Lebenskunst im bewegten Zeitalter des Hellenismus. In den Wechselfällen des Lebens bleibt dem Weisen die Freundschaft in kleinen Zirkeln Gleichgesinnter, wo auch Frauen und Sklaven der Zutritt nicht verwehrt wird. Der „Reigentanz" wird zum Symbol: Die Freundschaft, eines der wichtigsten Dinge im Leben, ist vorstellbar als ein globaler Reigen, der alle Menschen untereinander verbindet und in dieser Verbindung glücklich macht.

Das Vasenbild zeigt den Dichter Anakreon trunken und singend im Tanzschritt.

(Spruchsammlung. In: Epikur: Von der Überwindung der Furcht. Eingeleitet und übertragen v. O. Gigon. Zürich / München 1949 u.ö.)

Tanz als Symbol

[...] Die Freundschaft tanzt den Reigen um die Welt und ruft uns allen zu, aufzuwachen zum Preise des glückseligen Lebens. [...]

Anakreon im Komos, Memnonschale, London

MARKUS-EVANGELIUM
(1. Jahrhundert n. Chr.)

Die Geschichte vom Tanz der Salome ist in ihrer Bedeutung für die europäische Tanzgeschichte nicht zu unterschätzen. Der berückend schöne Tanz eines Mädchens löst den Tod Johannes des Täufers aus: Der Tanz insgesamt kann nur Teufelswerk sein. Das jedenfalls ist die Interpretation und Bewertung durch die „Kirchenväter". Salomes Tanz steht denn auch für die Sünde. Schönheit, Erotik, Kunst sind von nun an für die christliche Frömmigkeit verdächtig.

(Mk 6,14-29. In: Die Bibel. Elberfelder Übersetzung. Wuppertal [5]2002.)

Der Tanz der Salome

Und es kam vor den König Herodes; denn der Name Jesu war nun bekannt. Und die Leute sprachen: Johannes der Täufer ist von den Toten auferstanden; darum tut er solche Taten. Etliche aber sprachen: Er ist Elia; etliche aber: Er ist ein Prophet wie einer der Propheten. Da es aber Herodes hörte, sagte er: Johannes, den ich enthauptet habe, der ist auferstanden. Denn er, Herodes, hatte ausgesandt und Johannes gegriffen und ins Gefängnis gelegt um der Herodias willen, der Frau seines Bruders Philippus, denn er hatte sie zum Weib genommen. Denn Johannes hatte zu Herodias gesagt: Es ist nicht recht, daß du deines Bruders Frau hast. Herodias aber stellte ihm nach und wollte ihn töten und konnte nicht. Denn Herodes fürchtete den Johannes, weil er wußte, daß er ein frommer und heiliger Mann war, und verwahrte ihn; und wenn er ihn gehört hatte, ward er sehr unruhig; und doch hörte er ihn gerne. Und es kam ein gelegener Tag, da Herodes an seinem Geburtstage ein Mal gab seinen Großen und Obersten und den Vornehmsten in Galiläa.

Da trat herein die Tochter der Herodias und tanzte und gefiel wohl dem Herodes und denen, die am Tisch saßen. Da sprach der König zu dem Mädchen: Bitte von mir, was du willst, ich will dir's geben. Und er schwur einen Eid: Was du wirst von mir bitten, will ich dir geben, bis an die Hälfte meines Königreichs. Und sie ging hinaus und sprach zu ihrer Mutter: Was soll ich bitten? Die sprach: Das Haupt Johannes des Täufers. Und sie ging alsbald hinein mit Eile zum König, bat und sprach: Ich will, daß du mir gebest jetzt zur Stunde auf einer Schüssel das Haupt Johannes des Täufers. Und der König war sehr betrübt; doch um des Eides willen und derer, die am Tisch saßen, wollte er sie nicht lassen eine Fehlbitte tun. Und alsbald schickte der König den Henker hin und hieß sein Haupt herbringen. Der ging hin und enthauptete ihn im Gefängnis und trug her sein Haupt auf einer Schüssel und gab's dem Mädchen, und das Mädchen gab's seiner Mutter. Und da das seine Jünger hörten, kamen sie und nahmen seinen Leib und legten ihn in ein Grab.

Tanz der Salome, Mosaik aus dem 14. Jh. (Venedig, San Marco)

PLUTARCH (50 – 125 n. Chr.)

Mit Plutarch sind wir bereits in einer ganz anderen Zeit: Rom beherrscht das Mittelmeer. Die griechische Kultur wird in weiten Bereichen von den Römern übernommen. Rom beginnt sich mit den Christen auseinander zu setzen. Die im folgenden Text skizzierte Situation ist ein Tanzwettbewerb zwischen jungen Männern, der möglicherweise in einem „Gymnasium", also einer griechischen Sportstätte, stattfindet. Zu den Juroren gehört ein Tanzlehrer, in der Übersetzung „Exerzitienmeister" genannt. Der Wettbewerb ist der Anlass zu theoretischen Ausführungen über den Tanz durch Ammonius, den Vater eines der jungen Tänzer. Plutarch bezieht den vielfach (unter anderen von Horaz: „ut pictura poesis") verwendeten Ausspruch des Simonides über Dichtung und Malerei auf den Tanz: Der Tanz ist „eine stumme Poesie". Auffallend ist die Bemerkung über die „Verdorbenheit" der Tanzkunst in der damaligen Gegenwart. Er gehört offenkundig nicht mehr zur hohen Kultur, er hat die Bindungen an den Kult verloren und ist zu einem vulgären Vergnügen geworden. Der Verfall der Tanzkunst wird auch von anderen Schriftstellern registriert. Bei Lukian begegnen wir ihm wieder, und die christlichen Schriftsteller schließlich werden den Tanz als solchen sehr kritisch betrachten. Dass der Tanz ebenso wie die Schauspielkunst ihre Qualität einbüßen, hängt wahrscheinlich mit der Unterhaltungskultur im Römischen Reich zusammen.

(Tischgespräche. 9. Buch. Fünfzehnte Frage. In: Vermischte Schriften. Bd. I. Hrsg. v. H. Conrad. München / Leipzig 1911.)

Elemente des Tanzes

Daß der Tanz aus drei Stücken besteht, dem Gange, der Figurierung und der Darstellung; was jedes von diesen ist, und was die Tanzkunst mit der Dichtkunst gemein hat.

Sprecher: Thrasybulus, Ammonius

Hierauf wurde der für die Jünglinge zum Siegespreis im Tanzen bestimmte Honigkuchen aufgetragen, und man wählte zu Richtern den Exerzitienmeister Meniskus und meinen Bruder Lamprias, der die Pyrrhiche[1] sehr geschickt tanzte und in Ab-

---

[1] Die Pyrrhiche war ein militärischer Tanz, ein Waffentanz, der in völliger Rüstung getanzt wurde und alle Handgriffe und Schwenkungen enthielt, die zum Kampf erforderlich waren; daher galt er als eine Vorübung junger Leute zum Krieg.

sicht der Gestikulation alle jungen Leute in den Gymnasien zu übertreffen schien. Da die meisten im Tanzen mehr Eifer als Geschicklichkeit und Kunst zeigten, so verlangten einige, daß zwei derselben, die sich vor den übrigen auszeichneten und die Mensur noch am besten zu halten wußten, Gang an Gang tanzen sollten. Daher fragte Thrasybulus, Ammonius Sohn, was das Wort Gang zu bedeuten hätte, und gab dadurch seinem Vater Gelegenheit, über die verschiedenen Teile des Tanzes weitläufiger zu sprechen.

Zum Tanze, sagte er, gehören drei Stücke, der Gang, die Figur und die Darstellung. Denn er besteht aus Bewegungen und Pausen, wie der Gesang aus Tönen und Intervallen; beim Tanze aber machen die Pausen das Ende der Bewegungen. Diese nennt man also den Gang, und unter dem Worte Figur versteht man die verschiedenen Stellungen und Gebärden, in welche sich jene Bewegungen endigen, wenn die Tänzer die Figur des Apollo, des Pan oder einer Bacchantin ausdrücken, und um die Person kenntlich zu machen, bei der Form des Körpers stehen bleiben. Das dritte Stück, die Darstellung, hat mit der Nachahmung gar nichts zu tun, sondern zeigt geradezu die Gegenstände des Tanzes an.

Die Dichter bedienen sich zur Bezeichnung der Gegenstände, wovon sie reden, der eigentümlichen Namen, und sagen zum Beispiel Achilles, Odysseus, Erde und Himmel auf eben die Art, wie man im gemeinen Leben zu sprechen pflegt. Um hingegen eine Sache recht lebhaft und bildlich darzustellen, brauchen sie neugemachte und metaphorische Ausdrücke. [...]

Ebenso ist es auch beim Tanze. Die Figur ahmt die Gestalt und Gebärden nach, der Gang drückt eine Leidenschaft, eine Handlung oder eine Kraft aus, durch die Darstellung aber zeigt man geradezu die Gegenstände selbst, wie den Himmel, die Erde, die umstehenden Personen. Wenn dieses nun nach einer gewissen Ordnung und Zahl geschieht, so hat es etwas Ähnliches mit der Gewohnheit der Dichter, die eigentlichen Namen mit zierlichen und wohlklingenden Beiwörtern zu begleiten. [...]

Überhaupt, sagte er, läßt sich das, was Simonides[2] von der Malerei sagt, sehr gut auf die Tanzkunst anwenden, und man kann gar wohl sagen, die Poesie ist ein redender Tanz, der Tanz aber eine stumme Poesie. Die Malerei bedarf der Dichtkunst sowenig, als diese der Malerei; beide Künste brauchen einander gar nicht. Allein zwischen der Dichtkunst und Tanzkunst herrscht eine genaue Verbindung

---

[2] Simonides hatte erklärt, die Dichtkunst sei eine redende Malerei, die Malerei aber eine stumme Dichtkunst.

und Gemeinschaft, besonders in Absicht der ausdrucksvollen Tanzlieder,[3] durch welche beide Künste, die eine mit Gebärden, die andere mit Worten, eine Handlung auf das deutlichste darstellen. Diese Lieder scheinen eben das zu sein, was in der Malerei die Linien sind, die den äußeren Umriß einer Figur machen. – – Jener Dichter, der sich durch dergleichen Tanzlieder am meisten hervorgetan und sich selbst gleichsam übertroffen zu haben scheint, gibt einen deutlichen Beweis, wie sehr die eine Kunst die andere nötig hat. Von der Art ist um Beispiel folgendes Lied: Ich spiele unter lautem Gesange das thessalische Pferd oder den amykläischen Hund und folge den Krümmungen des Liedes mit nachahmendem Fuße. – Oder auch dieses: Seht, wie er über die blumigen Gefilde Dotiums hinwegfliegt, bereit, einen Hirsch mit tödlichem Geschoß zu erlegen[4] – – und so das übrige. Fast möchte man sagen, daß diese Lieder den Zuhörer unvermerkt zu den Bewegungen des Tanzes auffordern und mit Hilfe der Melodie Hände und Füße oder vielmehr den ganzen Körper wie mit Stricken fortziehen und rege machen, so daß beim Hersagen oder Absingen derselben kein einziges Glied in Ruhe bleibt. Aus dieser Ursache hält es auch jener Dichter für keine Schande, sich seiner Geschicklichkeit im Tanzen ebensosehr als der Geschicklichkeit im Dichten zu rühmen, wenn er sagt:

Auch jetzt im Alter noch weiß ich mit leichtem Fuß / Zu tanzen – [...]

Allein heutigentags ist keine Kunst so sehr verdorben und heruntergekommen als eben die Tanzkunst. [...] Sie hat jener alten himmlischen Poesie den Abschied gegeben, um sich mit einer gemeinen und pöbelhaften zu verbinden, und herrscht nun in den Theatern vermittels der elenden Musik, die sie in ihre Dienste genommen hat, wie ein Tyrann, über ein unverständiges und geschmackloses Publikum, wodurch es denn endlich so weit gekommen ist, daß sie in den Augen rechtlicher, einsichtsvoller Männer allen Wert verloren hat. [...]

---

[3] Im Griechischen waren die „hyporchemata" Lieder, die von besonderen Sängern den Tänzern vorgesungen wurden und nach welchen diese ihre Bewegungen und Wendungen machen mußten.
[4] Amyklä war eine Stadt im lakedämonischen (spartanischen) Gebiet, wo vermutlich Jagdhunde gezüchtet wurden. Dotium lag in Thessalien.

LUKIAN VON SAMOSATA (ca. 120 – 180 n. Chr.)

Zur Lebenszeit Lukians, dem 2. Jahrhundert n. Chr., gibt es die Auffassung, die Tänze und die Tanzkunst hätten endgültig ihre alte Bedeutung und Funktion in der griechischen Kultur verloren. Wahrscheinlich sind die (vor allem pantomimischen) Tanzdarbietungen in den Theatern zu Volksbelustigungen geworden. Dass der Tanz sich nicht auf eine solche Erscheinung beschränkt und beschränken darf, versucht der Verfasser des Textes „Über die Tanzkunst" (ob es der Satiriker Lukian war, ist ungewiss), argumentativ ebenso wie in bilderreichen Berichten nachzuweisen. Er präsentiert das Pro und Contra im Hinblick auf Tänze und Tanzkunst als Dialog zwischen einem Gegner und Befürworter, in welchem der Gegner allmählich vom Wert des Tanzes überzeugt wird.

Lukian beginnt mit einer k o s m o l o g i s c h e n Legitimierung des Tanzes. Er greift den Gedanken Platons vom Reigen der Gestirne aus dem Timaios auf und fügt noch etwas Entscheidendes hinzu: die Vorstellung, das Weltall sei aus einem „uranfänglichen Tanz" entstanden. Diesem ursprünglichen Tanz entspringen die Bewegungen der Fixsterne und „die regelmäßig verschlungene Bewegung der Planeten zu den Fixsternen". Die nächste Legitimierung ist m y t h o l o g i s c h: Der Lärm des Waffentanzes der „Kureten" hat den neugeborenen Zeus vor dem Zugriff seines gefräßigen Vaters Kronos gerettet. Schließlich hat der Tänzer Meriones in der „Ilias" durch seine körperliche Geschicklichkeit im Kampf Widerstand bieten können. Die Erziehung der spartanischen Jugend zum Kampf ist denn auch folgerichtig immer durch Tanz (Eurhyhtmie) geschehen. Eine weitere Legitimierung erfolgt aus der r e l i g i o n s t h e o r e t i s c h e n Betrachtung des Kultes: Tanz und Rhythmus sind immer Elemente der „alten Mysterien" gewesen. Ja, ein Blick nach Indien zeigt den Tanz als Meditation und Gebet. Eine h i s t o r i s c h - ä s t h e t i s c h e Legitimierung ist der Hinweis auf die Funktion des Tanzes in Tragödie und Komödie. Im Verlaufe der Darstellung wird deutlich, dass Lukian mehr und mehr den pantomischen Tanz, welcher Geschichten erzählt, in den Blick nimmt. Von daher gelangt er zu einer s o z i a l e n Legitimation: der pantomimische Tänzer vermag, beim Militär eingesetzt, den Soldaten unterschiedlicher Herkunftsorte und Sprachen die Befehle der Feldherrn zu dolmetschen. – In tanzästhetischer Hinsicht gelingen Lukian – wie nebenbei – entscheidende Überlegungen: „Der Zweck der Tanzkunst sei die Darstellung einer Empfindung, Leidenschaft oder Handlung durch Gebärden." Im Tanz ist jeder Gedanke Gebärde und jede Gebärde ist Gedanke. Tanz ist also nicht unmittelbarer Ausdruck von Empfindun-

gen, die ein individueller Mensch hat, sondern deren Darstellung durch einen professionellen Tanzkünstler, der ein System von Vorstellungen entwickelt hat und über ein Repertoire an Bewegungen verfügt, welche bestimmte Empfindungen zum Ausdruck bringen. So vermag auch ein einziger Tänzer z.B. fünf Rollen zu spielen. Einem Tänzer, der seine Kunst versteht, ist immer gegenwärtig, dass er nicht sich selbst inszeniert, sondern die Erlebnisse und die Handlungen eines anderen Menschen oder einer mythologische Figur zur Anschauung bringt. Wenn es doch einmal geschieht, dass ein Tänzer vergisst, ein Darsteller einer bestimmten Figur zu sein und während des Tanzes meint, er sei diese Figur selbst, dann hat er seine Kunst verfehlt. Dann hat er das „wahre Maß der Nachahmung" überschritten. Lukian erzählt dazu – ganz satirischer Schriftsteller – eine eindrucksvolle Anekdote über die Darstellung des rasenden „Ajax" durch einen Tänzer, dem die „ästhetische Distanz" zu seiner Rolle fehlte.

(Sämtliche Werke. Bd. IV. Übers. v. C. M. Wieland. Bearb. v. H. Floerke. München / Leipzig 1911. S. 84-134.)

Von der Tanzkunst

Lykinos: Da du denn also, ehrwürdiger Krato, deine so heftige und, wie es scheint, schon langer Hand vorbereitete Klage gegen unsere Tänze und die Tanzkunst selbst, auch obendrein gegen mich, der an einer solchen Augenweide Vergnügen finden könne, ausgeklagt und mir meine Achtung für eine so schlechte und weibische Sache (wie du sie nennst) zum Vorwurf gemacht hast, so wirst du erlauben, daß ich nun auch als Sachwalter dieser edlen Kunst auftrete und dir zeige, wie sehr du dich hierin irrst, und mit wie vielem, wiewohl unbewußtem Unrecht du gegen eine der besten Erfindungen des geselligen Lebens losgezogen hast. Wiewohl ich übrigens an einem Manne, der von früher Jugend an eine strenge und harte Lebensart geführt und sich angewöhnt hat, das Gute und das Angenehme für unverträglich anzusehen, diesen vorgefaßten Haß gegen eine Sache, worin er so ganz unerfahren ist, sehr verzeihlich finde.

Kraton: Aber dir, mein vortrefflicher Herr, wie soll man dir verzeihen, und was muß man von dir denken, der eine gelehrte Erziehung genossen und sich doch so ziemlich mit der Philosophie bekannt gemacht hat, wenn man dich den edelsten Studien und dem Umgang mit den alten Weisen entsagen sieht, um dich hinzusetzen und dir die Ohren voll dudeln zu lassen, während du einem Zwitter von Weib und Mann zusiehst, wie er in einem üppigen weibischen Aufzug einherstolziert und

unter den wollüstigsten Gesängen und Bewegungen die verrufensten Weibsstücke
des Altertums, die Phaidren und Parthenopen und Rhodopen und was weiß ich wie
die unzüchtigen Frauenzimmer alle heißen, darstellt und sich zu dem allen noch
pfeifen und trillern und den Takt mit den Füßen schlagen läßt – Wenn das nicht
lächerlich und einem wackeren Manne deinesgleichen nicht unanständig ist, so
möchte ich wissen, was man so nennen soll? [...]

Der Ursprung der Welt und der Tanz

Lykinos: Um also die Sache von vorn anzufangen, so scheinst du mir gar nicht zu
wissen, daß die Tanzkunst nicht etwa eine neuere Erfindung, eine Sache von gestern oder vorgestern ist, die zu unserer Großväter oder Urahnherren Zeiten ihren
Anfang genommen hätte: sondern diejenigen, die ihre Genealogie am richtigsten
angeben, behaupten, daß sie mit dem ganzen Weltall gleichzeitigen Ursprung habe
und mit jenem uralten Eros zugleich entstanden sei. Denn was ist jener Reigen der
Gestirne und jene regelmäßige verschlungene Bewegung der Planeten zu den Fixsternen und die taktmäßige Vereinigung und schöne Harmonie ihrer Bewegungen
anderes als Proben eines uranfänglichen Tanzes? Man kann also mit Recht sagen,
die Tanzkunst sei so alt als die Welt; und so wuchs sie denn auch unter den Menschen unbemerkt heran und näherte sich nach und nach dieser höchsten Stufe der
Vollkommenheit, die sie endlich in unseren Tagen erreicht hat, wo sie mit Wahrheit den Namen einer Kunst verdient, die im weitesten Umfang und in der äußers-
ten Verfeinerung und Harmonie die schönsten Gaben aller Musen in sich vereinigt.

Die mythologische Legitimation des Tanzes

[...] In den ältesten Zeiten soll Rhea die erste gewesen sein, die ein besonderes
Wohlgefallen an dieser Kunst gefunden und in Phrygien die Korybanten, sowie in
Kreta die Kureten tanzen gemacht haben. Auch war der Vorteil, den sie daraus zog,
keine Kleinigkeit: denn die Kureten retteten durch ihr Herumtanzen dem neugeborenen Zeus das Leben, so daß Zeus ohne Zweifel selbst bekennen wird, er habe es
bloß ihrem Tanze zu danken, daß er den Zähnen seines Vaters Kronos entronnen
sei. Dieser Tanz wurde in vollständiger Waffenrüstung gehalten, alle seine Bewegungen und Sprünge hatten etwas Begeistertes und Kriegerisches, und die Tänzer
schlugen dabei mit ihren Schwertern auf die Schilde. In der Folge suchten alle
braven Kretenser eine Ehre darin, es in dieser Übung zu einer gewissen Vollkommenheit zu bringen, sogar ihre Könige und andere Großen der Nation; daher denn
Homer den Meriones – nicht um ihn zu beschimpfen, sondern ihn mit einem gro-

ßen Lobe zu belegen – einen Tänzer nennt. Auch war er dieses seines Talentes wegen so berühmt, daß nicht nur die Griechen, sondern die Feinde selbst seine Vorzüge darin anerkannten, vermutlich weil ihnen in den Gefechten, die so häufig zwischen den Trojanern und Griechen vorfielen, die Leichtigkeit und Gewandtheit, die er sich durch den Waffentanz erworben hatte, in die Augen leuchtete. Denn dies ist wohl der Sinn dieser Verse:

Meriones, bald hätte, wiewohl du ein trefflicher Tänzer

Bist, mein Speer dir das Tanzen gelegt –

Und dennoch legt er's ihm nicht; denn eben weil er so viele Fertigkeiten in der Tanzkunst hatte, wußte er, denke ich, um sie leichter den Speeren, die nach ihm geworfen wurden, auszuweichen. Ich könnte noch viele andere von jenen Heroen nennen, die in dieser Kunst geübt waren und sich ein ernsthaftes Geschäft daraus machten: es mag aber an dem einzigen Neoptolemos, dem Sohn des Achilles, wie er dies von seinem Sohne hörte, mehr Freude daran als an seiner Schönheit und an seinen anderen Gaben. Dafür trug Pyrrhos aber auch die Ehre davon, das bisher unbezwungene Ilion mit seiner Tanzkunst eingenommen und dem Erdboden gleichgemacht zu haben. [...]

Tanz als „Sport"

Die Lakedämonier, die für die tapfersten unter den Griechen gelten, haben von Polydeukes und Kastor einen eigenen Tanz gelernt, der von dem lakonischen Orte Karyai, wo er eigentlich gelehrt wird, den Namen Karyatika führt. Dieses Volk ist so sehr gewohnt, zu allen seinen Verrichtungen die Musen zu Hilfe zu nehmen, daß sie sogar mit abgemessenen Schritten ins Treffen gehen und sich nach den Klängen der Flöte und dem Takt schlagen; denn bei ihnen ist es immer die Flöte, die das Zeichen zum Angriff gibt, und man könnte vielleicht nicht ohne Grund behaupten, sie hätten es der Musik und Eurhythmie zu danken gehabt, daß sie immer über alle übrigen die Oberhand behielten. Daher sieht man auch ihre Jugend sich mit ebensovielem Eifer auf das Tanzen als auf die Waffenübungen legen; um von den Übungen des Fechtbodens auszuruhen, tanzen sie; daher sitzt immer ein Flötenspieler mitten in ihren Gymnasien, der, indem er ihnen vorspielt, mit dem Fuße den Takt dazu schlägt, während sie, in Rotten abgeteilt, nach demselben alle Arten von Evolutionen machen, bald kriegerische, bald tänzerische, welche die trunkene Begeisterung des Weingottes oder die sanfteren Regungen der Göttin der Liebe ausdrücken. Auch ist immer das eine von den Liedern, die sie unter dem Tanzen zu singen pflegen, eine Anrufung der Aphrodite und der Liebesgötter, daß

sie ihnen tanzen und springen helfen sollen: das andere hingegen, das anfängt:
Munter ihr Knaben, vorwärts den Fuß, usw., enthält Regeln, wie sie tanzen sollen.
Das nämliche pflegen sie auch bei dem Tanze, den sie Hormos, d. i. die Halskette,
nennen, zu beobachten. Dieser Hormos wird von Jünglingen und Jungfrauen in
einem bunten Reigen getanzt: den Reigen führt ein Jüngling, dessen Tanz aus lauter kriegerischen Schritten, wie er sie einst im Felde zu machen hat, besteht; dann
folgt eine Jungfrau, die ihren Gespielinnen mit dem sanften und zierlichen Schritt
ihres Geschlechtes vortanzt; an diese schließt sich wieder ein Jüngling, der mit
dem Vortänzer, und an den zweiten Jüngling das zweite Mädchen, das mit der
Vortänzerin gleichen Schritt hält, und so fort, so daß das Ganze gleichsam eine aus
männlicher Tapferkeit und weiblicher Bescheidenheit durcheinander gewundene
Kette ist. Außerdem haben sie noch einen anderen Tanz, den sie Gymnopaidiai
nennen. [...]

Tanz im religiösen Kult

Ich bemerke nur im Vorbeigehen, daß man unter den alten Mysterien keines, wobei
nicht getanzt würde, findet, da bekanntlich Orpheus und Musaios die gelehrtesten
Tänzer jener Zeit, die Stifter und Gesetzgeber derselben waren und ihre Schönheit
und Feierlichkeit vermutlich nicht wenig zu vermehren glaubten, indem sie
Rhythmus und Tanz zu wesentlichen Stücken der Initiation in denselben machten.
Daß es sich wirklich so verhalte – doch die Rücksicht auf die Uneingeweihten legt
uns über alles, was die Mysterien betrifft, Stillschweigen auf! Indessen hört jedermann, daß man von denen, welche die Geheimnisse der Weihen ausplaudern, zu
sagen pflegt, sie tanzen sie unter die Leute. [...]

Doch wozu brauche ich dir (über den religiösen Gebrauch der Tanzkunst) griechische Beispiele anzuführen, da sogar die Inder, wenn sie des Morgens früh, sobald sie aufgestanden sind, ihre Andacht zur Sonne verrichten wollen, nicht wie
wir mit einem ihr zugeworfenen Handkuß die Sache abgetan zu haben glauben,
sondern, gegen die aufgehende Sonne gekehrt, den Gott in tiefer Stille durch einen
Tanz verehren, der den seinigen nachahmt. Diese Zeremonie vertritt bei ihnen die
Stelle aller Gebete, Chöre und Opfer, und sie verrichten sie daher auch täglich
zweimal, wenn die Sonne aufgeht und wenn sie untergeht, in der Meinung, sich
diesen Gott dadurch gnädig zu machen. [...]

Denn in der Tat ist es etwas Reizendes um den Gesang mit Tanz, und die Götter
machen dem, dem sie beides verleihen, ein sehr schönes Geschenk. Im Vorbeigehen zu sagen, scheint Homer alle menschlichen Künste unter die zwei Hauptrubri-

ken Krieg und Frieden zusammenzufassen und den kriegerischen diese beiden allein, als die schönsten aller friedsamen Künste, entgegenzustellen.

Was den Hesiod betrifft, so meldet er uns von den Musen, nicht etwa vom Hörensagen, sondern als einer, der ihrem frühen Morgentanz mit eigenen Augen zugesehen, gleich zu Anfang seiner Theogonie zu ihrem Lobe, *daß sie den Rand des kastalischen Quells und des mächtigen Vaters Kronions hohen Altar mit zarten Füßen umtanzen.*

Du siehst, mein edler Freund, daß du es mit den Göttern selbst aufnimmst, wenn du auf die Tanzkunst schimpfst. [...]

Die Bedeutung des Tanzes für Tragödie und Komödie

Übrigens scheinst du mir bei dem Lobe, das du der Tragödie und der Komödie erteilst, vergessen zu haben, daß jede derselben eine ihr eigene Gattung von Tänzen hat; die Tragödie diejenige, die man Emmeleia nennt, und die Komödie den Skordax, auch zuweilen als eine dritte Gattung die Sikinnis; da du aber nun einmal die Tragödie und Komödie und die Flöten- und Zitherspieler, die sich in öffentlichen Konzerten hören lassen und dir so respektabel vorkommen, weil sie in den öffentlichen musikalischen Wettkämpfen auftreten dürfen, da du, sage ich, dies alles der Tanzkunst vorgezogen hast: so laß uns einmal eine Vergleichung anstellen und sehen, wie sich jede dieser Künste gegen die Tanzkunst verhalte. Doch, da Flöte und Zither zu den Dingen gehören, deren Dienst und Hilfe der Tänzer nicht entbehren kann, so wollen wir sie, wenn du nichts dagegen hast, beiseite lassen.

Um also zuerst von der Tragödie zu sprechen, so braucht es nichts als ihren äußerlichen Aufzug, um zu sehen, was sie ist, und daß man sich schwerlich einen häßlicheren und zugleich fürchterlichen Anblick denken kann, als einen zu einer unförmlichen Länge aufgebauten Menschen, der auf einer Art von Stelzen einherschreitet, eine Maske vor dem Gesicht hat, die weit über seinen Kopf hinausragt, und ein so ungeheures Maul aufreißt, als ob er die Zuschauer verschlingen wolle; nichts von den Brustpanzern und Bauchkissen zu sagen, womit er sich zu einer künstlichen Dicke ausstopfen muß, damit die übermäßige Länge nicht gar zu widrig auffalle. Nun fängt der Mensch an, aus seiner Maske hervorzukrächzen, zerarbeitet sich bald über Vermögen zu schreien, bald seine Stimme wieder zu brechen und sinken zu lassen, singt von Zeit zu Zeit ganze Triaden von Jamben und jammert uns, was noch das schändlichste ist, seine großen Unglücksfälle in vorgeschriebener Melodie vor, so daß von dem allem nichts auf seine eigene Rechnung kommt als seine bloße Stimme; denn für das übrige hat er die Dichter, lange ehe er zur Welt kam, sorgen lassen. Und doch, solange es nur eine Andromache oder Hekuba ist, mag der Gesang noch immer erträglich sein: aber wenn Herakles selbst auftritt und, seiner selbst samt seiner Löwenhaut und Keule vergessend, ein Solo zu singen anfängt, so wird wohl jeder Vernünftige, dächte ich, das doch wohl mit Recht einen gewaltigen Solözismus[1] nennen!

Der Vorwurf, den du der Tanzkunst machtest, daß sie Männern Weiberrollen zu spielen gebe, trifft die Komödie und Tragödie nicht weniger: denn in beiden sind meistens mehr Weiber als Männer. Auch hat sich die Komödie ebenfalls, als einen Teil des Lächerlichen, womit sie die Zuschauer belustigt, gewisse Karikaturmasken zugeeignet, z.B. die der dummen oder schelmischen Bedienten und der Köche. Wie schön und elegant hingegen der Aufzug des Pantomimentänzers ist, brauche ich nicht zu sagen: denn das kann jeder sehen, der nicht blind ist. Auch seine Maske ist immer vollkommen schön und dem Charakter der Handlung angemessen; nicht gähnend wie jene, sondern mit geschlossenem Munde; denn sie hat Leute genug, die für sie schreien, seitdem man, mit Rücksicht darauf, daß das Atmen des Tänzers ihn natürlicherweise am Singen hindert, bequemer gefunden hat, die Worte durch andere Personen singen zu lassen. Übrigens sind die Gegenstände der Darstellung ebendieselben, und die Pantomime unterscheidet sich hierin von der Tragödie bloß dadurch, daß jene eine größere Mannigfaltigkeit derselben zuläßt, lehrreich ist und ungleich mehr Abwechslung in sich hat. [...]

Der pantomimische Tänzer und seine Darstellungskunst

[...] Ich komme also nun zu meinem eigentlichen Vorhaben, nämlich von den Erfordernissen zu einem (mimischen) Tänzer, von den Kenntnissen, Übungen und Geschicklichkeiten, die er teils, um sich zu seiner Kunst vorzubereiten, teils, um sie dadurch zu nähren und zu unterstützen, nötig hat zu sprechen; damit du dich überzeugen könnest, daß diese Kunst keine von den leichten sei, sondern eine genaue Bekanntschaft mit allen schönen Wissenschaften und nicht nur mit der Musik und Rhythmik, sondern selbst mit der Geometrie und hauptsächlich mit der Philosophie, der Physik nämlich und der Ethik, voraussetze: denn die Spitzfindigkeiten eurer Dialektik können ihr freilich zu nichts helfen. Dafür steht sie hingegen desto besser mit der Redekunst, mit welcher sie in gewissem Sinne die Darstellung des Charakters und der Leidenschaften gemein hat; auch ist ihr die Malerei und Bildnerei so wenig fremd, daß sie vielmehr die schönen Formen und Proportionen in den

---

[1] grober Sprachfehler

Werken derselben nachahmt und hierin selbst ein Phidias und Apelles[2] nichts vor ihr voraus zu haben scheinen. [...]

Da unser pantomimischer Tänzer sich anheischig macht, das, was gesungen wird, durch Bewegungen und Gebärden sichtbar darzustellen, so ist ihm, wie dem Redner, nichts nötiger als die Deutlichkeit; und er muß es durch Studium und Übung auf einen so hohen Grad bringen, daß wir alles, was er uns zeigt, ohne einen Ausleger begreifen, und, um mich mit den Worten eines bekannten Orakels auszudrücken, *daß wir den Stummen verstehen und den nicht Redenden hören.*[3]

Um dir zu beweisen, daß die Kunst des Tänzers wirklich so weit gehe, will ich dir erzählen, was dem berühmten Kyniker Demetrios mit einem zu Neros Zeiten sehr hoch geschätzten Pantomimen begegnet sein soll. Dieser Philosoph zog mit ebendergleichen Argumenten wie du gegen die Tanzkunst los. Der Tänzer, sagte er, ist ein bloßes Nebenwerk der Flöte und der Pfeifen und trägt nichts zum Drama bei als vom bloßen Zufall geleitete, unbedeutende, gauklerische Bewegungen, worin nicht der geringste Sinn ist; was die Zuschauer dabei täuscht, ist sein serisches Gewand, seine schöne Maske, der wollüstige Ohrenkitzel der Musik und die schönen Stimmen der Sänger; ohne diese Auszierungen würde das nicht die geringste Wirkung tun. Der besagte Tänzer, der für einen Mann von Verstand galt und mit einem vorzüglichen Talent eine sehr genaue Kenntnis der Mythologie verband, bat sich von Demetrios eine einzige Gefälligkeit aus, die er, denke ich, mit der größten Billigkeit fordern konnte, und diese war: ihn erst tanzen zu sehen, ehe er über ihn urteilte; mit dem Versprechen, daß er seine Pantomime ohne Flöte und Gesang exhibieren wollte. Demetrios willigte ein; der Tänzer hieß die Flöten, die Taktschläger und die Sänger schweigen und tanzte, ohne alle Begleitung von Worten und Musik, die in den Armen des Kriegsgottes überraschte Aphrodite, mit allen ihren Szenen, wie Helios sie dem Hephaistos verrät, wie dieser sie belauscht und beide in seinem Netze fängt, wie er die gesamten Götter herbeiruft und wie jeder derselben sich nach seiner Weise dabei benimmt, die Beschämung und Verlegenheit der Aphrodite, den Ares, der nicht ohne alle Furcht ist und um seine Loslassung bittet, kurz, alles was in dieser Geschichte liegt und dazu gehört – und dies mit soviel Geschicklichkeit, daß Demetrios, vor Vergnügen außer sich, dem Tänzer zugerufen haben soll: Was für ein Mann bist du? Ich sehe nicht nur, ich höre alles, was du machst, und da du so gut mit den Händen reden kannst, ist dir

---

[2] Phidias war Bildhauer (5. Jh. v. Chr.) und Apelles war Maler (4. Jh. v. Chr.).
[3] Eine Anspielung auf den zweiten Vers des Orakels, welches Kroisos, als er die berühmte Orakelprobe vornahm, vom delphischen Apollo erhielt.

eine andere Sprache leicht entbehrlich. – Ein größeres Kompliment hätte ihm der Philosoph schwerlich machen können. Weil wir eben von Neros Zeiten sprechen, muß ich dir doch noch ein anderes Geschichtchen erzählen, das einem Ausländer mit ebendiesem Tänzer begegnete und wohl das größte Lob ist, das der Tanzkunst erteilt werden kann. Dieser Ausländer, von einer der Völkerschaften im Pontos, welche halb Griechen und halb Barbaren sind, aber aus einem königlichen Hause, der in seinen Angelegenheiten an den Hof des Nero gekommen war, hatte den besagten Tänzer einige Pantomimen so meisterhaft und deutlich ausführen sehen, daß er alles verstand, wiewohl er von dem, was dazu gesungen wurde, nichts hören konnte. Als er sich von Nero wieder beurlaubte und ihm dieser beim Abschied sagte, er möchte sich von ihm ausbitten, was er wolle, es sollte ihm mit Vergnügen gewährt werden, erwiderte jener: du würdest mich äußerst glücklich machen, wenn du mir den Tänzer schenken wolltest. Und was wolltest du in deinem Land mit ihm anfangen? fragte Nero. Ich habe, erwiderte der Fremde, verschiedene barbarische Völker zu Nachbarn, die eine andere Sprache reden, und es ist nicht wohl möglich, immer einen Dolmetscher bei der Hand zu haben: sooft ich nun einen nötig hätte, sollte er diesen Leuten durch Gebärden auslegen, was ich ihnen sagte. – Mich deucht, man kann keinen stärkeren Beweis von dem tiefen Eindruck verlangen, den die Deutlichkeit der mimischen Sprache auf diesen Mann gemacht hatte.

Die Hauptaufgabe und der Zweck der Tanzkunst ist also, wie gesagt, die Darstellung einer Empfindung, Leidenschaft oder Handlung durch Gebärden, welche natürliche Zeichen derselben sind; eine Kunst, womit sich in ihrer Art auch die Redner, besonders in ihren sogenannten Deklamationen, beschäftigen. Denn was man am meisten daran lobt, ist, wenn sie die Personen, die sie uns schildern wollen, genau treffen und, es mögen nun Helden und Tyrannenmörder oder gemeine Leute, Bauern und dergleichen eingeführt werden, sie nichts sagen lassen, das einen Mißklang mit ihrem Charakter macht, sondern uns an jedem das Eigene und Auszeichnende zeigen.

Bei dieser Gelegenheit muß ich dir doch noch eine Anekdote ebenfalls von einem Barbaren erzählen, die sich auf diese Dinge bezieht. Der Mann bemerkte, daß fünferlei verschiedene Masken für den Tänzer in Bereitschaft waren (denn aus so vielen Akten bestand das Drama), und da er nur einen Tänzer sah, fragte er, wo denn die übrigen vier wären, die mit ihm agieren sollten? Man sagte ihm, dieser einzige würde alle fünf Rollen spielen. Verzeihung sagte der Fremde zu dem Tänzer, du hast also in einem Leibe fünf Seelen? Das konnt' ich nicht wissen. […]

Alle anderen öffentlichen Belustigungen der Augen oder der Ohren unterhalten uns jede mit einer einzigen Fertigkeit: es ist entweder Flöte oder Zither, oder Gesang, oder Tragödie, oder Lust- und Rollenspiel: in dem pantomimischen Tanz hingegen ist alles dies vereinigt; Instrumentalmusik, Gesang, und Aktion wirken zu gleicher Zeit auf einem Punkt und erhöhen natürlicherweise durch diese zusammenstimmende Mannigfaltigkeit das Vergnügen des Zuschauers. Zu tausend anderen Gelegenheiten scheint nur die eine Hälfte des Menschen, entweder nur die Seele oder nur der Körper, geschäftig zu sein: im Tanz fließt gleichsam die Wirkung von beiden ineinander, jeder Gedanke ist Gebärde, jede Gebärde ist Gedanke; ein durch die größte Übung ausgebildeter Körper strengt alle seine Geschicklichkeit an, das, was in der Seele vorgeht, auszudrücken, und (was das vornehmste ist) nicht die geringste Bewegung wird hier dem Zufall überlassen, sondern alles ist gedacht, alles zweckmäßig und mit Weisheit getan. [...]

Die Tanzkunst bildet Körper und Seele

[...] Wenn denn nun also die Tanzkunst so viele Vorteile in sich vereinigt, wenn sie die Seele schärft und den Körper übt und ausbildet, den Zuschauern die angenehmste Unterhaltung verschafft und ihnen mitten unter Flöten und Zymbeln und Gesängen eine Menge Kenntnisse aus dem Altertum beibringt, wiewohl sie bloß Augen und Ohren bezaubern zu wollen scheint, sollte sie nicht mit Recht die harmonievollste aller Künste genannt werden?

[...] Was aber den Tänzern noch einen ganz besonderen Vorzug gibt, ist, daß sie eine Kunst treiben, die ihnen zugleich eine große Stärke und eine ungemeine Weichheit und Geschmeidigkeit der Glieder gibt. Würde es nicht widersinnig klingen, wenn man uns an einem und ebendemselben Manne die eiserne Stärke des Herakles und die ganze Zartheit der Liebesgöttin zu zeigen verspräche? Und gleichwohl ist der Tänzer dieser Mann.

[...] Bei dieser Gelegenheit muß ich dir doch etliche hierhergehörige witzige Einfälle eines Volkes, das in diesen Sachen Kenner ist, erzählen. Die Einwohner von Antiochia, die an Lebhaftigkeit des Geistes keinem anderen Volke weichen und die Tanzkunst außerordentlich lieben, haben einen so feinen Sinn für alles, was auf dem Schauplatze gesagt und getan wird, daß kein Zuschauer das geringste Unschickliche unbemerkt oder ungeahndet läßt. Einmal trat ein sehr kleiner Tänzer auf, um den Hektor zu tanzen; sogleich schrien alle Zuschauer wie aus einem

Munde: Da kommt Astyanax[4], aber wo bleibt Hektor? Ein andermal stellte ein übermäßig langer Kerl den Kapaneus vor, und als er sich eben anschicken wollte, die Mauern von Theben zu bestürmen, riefen sie ihm zu: Steige doch hinüber, du brauchst keine Sturmleiter. Einen überaus dicken und schwerleibigen Tänzer, der gewaltige Sprünge machte, baten sie zu bedenken, daß man das Tanzgerüste noch länger brauche; einem außerordentlich schmächtigen wurde zugerufen: Gute Besserung! Als ob er krank wäre. Ich führe diese Züge nicht Spaßes halber an, sondern um dir zu zeigen, daß ganze Völker sich aus der Tanzkunst eine ernsthafte Angelegenheit gemacht und sie wichtig genug gefunden haben, sogar über das schickliche und unschickliche derselben öffentlich zu urteilen.

Da der Tänzer zu allen Arten von Bewegung geschickt sein soll, muß er zugleich weich und derb, geschmeidig und nervig sein, um seinen Gliedmaßen alle möglichen Bewegungen zu geben und sich auf einmal wieder zusammenziehen und fest stehen zu können, je nachdem es seine Rolle mit sich bringt.

Daß aber ein guter Tänzer auch die Geschicklichkeit besitzen müsse, alle Bewegungen des Ring- und Faustkampfes, so schön und regelmäßig, wie es sich geziemt, um die Kämpfe der größten Meister in diesem Fache, eines Hermes, Polydeukes und Herakles, durch Gestikulation mit Armen und Händen in gehöriger Vollkommenheit nachzuahmen, davon kannst du dich bei Tänzen, deren Gegenstand aus der Geschichte dieser Götter hergenommen ist, durch deine eigenen Augen überzeugen.

Zum Gelingen und Verfehlen einer tänzerischen Darstellung

[...] Überhaupt muß ein pantomimischer Tänzer aus allen Kräften dahin arbeiten, daß alles an seinem ganzen Spiele passend, schön, symmetrisch, immer mit sich selbst übereinstimmend, ohne Fehler und so untadelig, daß es sogar dem Spötter keine Blöße gebe, kurz, im ganzen und in allen Teilen vortrefflich sei. Um zu diesem Grade von Vollkommenheit gelangen zu können, muß er die lebhafteste Einbildungskraft mit einer großen Übung und Wissenschaft und besonders mit einer ungemeinen Leichtigkeit, sich in allen Lagen und Leidenschaften der Menschen zu versetzen, verbinden. Nur dann wird ihm ein vollkommener Beifall von den Zuschauern erteilt werden, wenn jedermann in dem Tänzer wie in einem Spiegel sich selbst, und wie er zu empfinden und zu handeln pflegt, zu erblicken glaubt; nur dann können die Leute vor Freuden nicht mehr zurückhalten und ergießen sich insgesamt in lautes Lob. Und so verschafft ihnen dieses Schauspiel in der Tat jenes

---

[4] Astyanax, das Kind von Hektor und Andromache wird in Homers *Ilias* noch auf dem Arme getragen.

delphische Kenne dich selbst, und sie gehen besser von dem, was sie zu tun und zu lassen haben, unterrichtet, als sie zuvor waren, von dannen.

Übrigens gibt es Tänzer, wie es Redner dieses Schlages gibt, die aus einem falschen Kunsteifer das wahre Maß der Nachahmung überschreiten und, um einen Charakter, ihrer Meinung nach, recht lebhaft herauszutreiben, ihn durch Überladung unnatürlich und unkennbar zu machen. Das Große wird unter ihren Händen ungeheuer, das Zarte zerfließt in übermäßiger Weichlichkeit, das Mannhafte artet durch ihre Darstellung in rohe tierische Wildheit aus. Mir ist ein solches Beispiel bekannt, das um so merkwürdiger ist, da der Mann, der auf diesen Abweg geriet, sonst ein sehr berühmter Tänzer war und die Bewunderung, die er überall fand, durch seine Geschicklichkeit in der Tat verdiente. Und gleichwohl begegnete es ihm, ich weiß nicht durch welches Mißgeschick, daß er einmal, als er die Raserei vorstellen sollte, in welche Ajax verfiel, als die von ihm angesprochene Rüstung des Achilles dem Odysseus zuerkannt wurde, gänzlich über alle Grenzen der schönen Nachahmung hinausschweifte und, anstatt einen Rasenden zu agieren, sich so gebärdete und betrug, daß jedermann glauben mußte, er sei selbst rasend geworden. Er riß einem von denen, die mit ihrem Schuh von Eisen Takt schlugen, die Kleider vom Leibe, und einem Flötenspieler nahm er die Flöte vom Munde und schlug damit dem nahestehenden und seines Sieges sich freuenden Odysseus ein Loch in den Kopf, und hätte nicht zu allem Glück der Hut, den er aufhatte, die Hauptwucht des Schlages aufgefangen, so würde der arme Odysseus den Zufall, an einen über die Schnur hauenden Tänzer geraten zu sein, mit dem Leben bezahlt haben. Das Tollste dabei war, daß seine Raserei auch die Zuschauer ansteckte; eine Menge von ihnen sprangen auf, schrien wie die Unsinnigen und warfen ihre Kleider von sich. Freilich waren es lauter Leute vom untersten Pöbel, die wenig davon verstanden, was recht oder was falsch gemacht wurde, und in der Einbildung, daß dies die vollkommenste Darstellung der Leidenschaft des Ajax sei, dem Tänzer durch diese fanatische Teilnahme ihren Beifall am besten zu beweisen glaubten; aber auch die Leute von der feineren Sorte, wiewohl sie sich des ganzen Vorgangs schämten, sahen doch deutlich, daß hier nicht Ajax, sondern der Tänzer rase, und getrauten sich daher nicht, das Geschehene durch ihr Stillschweigen zu tadeln, sondern suchten vielmehr den tollen Menschen durch ihren Beifall, den sie ihm zuklatschten, zur Ruhe zu bringen. Denn er ließ es dabei nicht bewenden, sondern sprang sogar von seinem Platz herab mitten in die Senatorenbank und setzte sich zwischen zwei Konsularen, denen mächtig bang wurde, er möchte einen von ihnen für den verhaßten Widder ansehen und auf ihn lospeitschen. Kurz, die ganze Szene verursachte keinen geringen Tumult unter den Zuschauern, und während die einen erstaunten und die anderen lachten, waren nicht wenige, welche wirklich besorgten, daß der Tänzer, vor lauter Begierde, die Raserei recht natürlich darzustellen, im Ernste rasend geworden sei. So arg war es indessen doch nicht; der Mann kam wieder zu sich selbst und soll sich das, was ihm bei dieser Gelegenheit begegnet war, so sehr zu Gemüte gezogen haben, daß er in eine Krankheit darüber verfiel und sich selbst fest einbildete, er habe damals wirklich einen Anfall von Tollheit gehabt. Gewiß ist, daß er diese seine Meinung in der Folge deutlich genug zu erkennen gab. Denn als seine Anhänger verlangten, daß er ihnen den Ajax wieder tanzen sollte, sagte er den Zuschauern: Es ist genug, einmal gerast zu haben, und empfahl ihnen einen anderen Akteur zu dieser Rolle, wiewohl die Sache auf eine Art ausfiel, wovon er wenig Vergnügen hatte. Denn der andere benutzte diese Gelegenheit, einen glänzenden Triumph über seinen Nebenbuhler zu erhalten und spielte den rasenden Ajax, der für ihn geschrieben wurde, mit so vielem Anstand, daß er allgemeinen Beifall erhielt und besonders deswegen gelobt wurde, daß er sich so geschickt in den Schranken des mimischen Spiels zu halten gewußt und eine Rolle, wo es so leicht war auszuschweifen, nicht wie ein Betrunkener gespielt habe.

Dieses wenige ist es also, mein Freund, was ich dir aus einem weit größeren Vorrat von Materialien zu einer Lobrede auf die Tanzkunst, über das, was sie leistet und was zu ihr erforderlich ist, habe vertragen wollen, um dich zu überzeugen, daß du keine Ursache hast, dich meine leidenschaftliche Liebe zu diesem Schauspiel verdrießen zu lassen. Könntest du dich nun vollends noch entschließen, mich dahin zu begleiten, so bin ich gewiß, daß du ganz davon bezaubert werden und dich selbst bis zum Rasen darein verlieben wirst. Ich werde also nicht nötig haben, dir mit den Worten der Kirke zu sagen:

Staunen ergreift mich, da dich der zauberische Trank nicht verwandelt. [...]

Plotin (205 – 270 n. Chr.)

*Plotin, der letzte große griechische Schriftsteller der bereits christlichen Spätanti-
ke, sucht die ewige Bewegtheit des Universums mit einem „Tanz" zu veranschauli-
chen. Seine Kosmologie, welche die „Vielheit in der Einheit" zu fassen sucht, orientiert sich an Vorstellungsbildern der Tanzpantomime mit ihren Orchestern und
verschiedenen Tanzstilen. Das altgriechische Bild vom „Reigen der Sterne" wird
erweitert zu einem „Tanz aller Dinge". Noch bei Proklos (411-485) findet sich das
Bild vom „tanzenden Weltgeist": „Wie nämlich der Geist selbst sich selbst denkt
und in sich selbst zurückkehrt und das Intelligible betrachtet, indem er auf es wirkt
[...], so bewegt sich auch die Welt um sich selbst und neigt sich zu sich selbst und
tanzt um die Mitte, die zum Zentrum der welthaften Bewegung wird." (In: Proclos:
in Platonis Timaeum commentarii. Bd. II 93. 10-18. Ed. W. Kroll. Leipzig 1899-
1900).*

(Enn. IV, 4, 33. In: Plotins Schriften Bd. II. Übers. v. R. Harder. Neu bearbeitet von R. Beutler und W.
Theiler. Hamburg 1962. S. 327f.)

Der Tanz der Dinge

[...] Da nun der Himmelsumschwung nichts Willkürliches hat, sondern gemäß der
Vernunft des Gesamtorganismus abläuft, so mußte es auch einen Einklang geben
des Wirkenden mit dem Erleidenden, eine bestimmte Ordnung, die sie ineinander
und zueinander fügt, derart, daß jeder Stellung des Himmelsumlaufes und der darunter befindlichen Himmelskörper jeweils ein bestimmter Zustand entspricht. So
führen alle Dinge in ihrem bunten Chor gleichsam einen einzigen Reigen auf.
Auch in den Tänzen bei uns ist es so; denn daß das Äußere der Einzelbewegungen
anders ist, wenn sich ändert, was die Begleitung des Tanzes ausmacht, Flöte, Gesang und was sonst noch dazu gehört, das braucht man nicht zu erwähnen, da ihre
Bedeutung offenbar ist. Die Glieder aber des Tänzers können unmöglich in jeder
einzelnen Figur im gleichen Zustand sein; sein Leib gibt dem Tanz nach und beugt
sich, das eine seiner Glieder wird gestrafft, das andere gelockert, das eine strengt
sich an, das andere hat entsprechend der jeweiligen Tanzfigur Ruhe. Dabei ist der
Wille des Tänzers auf etwas ganz anderes gerichtet, seine Glieder aber unterliegen
Einwirkungen entsprechend dem Tanzhergang, sie dienen dem Tanz und vollbringen schließlich das Ganze des Tanzes, so daß der Tanzverständige sagen könnte,
daß bei dieser bestimmten Tanzfigur dies Glied des Körpers hochgestreckt, dies

andere gebeugt wird, dies sich verbirgt und dies zu Boden geht; dabei hat der Tänzer sich eigentlich nicht vorgenommen, das zu tun, sondern in der Tanzbewegung
des ganzen Leibes nimmt dieser Teil des den Tanz Vollziehenden notwendig diese
bestimmte Stellung ein. Auf diese Weise also muß man sich auch das Wirken aller
Dinge vorstellen, die am Himmel Wirkungen üben. [...]

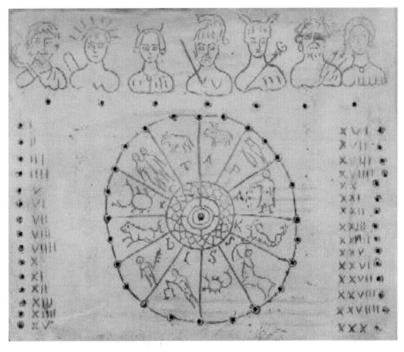

Der jährliche „Tanz" der Sonne durch die Sternbilder
Römischer Steckkalender, 4. Jh. n. Chr., Fundort Trier

CLEMENS VON ALEXANDRIA (um 150 – ca. 215)

In Clemens' Lebenszeit haben die Christen es noch nicht geschafft, ihre heidnischen Zeitgenossen von der Verwerflichkeit der Rituale der griechischen Feste und der alten Mysterien zu überzeugen. Clemens bemüht sich in einer Werbe-Rede für das Christentum, die Elemente der noch vorhandenen religiösen Überzeugungen aufzugreifen und sie in christlichen Zusammenhängen neu und „wahr" zu deuten. Ist das dionysische Fest trunken und ekstatisch, so ist das christliche Fest nüchtern. Während dort die Frauen wie Mänaden „schwärmen", treten die „Töchter Gottes" in einen „nüchternen Chorreigen". Der Ruf erreicht alle, die noch den alten Dionysien anhängen, auch die Alten, die wie der blinde Seher Teiresias aus dem Mythos sich mit Efeukränzen und Hirschfellen schmücken und sich auf den Thyrsos-Stab (den Accessoires des Dionysos-Kultes) stützen. Die neuen christlichen Mysterien im Unterschied zu den alten öffnen den Himmel und zeigen Gott. Der Initiand darf mit den Engeln einen Reigen um den „wahrhaft einzigen Gott" tanzen. Dieses Bild der tanzenden Engel wird in der folgenden Zeit ein theologischer Topos. Der Blick auf den durch die Engel geheiligten Tanz hindert jedoch Clemens nicht, die Tänze im Theater als „unzüchtig" zu diffamieren.

(Der Erzieher. Mahnrede an die Heiden. Buch I. Übers. v. O. Stählin. In: Bibliothek der Kirchenväter (BKV). Zweite Reihe Band VII. I. Bd. München 1934. 119,1-120,2.)

Dionysische Ekstase und christlich-nüchterner Reigen

(119,1) Komm, du Betörter, nicht auf den Thyrsos[1] gestützt, nicht mit Efeu bekränzt! Wirf weg die Stirnbinde, wirf weg das Hirschfell, werde wieder nüchtern! Ich will dir den Logos und die Mysterien des Logos zeigen und sie dir mit den Bildern erklären, die dir vertraut sind. Hier ist der von Gott geliebte Berg, nicht wie der Kithairon der Schauplatz von Tragödien[2], sondern den Dramen der Wahrheit geweiht, ein nüchterner Berg, beschattet von heiligen Wäldern; und auf ihm schwärmen nicht die Schwestern der „vom Blitz getroffenen" Semele[3] umher, die

---

[1] Der „Thyrsos" ist der mit Efeu oder Weinlaub umwundene, oben mit einem Fichtenzapfen versehene Stab des Bakchos (Dionysos) und seiner Verehrer.

[2] Z. B. der „Bakchen" des Euripides.

[3] Semele, die Mutter des Dionysos, stirbt, vom Blitz getroffen, als ihr Zeus auf ihre Bitte in dem vollen Glanz seiner göttlichen Macht erscheint.

Mainaden[4], die in die unheilige Fleischverteilung eingeweiht werden, sondern die Töchter Gottes, die schönen Lämmer, die die heiligen Weihen des Logos verkünden und einen nüchternen Chorreigen versammeln. (2) Den Chorreigen bilden die Gerechten; das Lied, das sie singen, ist der Preis des Königs der Welt. Die Mädchen schlagen die Saiten der Leier, Engel verkünden den Ruhm, Propheten reden, Klang von Musik erschallt; in raschem Laufe schließen sie sich dem Festzuge an; es eilen die Berufenen, voll Sehnsucht, den Vater zu empfangen. (3) Komme auch du, Greis[5], zu mir! Verlasse Theben und wirf Wahrsagekunst und Bakchosdienst von dir und laß dich zur Wahrheit führen! Siehe, ich reiche dir das Holz (des Kreuzes), dich darauf zu stützen. Eile, Teiresias, komme zum Glauben! Du wirst sehend werden. Christus, durch den die Augen der Blinden wieder sehen, leuchtet auf, heller als die Sonne. Die Nacht wird von dir weichen, das Feuer sich vor dir fürchten, der Tod von dir scheiden. Den Himmel wirst du schauen, Greis, der du Theben nicht sehen kannst.

(120,1) O wie wahrhaft heilig sind die Mysterien, o wie lauter das Licht! Von Fackellicht werde ich umleuchtet, damit ich den Himmel und Gott schauen kann; ich werde heilig dadurch, daß ich in die Mysterien eingeweiht werde; der Herr enthüllt die heiligen Zeichen (er ist Hierophantes) und drückt dem Eingeweihten durch die Erleuchtung sein Siegel auf und übergibt den, der gläubig geworden ist, der Fürsorge des Vaters, damit er für die Ewigkeit bewahrt werde. (2) Dies sind die Bakchosfeste meiner Mysterien; wenn du willst, so lasse auch du dich einweihen! Und mit den Engeln wirst du den Reigen um den „ungeschaffenen und unvergänglichen" und wahrhaft einzigen Gott tanzen, wobei der Logos Gottes in unsere Loblieder miteinstimmt. […]

---

[4] Die Mainaden (Rasenden), Begleiterinnen des Bakchos, mit Hirschfellen bekleidet, zerreißen ihre Beute mit den Zähnen.
[5] Gemeint ist der blinde Seher Teiresias.

JOHANNESAKTEN
(3. Jahrhundert)

*Die Actae Joannis stammen aus dem dritten Jahrhundert und gehören zu den a-
pokryphen Schriften des Neuen Testaments. Dass sie nicht in den Kanon der neu-
testamentlichen Texte aufgenommen wurden, hat seinen Grund in der gnostischen
Grundeinstellung dieser Texte. Die „Gnosis" ist gleichsam eine Parallelreligion
zum Christentum, die aus vielfältigen Quellen stammt und in unterschiedlichen
Regionen unterschiedliche Kulte praktiziert. Die „Gnostiker" interpretieren die
menschliche Existenz im Rahmen einer großen Kosmologie und Erlösungslehre:
Mensch und Kosmos sind verdorben, sie sehnen sich nach der Rückkehr in die
göttliche Lichtwelt. Das Christentum saugt Elemente dieser Religion auf und verändert damit seine Grundlagen. Das wiederum mochten die kritischen Köpfe der
jungen christlichen Kirche nicht dulden. Die im Hymnus vorgestellte Situation ist
eine Versammlung Jesu mit seinen Jüngern vor seiner Verhaftung. Sie sind zusammengekommen, um „den Vater im Hymnus zu besingen" und bilden einen
Kreis: Das Bild des sakralen Rundtanzes, wie er aus den künstlerischen Zeugnissen vorklassischer Kulturen bekannt ist, wird evident. Im Sinne einer Mysterienleh-
re wird der Sinn des Auftrags Jesu enthüllt. Die gnostische Sichtweise deutet das
Leiden Jesu als ein Scheinleiden und gibt der christlichen Heilslehre eine kosmische Ausweitung, die in der Vorstellung von der Allbeseelung des Kosmos gründet.
Der Tanz aber wird zum Medium geheimer Offenbarung. Das Universum tanzt mit
der Kultgemeinde: „Die eine Achtheit lobsingt mit uns... Die zwölfte Zahl tanzt
oben... dem All zu gehört der Tanzende... Wer nicht tanzt, begreift nicht, was sich
begibt." Die kultische Form einer sakralen Pantomime verbindet sich hier mit
einem Weltverständnis, das den Passionshymnus zur Mimesis der „Sym-patheia",
der mitfühlenden Passion des Alls macht.*

(W. Schneemelcher (Hrsg.): Neutestamentliche Apokryphen. Bd. II. Übers. v. E. Hennecke. Tübingen
⁴1971. S. 153-157.)

Der Passionstanz

Der Hymnus Christi

94 „Bevor er von den gesetzeswidrigen Juden, denen ihr Gesetz von einer gesetzeswidrigen Schlange gegeben ist, ergriffen wurde, versammelte er uns alle und

sprach: ‚Bevor ich jenen preisgeben werde, wollen wir dem Vater lobsingen und dann hinausgehen zu dem, was bevorsteht.' Er befahl uns nun, einen Kreis zu bilden, indem wir einander bei den Händen hielten, trat selber in die Mitte und sagte: ‚Respondiert mir mit Amen!' Er begann also einen Hymnus zu singen und zu sagen:

‚Ehre sei dir, Vater!'
[Und wir umkreisten ihn und respondierten ihm mit Amen.]
‚Ehre sei dir, Logos!
Ehre sei dir, Gnade!' – ‚Amen.'
‚Ehre sei dir, Geist!
Ehre sei dir, Heiliger!
Ehre sei deiner Ehre!' – ‚Amen.'
‚Wir preisen dich, Vater!
Wir danken dir, Licht,
in dem Finsternis nicht wohnt.' – ‚Amen.'
95 ‚Wofür wir aber danken, sage ich:
‚Gerettet werden will ich,
und retten will ich.' – ‚Amen.'
‚Gelöst werden will ich,
und lösen will ich.' – ‚Amen.'
‚Verwundet werden will ich,
und verwunden will ich.' – ‚Amen.'
‚Gezeugt werden will ich,
und zeugen will ich.' – ‚Amen.'
‚Essen will ich,
und gegessen werden will ich.' – ‚Amen.'
‚Hören will ich,
und gehört werden will ich.' – ‚Amen.'
‚Gedacht werden will ich,
der ich ganz Gedanke bin.' – ‚Amen.'
‚Gewaschen werden will ich,

und waschen will ich.' – ‚Amen.'
Die Gnade tanzt.
‚Flöten will ich,
tanzet alle.' – ‚Amen.'
‚Ein Klagelied anheben will ich,
die Trauergebärde vollführt alle.' – ‚Amen.'
‚(Die) eine Achtheit
lobsingt mit uns.' – ‚Amen.'
‚Die zwölfte Zahl
tanzt oben.' – ‚Amen.'
‚Dem All zu
gehört der Tanzende.' – ‚Amen.'
‚Wer nicht tanzt, begreift nicht,
was sich begibt.' – ‚Amen.'
‚Fliehen will ich,
und bleiben will ich.' – ‚Amen.'
‚Schmücken will ich,
und geschmückt werden will ich.' – ‚Amen.'
‚Geeint werden will ich,
und einen will ich.' – ‚Amen.'
‚Ein Haus habe ich nicht,
und Häuser habe ich.' – ‚Amen.'
‚Eine Stätte habe ich nicht,
und Stätten habe ich.' – ‚Amen.'
‚Einen Tempel habe ich nicht,
und Tempel habe ich.' – ‚Amen.'
‚Eine Leuchte bin ich dir,
der du mich siehst.' – ‚Amen.'
‚Ein Spiegel bin ich dir,

der du mich erkennst.' – ‚Amen.'

‚Eine Tür bin ich dir,

[der] du an mir anklopfst.' –

‚Amen.'

‚Ein Weg bin ich dir,

[dem] Wanderer.' – [‚Amen.']

96 ‚Wenn du aber Folge leistest

meinem Reigen,

sieh dich selbst

in mir, dem Redenden,

und wenn du gesehen hast, was ich

tue,

schweige über meine Mysterien.

Der du tanzt, erkenne,

was ich tue, weil dein ist

dieses Leiden des Menschen,

das ich leiden werde.

Du könntest nämlich überhaupt nicht

erkennen, was du leidest,

wenn ich dir nicht als Logos

vom Vater gesandt wäre.

Der du sahst, was ich leide,

als Leidender sahst du [mich],

und als du sahst, bliebst du nicht

stehen,

sondern gerietest ganz in Bewegung.

In Bewegung geraten, weise zu wer-

den,

hast du mich als Stütze [wörtl.: Ru-

helager];

ruhe aus in mir.

Wer ich bin, wirst du erkennen

(dann), wenn ich fortgehe.

Wofür man mich ansieht,

das bin ich nicht;

[was ich bin], wirst du sehen

(dann), wenn du kommst.

Würdest du das Leiden kennen,

das Nicht-Leiden würdest du haben.

Das Leiden erkenne,

und das Nicht-Leiden wirst du ha-

ben!

[…]

Wiederum sage mir:

Ehre sei dir, Vater!

Ehre sei dir, Logos!

Ehre sei dir, [heiliger] Geist.' –

‚Amen.'

Offenbarung des Kreuzesgeheimnisses

97 Nachdem der Herr, Geliebte, so mit uns getanzt hatte, ging er fort. Und wir waren wie Verirrte oder auch in Schlaf Verfallene auf der Flucht, der eine dahin, der andere dorthin. Als ich ihn nun leiden sah, hielt ich nicht aus bei seinem Leiden, sondern floh auf den Ölberg und weinte über das Geschehene. Und als er am Freitag (am Kreuz) aufgehängt wurde, war zur sechsten Tagesstunde Finsternis auf der ganzen Erde. Und es stand mein Herr mitten in der Höhle und erhellte sie und sagte: ‚Johannes, für die Menschen unten werde ich in Jerusalem gekreuzigt und mit Lanzen und Rohren gestoßen und mit Essig und Galle getränkt. Mit dir aber rede ich, und was ich rede, höre! Ich habe es dir eingegeben, auf diesen Berg zu gehen, damit du hörst, was ein Jünger vom Meister lernen muß und ein Mensch von Gott'." […]

Schreit-Tanz heiliger Frauen, S. Appollinare Nuovo, Ravenna, ca. 561

BASILIUS DER GROßE (ca. 330 – 379)

Im 4. Jahrhundert ist die geistige Elite des Christentums damit beschäftigt, die Lebensführung ihrer Klientel auf die Leitlinien der noch jungen Religion einzuschwören. Das bedeutet, dass antike Traditionen kritisch hinterfragt und polemisch attackiert werden. Offenkundig ist in Kleinasien die griechische Sitte dionysischer Tänze zum Frühlingsbeginn noch lebendig. Basilius, der Bischof und Metropolit von Kappadokien, donnert in seiner Predigt gegen die „schamlosen" Tanzbewegungen der tanzenden Mädchen und klagt diese der sexuellen Zügellosigkeit an. Offenkundig befinden wir uns hier an einem historischen Wendepunkt: Die Antike verblasst auch in ihren Sitten und Gebräuchen, die christliche Kultur zieht herauf – asketisch und unduldsam. In der christlichen Theologie wird der Tanz von nun an einseitig als Äußerung frivoler Lebenslust betrachtet. Der kultische Charakter ebenso wie der sportliche und künstlerische werden kaum noch wahrgenommen.

(Basilius-Predigten. Gegen die Trunkenbolde. In: Ausgewählte Homilien und Predigten. Übers. v. A. Stegmann. Bibliothek der Kirchenväter. II. Bd. München 1925.)

Tanz als frivole Bewegung

Schamlose Weiber haben, vergessend auf die Furcht Gottes und verachtend das ewige Feuer, eben an dem Tage, an dem sie in Erinnerung an die Auferstehung (Jer 20,9) hätten zu Hause bleiben und jenes Tages gedenken sollen, an dem der Himmel sich öffnen und der Richter vom Himmel her uns erscheinen wird, die Posaunen Gottes erschallen und die Toten auferstehen werden, gerechtes Gericht gehalten und einem jeden nach seinen Werken vergolten wird, solche Weiber haben, anstatt mit solchen Gedanken sich zu beschäftigen und ihre Herzen von bösen Begierden zu reinigen, die früheren Sünden mit Tränen abzuwaschen und sich auf die Begegnung mit Christus am großen Tage seiner Ankunft vorzubereiten, das Joch der Dienstbarkeit Christi abgeschüttelt, haben die Schleier der Sittsamkeit von ihrem Haupte entfernt, Gott verachtet, seine Engel verachtet, haben sich jedem männlichen Blicke schamlos ausgesetzt, die Haare schüttelnd, die Kleider schleppend, mit den Füßen trippelnd, mit lüsternen Blicken und ausgelassenem Gelächter wie rasend sich in den Tanz gestürzt (nämlich des Herrn, also am Ostertage), haben allen Mutwillen der jungen Leute gegen sich herausgefordert und vor der Stadt bei den Gräbern der Märtyrer Tänze aufgeführt und so die geheiligten Orte zur Werkstätte ihrer Schamlosigkeit gemacht. Sie haben die Luft mit ihren buhlerischen

Gesängen entweiht, entweiht mit ihren unreinen Füßen die Erde, die sie bei ihren Tänzen stampften, haben einen Schwarm junger Leute als Zuschauer um sich versammelt, wahre Buhldirnen und ganz verrückt, daß sie verrückter hätten nicht sein können. Wie kann ich dazu schweigen? Wie das recht beklagen? [...]

Tänzerin auf der Krone des Kaisers Konstantin IX. Monomachos,
gest. 1055, Byzantinischer Kaiser seit 1042

AMBROSIUS VON MAILAND (um 339 – 397)

Ambrosius will die spezifisch christliche Freude definieren, und er tut es in Abgrenzung zu den Freudenäußerungen, die offenkundig zu seiner Zeit in Oberitalien zu beobachten waren. Er bezieht sich auf Tänze, die mitten in der Stadt, wohl bei privaten Anlässen oder aber auch bei Volksfesten (z.B. Neujahrsfeierlichkeiten) stattfanden. Der Tanz verfällt ganz und gar seinem strengen Verdikt: Er ist schlicht Ausdruck von Trunkenheit und Wahnsinn. Christliche Freude hat nüchtern zu sein. Salome hat aus christlicher Sicht ein für allemal den Tanz diskreditiert, hatte doch ihr verführerischer Tanz vor Herodes den Tod Johannes des Täufers verschuldet.

(Über die Jungfrauen. III. Buch. In: Pflichtenlehre und ausgewählte kleinere Schriften. Übers. und eingeleitet v. J. E. Niederhuber. Bibliothek der Kirchenväter. III. Bd. Kempten / München 1917.)

Tanz als Ausdruck des Wahnsinns

25. Die Freude soll sonach dem guten Gewissen entquellen, nicht durch ausgelassene Schmausereien, nicht durch Hochzeitsklänge erregt sein; denn wo zuletzt der Tanz zu Vergnügen sich gesellt, da ist die Schamhaftigkeit ohne Schutz, die Lust verdächtig. Ich wünsche, daß gottgeweihte Jungfrauen vom Tanz sich fernhalten; denn schon nach dem Ausspruch eines weltlichen Lehrers tanzt kein nüchterner Mensch, er sei denn von Sinnen. Wenn also schon nach der Weltweisheit entweder Trunkenheit oder Wahnsinn die Urheber des Tanzes sind, welche Warnung liegt unseres Erachtens erst in den Beispielen der Heiligen Schrift! Ist doch Johannes, der Vorbote Christi, der auf den Wunsch einer Tänzerin ermordet wurde (Mt 16,6 ff.), ein Beispiel dafür, wie der Reiz des Tanzes noch mehr Unheil anstiftete als die Sinnlosigkeit frevlen Wütens.

AURELIUS AUGUSTINUS (354 – 430)

Augustin ist ursprünglich den Schönheiten der Natur und der Künste zugetan. Er ist ein Augenmensch, sensibel für Farben, Formen, für Schauspiel und Theater. Seine Schrift „De musica" belegt sein Verständnis für die Klangwelt. Gleichwohl fürchtet er – nach seiner Bekehrung zum Christentum –, dass die Schönheiten der Welt vom christlichen Ziel eines gottgeweihten Lebens wegführen. So finden wir in seinen Überlegungen beide Linien der Argumentation: die Dankbarkeit für die Schönheiten der Welt, denn sie sind ja von Gott, sodann aber die Sorge vor deren Verführungen. In der Überlieferung hält sich beharrlich die Überzeugung, folgender Text sei von Augustin: „Ich lobe den Tanz, denn er befreit den Menschen von der Schwere der Dinge – bildet den Einzelnen zu Gemeinschaft. Ich lobe den Tanz, der alles fordert und fördert: Gesundheit und klaren Geist und eine beschwingte Seele. Tanz ist Verwandlung des Raumes, der Zeit, des Menschen, der dauernd in Gefahr ist zu zerfallen, ganz Hirn, Wille und Gefühl zu werden. Der Tanz dagegen fordert den ganzen Menschen, der in seiner Mitte verankert ist, der nicht besessen ist von der Begehrlichkeit nach Menschen und Dingen und von der Dämonie der Verlassenheit im eigenen Ich. Der Tanz fordert den befreiten, den schwingenden Menschen im Gleichgewicht aller Kräfte. Ich lobe den Tanz! Mensch, lerne tanzen, sonst wissen die Engel im Himmel nichts mit dir anzufangen." Obwohl die Passage in den überlieferten Schriften Augustins nicht nachweisbar ist, entspricht sie durchaus seinem Geist. Hier ist wahrscheinlich der kultische Tanz gemeint, den die jungen christlichen Gemeinden in Anlehnung an regionale Sitten in unterschiedlichen Ländern des Mittelmeerraumes praktiziert haben. Dass die Engel im Himmel mit den Seligen tanzen, ist ein sehr altes Bild, das aus unterschiedlichen Traditionen stammt und weiter gereicht wird – bis in die Zeit der Deutschen Mystik. (siehe Heinrich Seuse, S. 92ff.). Der Tanz gehört in den Himmel, auf der Erde soll die Bewegung der Menschen geordnet, nüchtern und keusch sein. Im folgenden authentischen Text reflektiert Augustin die Relation von Zeichen und Bedeutung im System des pantomimischen Tanzes: Niemand, der nicht das Zeichensystem einer bestimmten regionalen Kultur kennt, kann die Gesten eines Pantomimen in dieser Kultur ohne „Übersetzung" eines Herolds verstehen. Augustin rührt hier an das Problem der globalen Verstehbarkeit von Kunst überhaupt. Alle Künste scheinen einen Horizont allgemeiner Verständlichkeit zu haben, doch ihre Bedeutung ist letztlich kulturell begründet. So sind auch viele Gesten in den Tänzen der unterschiedlichen Kulturen unmittelbar und überall verständlich, viele aber sind es nicht. Sie erschließen sich erst durch einen Code, der aktuell konventionell oder aber traditionell die Bedeutung festgelegt hat.

(Über die christliche Lehre. II. Buch. 25. Kapitel. In: Ausgewählte praktische Schriften homiletischen und katechetischen Inhalts. Übers. und eingeleitet v. P. S. Mitterer. Bibliothek der Kirchenväter. VIII. Bd. München 1925.)

Tanz als Zeichensystem

[...] Denn alles, was unter den Menschen nur deshalb Geltung hat, weil sie sich darüber verständigt haben, beruht auf menschlichen Einrichtungen. Diese menschlichen Einrichtungen nun sind zum Teil überflüssig und entbehrlich, teils aber auch zweckmäßig und notwendig. Würden z.b. jene Zeichen, welche die Gaukler beim Tanze geben, schon von Natur aus und nicht erst durch menschliche Einrichtungen und Übereinkunft ihre bestimmte Bedeutung haben, dann hätte in alten Zeiten beim Tanz eines Pantomimen kein Herold den Karthagern lange verkünden müssen, was der Tänzer eigentlich verstanden wissen wollte. An solche Erklärungen (durch den Herold) können sich noch viele alte Leute erinnern, aus deren Erzählungen ich solche Dinge zu schöpfen pflege. Dies ist auch deshalb ganz gut glaublich, weil noch heute ein in solchen Possen unerfahrener Mann beim Besuch eines Theaters mit gespannter Aufmerksamkeit zuschauen kann, ohne etwas davon zu haben, wenn ihm nicht jemand anderer die Bedeutung der Bewegungen erklärt. Es suchen aber alle nach einer Bezeichnung, bei der sich der bezeichnende Ausdruck und das zu bezeichnende Dinge tunlichst ähnlich sind. [...]

(De musica I, 2, 3 – Der Tanz als Vergegenwärtigung des Schönen – propter se et per se)

Wenn sich unsere Glieder nur um des Schönen und der Anmut willen und wegen keines anderen Zweckes bewegen, nennen wir das nicht Tanz und nichts anderes? [...]

(De musica I, 13, 27 – Tänzer und Taktgeber)

Wenn einer rhythmisch in die Hände klatscht, so dass ein Schlag eine Zeiteinheit, ein zweiter eine doppelte Zeiteinheit ausmacht, was bekanntlich als jambischer Versfuß bezeichnet wird, wenn derselbe ferner die Schläge aneinanderreiht und fortsetzt, ein zweiter aber dazu tanzt, indem er nach dem Rhythmus die Glieder bewegt, sprichst du nicht auch dort von einem Zeitverhältnis zwischen dem Einfachen und Zweifachen der Bewegung, sei es im Klatschen, das du hörst, sei es im

Tanzen, das du siehst? Oder ergötzt dich wenigstens nicht die Zählbarkeit, die du wahrnimmst, auch wenn du die Zahlen nicht genau nachrechnen kannst? […]

Der Tanz der Engel im Paradies
„Fra Angelico", Giovanni da Fiesole (1387-1455): Il Paradiso

JOHANNES CHRYSOSTOMUS (344/54 – 407)

Johannes wählt die Figur der Salome aus dem Matthäus-Evangelium, um die Verwerflichkeit des Tanzes aus unterschiedlichen Perspektiven sichtbar zu machen. Die Schamlosigkeit der tanzenden Salome, die Lüsternheit des Herodes und die Tücke der Herodias erzeugen die unheilvolle Atmosphäre, die zum Mord an Johannes dem Täufer führen. Diese Atmosphäre ist für den Kirchenvater in seiner eigenen Zeit bei den üblichen Festlichkeiten durchaus noch aktuell: [...] „und wenn auch kein Johannes dabei umgebracht wird, so doch die Glieder des Leibes Christi, und das ist noch viel schlimmer." Wo getanzt wird, ist der Teufel dabei. Dieses Verdikt klingt in den kommenden Jahrhunderten immer wieder auf.

(Matthäus-Kommentar. 48. Homilie. In: Kommentar zum Evangelium des hl. Matthäus. Übers. v. J. C. Baur. III. Bd. Bibliothek der Kirchenväter. III. Bd. Kempten / München 1916.)

Die sündige Salome

Höret es, ihr Jungfrauen, oder vielmehr auch ihr Verheirateten, die ihr bei fremden Hochzeiten euch solche Schamlosigkeiten erlaubt, die ihr Sprünge macht und tanzet und euer gemeinsames Geschlecht entehrt! Höret es auch, ihr Männer, die ihr so gerne kostspielige Gastmähler voll Trunkenheit aufsucht, und fürchtet den Abgrund, in den euch der Teufel hinabziehen will. Der hat ja damals den unseligen Herodes mit solcher Gewalt erfaßt, daß er schwur, er wolle sogar die Hälfte seines Reiches hergeben. Das bezeugt uns Markus, der da schreibt: „Er schwur ihr: Wenn du es willst, so werde ich Dir bis zur Hälfte meines Reiches geben" (Mk 6,23). So hoch schätzte er seine Herrschaft ein, und so sehr war er zu gleicher Zeit von seiner Leidenschaft gefangen, daß er wegen ihres Tanzes darauf verzichten wollte.

Und was wunderst du dich, daß damals so etwas vorkam, nachdem ja auch jetzt, trotz der erhabenen Lebensweisheit, die uns vermittelt ward, viele wegen des Tanzes von solch verweichlichten jungen Leuten sogar ihre Seelen preisgeben, und dabei nicht einmal einen Eid nötig haben? Sie sind eben Gefangene der bösen Lust, und werden gleich Schafen umhergeschleppt, wohin immer es dem Wolfe gefällt. – So ging es also damals auch dem tollen Herodes, der zwei unendliche Torheiten beging, erstens daß er dieses rasende und von Leidenschaft trunkende Mädchen, das vor nichts zurückschreckte, zur Herrin (seines Willens) machte; zweitens daß er sich durch einen Eid zu der Sache verpflichtete. Obwohl aber er so schlecht war, das Weib (die Herodias) war noch schlechter als alle anderen, schlechter als das

Mädchen und als der Tyrann. Sie war es ja, die das ganze Unheil geschmiedet, das ganze Drama ersonnen hatte, sie, die am meisten von allen dem Propheten zum Dank verpflichtet gewesen wäre. Ihre Tochter hatte ja nur im Gehorsam gegen sie die Scham abgelegt, den Tanz aufgeführt und den Mord verlangt, und Herodes ward von ihr im Netze gefangen.

Siehst du da, wie recht Christus hatte, wenn er sagte: „Wer Vater und Mutter mehr liebt als mich, ist meiner nicht wert" (Mt 10, 37)? Hätte das Mädchen dieses Gebot beobachtet, so hätte es keine so großen Sünden begangen, so hätte es nicht diese Blutschuld auf sich geladen. Oder was gäbe es Schlimmeres als solch eine Grausamkeit, einen Mord als Gnade sich zu erbitten, einen ungesetzlichen Mord, einen Mord während des Mahles, einen Mord, begangen vor der Öffentlichkeit und ohne Scham! Sie kam nicht insgeheim, um darüber zu verhandeln, sondern öffentlich, ohne Maske, enthüllten Hauptes; sie nimmt den Teufel zu ihrem Gehilfen und bringt so ihre Bitte vor. Auch der Teufel half ihr ja mit dazu, durch ihren Tanz das Wohlgefallen zu erregen und so den Herodes zu fangen. Wo eben ein Tanz ist, da ist auch der Teufel dabei. Nicht zum Tanze hat uns ja Gott Füße gegeben, sondern damit wir auf dem rechten Wege wandeln; nicht damit wir ausgelassen seien, nicht damit wir Sprünge machen wie Kamele (denn auch diese führen widerliche Tänze auf, nicht bloß die Weiber), sondern damit wir mit den Engeln den Chorreigen bilden. Wenn schon der Leib bei solcher Ausschweifung besudelt wird, um wieviel mehr noch die Seele? Solche Tänze führen eben nur die Teufel auf; solchen Hohn treiben nur des Teufels Gehilfen. [...]

Die Heiligen machen es nicht so. Sie beweinen lieber die Sünder, als daß sie ihnen fluchen. So wollen auch wir es machen und wollen die Herodias beweinen und alle, die es ihr nachmachen. Auch jetzt gibt es ja noch oft solche Gastmähler; und wenn auch kein Johannes dabei umgebracht wird, so doch die Glieder des Leibes Christi, und das ist noch viel schlimmer. Da verlangen die Tänzer kein Haupt auf einer Schüssel, dafür aber die Seelen der Tafelgenossen. Denn wenn sie dieselben zu ihren Sklaven machen, wenn sie in ihnen sündhafte Leidenschaften erregen und sie mit öffentlichen Dirnen umgeben, so verlangen sie zwar nicht das Haupt, wohl aber töten sie die Seele, da sie ja ihre Tischgenossen zu Ehebrechern, zu verweichlichten und unsittlichen Menschen machen.

Da wirst du doch nicht behaupten wollen, wenn du vom Weine trunken bist und siehst, wie ein Weib tanzt und unsittliche Reden führt, daß du da keine Versuchung zu ihr spürst, und nicht, von der Lust bezwungen, dich zur Unsittlichkeit verleiten lässest. Ja es widerfährt das Schreckliche, daß du die Glieder Christi zu Gliedern einer Hure machst. Wenn auch bei dir die Tochter der Herodias nicht zugegen ist, der Teufel, der durch sie tanzte, tanzt auch jetzt wieder durch diese Huren, macht die Seelen der Tischgenossen zu seinen Gefangenen und nimmt sie mit sich fort. – Wenn aber auch ihr die Kraft habt, euch nicht berauschen zu lassen, ihr macht euch doch einer anderen, sehr schlimmen Sünde schuldig. Solche Gastmähler sind ja nur die Frucht vielfachen Raubes. Da sieh nicht auf das Fleisch, das aufgetragen ist, und nicht auf die Kuchen, sondern bedenke nur, mit welchem Gelde das alles zusammengekommen ist; da wirst du sehen, daß es von Übervorteilung, Habsucht, Gewalttätigkeit und Raub herstammt.

Rhythmischer Schreittanz der Engel
(Fresco in der Kirche des hl. Demetrios, 13. Jh.,
Metropolis / Mistra / Griechenland)

DEL TUMBEOR NOSTRE DAME (12. Jahrhundert)

Die Kirchenväter haben mit ihrer herben Kritik die Entwicklungsmöglichkeiten der abendländischen Tanzkultur während der Jahrhunderte des Mittelalters stark beeinträchtigt. Die christliche Polemik gegen die weltlichen Tänze ist so alt wie die Warnung vor den Verführungen des Theaters. Der Satz „Der Tanz ist ein Kreis, dessen Mittelpunkt der Teufel ist", angeblich von Augustin formuliert (wir fanden ihn auch bei Johannes Chrysostomos), wurde in vielen Variationen oft wiederholt. Gleichwohl darf man annehmen, dass in allen Epochen des Mittelalters getanzt wurde: Der Tanz entspringt einem viel zu vitalen Bedürfnis, als dass er sich hätte unterdrücken lassen. Alle gesellschaftlichen Schichten haben getanzt: der König, die Ritter, die Bauern. Allerdings gibt es vergleichsweise wenige schriftliche Zeugnisse in der Literatur. In den Beschreibungen der höfischen Feste fehlt allerdings selten der Hinweis auf den Tanz. So heißt es im Alexanderlied von Ulrich von Etzenbach: „Man unterhielt sich dort gut: mit Reien, Springen, Tanzen und lieblichem Sichdrehen" (Ulrich von Etzenbach: Alexander 14651-56).

Es gibt im Mittelalter sogar noch Reste kultischer Tänze. Im 12. Jahrhundert wurde von einem „Luftspringer", Tänzer und Akrobaten folgende Legende erzählt: der Artist ist müde von seinem Wanderleben und hat sich in ein Kloster zurückgezogen, um sein Leben in frommer Kontemplation zu beschließen. Bald aber quält ihn der Gedanke, dass er im Unterschied zu den anderen Mönchen keine frommen Übungen gelernt habe. Er irrt im Kloster und beobachtet niedergeschlagen die frommen Brüder bei ihren schweren Bußübungen. Eines Tages führt ihn Gott selbst in eine wenig besuchte Gruft vor ein Marienbild und gibt ihm den Einfall, er könne die Jungfrau Maria auch mit seiner Kunst ehren. Also legt er seine Kutte ab und tritt „in seiner Glieder Schöne" vor das Bildnis und beginnt nach demütigem Gruß die Vorführung seiner artistisch-tänzerischen Übungen.

(In Romania II. 1873. Hrsg. v. W. Foerster. S. 315ff. Vgl.: W. Körbs: Vom Sinn der Leibesübungen zur Zeit der italienischen Renaissance. Hildesheim / München / Zürich [2]1988. S.105ff.)

Tanz als Gebet

[...] Er machte den französischen Sprung
Und den Sprung, wie der in der Champagne geübt wird,

Danach den spanischen Sprung,
Sprünge, wie man sie in England ausführt
Und zuletzt den Sprung von Lothringen. [...]

Nach den anstrengenden und gelungenen Sprüngen und Überschlägen, die wahr-
scheinlich zu den Glanznummern seines Repertoires gehörten, geht er vor dem
Marienbild auf Händen und bittet demütig die Jungfrau, sein Werk wohlgefällig
anzusehen. Seine Bußübungen werden schließlich vom Abt des Klosters entdeckt,
der beobachtet, wie dem von seinen Übungen Ohnmächtigen Maria erscheint und
ihm Absolution erteilt. Die Wahrheit dieser Geschichte wird im Text ausdrücklich
versichert.

Thronende Maria mit Kind, spätes 12. Jh.,
Naional Gallery, Washington

Polnischer Breakdancer vor
Papst Johannes Paul II., 2004

CARMINA BURANA (12./13. Jahrhundert)

Die höfische Gesellschaft tanzte auf zweierlei Weise: Einmal wurde der Tanz „schleifenden Fußes" getreten, der Reigen wurde gesprungen. Die folgenden Verse entstammen der Sammlung „Carmina Burana" aus dem 12./13. Jahrhundert. Sie verweisen auf Volkstänze, die wahrscheinlich bei Frühlingsfesten getanzt wurden. Die „Aufforderung zum Tanz", zum Springen im Reigen, gibt der Freude über den Frühling, den Mai Ausdruck und verbindet diese Freude mit der erwachenden Liebe. Das „Trutzlied der Mädchen" beschreibt einen Reigen, der vom Sprachrhythmus her eher getreten worden zu sein scheint. Die Mädchen schließen sich durch den Kreis von der Gesellschaft ab und trotzen der gesellschaftlichen Zumutung, sich einen Mann für den Tanz zu suchen: Diesen Sommer wollen sie noch „ohne Mann" verbringen.

(Carmina Burana. Die Lieder der Benediktbeurer Handschrift (Lateinisch/Deutsch). Nach vollständiger Ausgabe des Originaltextes. Hrsg. v. A. Hilka und O. Schumann. Heidelberg 1930-1970. Neu hrsg. v. G. Bernt. München [5]1991. S. 453 und S. 514.)

Aufforderung zum Tanz (Nr. 137a)

Springerwir den reigen
nu, vrowe min!
vrovn uns gegen den meigen!
uns chumet sin shin.
der winder der heiden tet senediv not;

der ist nuçergangen,
si ist wunnechlich bevangen
von blůmen rot.

Springen wir den Reigen
jetzt, Dame mein!
Freuen wir uns auf den Mai!
Uns kommt sein Anblick.
Der Winter tat dem Brachland
sehnsüchtige Not;
der ist jetzt zuende gegangen,
er ist wonnebringend überdeckt
von Blumen rot.

Das Trutzlied der Mädchen (Nr. 167a)

Swaz hie gat umbe
daz sind alle megede
die wellent an man
allen disen sumer gan!

Alles, was hier im Kreis geht,
das sind alles Mädchen,
die haben vor, ohne Mann
diesen ganzen Sommer zu gehen
(im Tanz)!

DJELALADDIN RUMI (1207 – 1273)

Rumi gehört als persischer Dichter zur islamischen Mystik. Er ist der prominenteste Lehrer des Sufismus, der sich im Orden der tanzenden Derwische soziale, religiöse und rituelle Gestalt gibt. In der Mystik des Islam berühren sich platonische, aristotelische und neuplatonische Gedankengänge mit orientalischen Traditionen. Der Sufismus hat das Ziel, die Gläubigen mit Allah zu vereinigen, sie von den irdischen Dingen zu lösen und sie die höchste Stufe der Erfüllung erfahren zu lassen. Der Tanz, den die Derwische der Sufis aufführen, ist ein Gottesdienst: ein sich beschleunigender Drehtanz um die eigene Achse, bei welchem bis zur Ekstase, zur Einswerdung mit Gott, getanzt wird. Goethe, der sich in den Arbeiten zu seinem „Westöstlichen Divan" auch mit Rumi befasste, fand ihn zu weltlos: „Dscheláleddîn Rumi findet sich unbehaglich auf dem problematischen Boden der Wirklichkeit und sucht die Rätsel der innern und äußern Erscheinungen auf geistige, geistreiche Weise zu lösen, daher sind seine Werke neue Rätsel, neuer Auflösungen und Kommentare bedürftig. Endlich fühlt er sich gedrungen, in die Alleinigkeitslehre zu flüchten, wodurch soviel gewonnen als verloren wird und zuletzt das so tröstliche als untröstliche Zero übrigbleibt." Erst durch die Orientalisten und Dichter Joseph von Hammer-Purgstall (1774-1865) und Friedrich Rückert (1788-1866) wurde ein differenzierteres Verständnis der mystischen Dichtung Rumis möglich. Den „mystischen" Reigen im Gedicht eröffnet der Lehrmeister, der die einzelne und unvergleichliche Seele als „Gartenzier des Reigens" anspricht, um sie in höhere Formen des Reigens hineinzuziehen. Der evozierte Reigen bezieht sich auf den Tanz der Derwische: Annemarie Schimmel schreibt: „[...] in vielen Gedichten (Rumis) können wir geradezu die Rhythmik des Tanzes spüren, empfinden, wie sich der Dichter selbst in eine immer höhere Spannung gesteigert hat, wenn er schildert, wie alle Wesen, berauscht vom Wein der ewigen Liebe, sich dem Reigentanze hingeben. [...]"

(Dschelaladdin Rumi. Aus dem Divan. Aus dem Persischen übertragen und eingeleitet von A. Schimmel. Stuttgart 2002. S. 54.)

Mystischer Reigen

Komm, komm, du bist die Seele
der Seele hier des Reigens,
Komm, wandelnde Zypresse,

du Gartenzier des Reigens!
Komm, keiner ist gewesen
noch wird je sein wie du!
Komm, niemals sahn die Augen
Etwas gleich dir des Reigens!
Komm, unter deinem Schatten
Liegt tief der Sonne Quell,
Bringst tausend Venussterne
Am Himmel mir des Reigens!
Mit hundert Zungen dankt dir
Der Reigen ja beredt,
Laß mich zwei Worte lesen,
nun vom Papier des Reigens!
Du läßt die beiden Welten,
trittst in den Reigen du,
Denn jenseits beider Welten
die Welt ist hier des Reigens.
Mag auch das Dach sehr hoch sein –,
des siebten Himmels Dach –,
Doch höher reicht die Leiter
aus dem Revier des Reigens.
Nun tretet mit den Füßen
Auf alles außer Ihm,
Denn euer ist der Reigen,
denn jetzt seid ihr des Reigens!

DANTE ALIGHIERI (ca. 1265 – 1321)

Dante, der 1302 aus seiner Heimatstadt Florenz verbannt und zum Tode verurteilt wurde, lässt seine visionäre Jenseitsreise in seinem großen Versepos „Divina Commedia" am Karfreitag des Jahres 1300 beginnen. Die Niederschrift ist in die Jahre 1304-1320 des Exils zu datieren. Das erlaubt ihm den Kunstgriff, Ereignisse, die zum Zeitpunkt der Niederschrift bereits eingetreten waren, z.b. seine Verbannung, in die Dichtung als Prophezeiungen einzufügen. Indem er seine Jenseitswanderung über die Ostertage durchführt, verknüpft er das Geschehen mit dem Ostermysterium: dem Tod und der Auferstehung Christi, dem Sieg des Lichts über die Finsternis, des Lebens über den Tod. Der Text beginnt mit einem Bild, das die Verlorenheit im Dunkel des Ungewissen kennzeichnet. Er endet, nach hundert Gesängen, in der Gewissheit der Liebe schwebend im reinen Licht des Jenseits. Dante durchwandert drei Jenseitsreiche, in denen ihn der römische Dichter Vergil begleitet. Dem Abstieg in die Hölle, ins Inferno, folgt der Aufstieg zum Purgatorio, dem Berg der Läuterung, und schließlich – hier hat Vergil Dantes Schicksal in die Hände von dessen früh verstorbener, geliebter Beatrice gelegt und sich als Heide diskret verabschiedet – die Reise durch die Himmelssphären des Paradiso, die im Empyreum endet, im Reiche des Lichtes und der Seligen. In diesem Reiche begegnen wir dem „Tanze der Seligen", den Dante in großartigen Bildern gestaltet. Der Tanz der Seligen – ein System aus mehreren Sphären – gleicht den Bewegungen der Räder in einem mechanischen Uhrwerk (orologio). Dieses war in Dantes Zeit soeben erfunden worden. (Die ersten Räderuhren mit Gewichtsantrieb kamen um 1300 auf: vor allem als Kirchturmuhren.)

(Die göttliche Komödie. III, 24. Gesang. Übers. v. K. Vossler (1941). Zürich / Gütersloh o. J. S. 476.)

Der Tanz der Seligen

[...] und die frohen Seelen
scharten in Sphären sich um feste Pole
und flammten wie Kometen mächtig auf.
Und wie in einem Uhrwerk wohlgeregelt
sich Räder derart drehen, daß das erste,
wenn man's betrachtet, beinah stillsteht, und
das letzte fliegt: so hier, verschieden schnell

und langsam, ließen mich die Ringelreigen
von ihrem Tanzschritt auf die Fülle schließen[1].

Und aus dem schönsten Reigen, den ich sah,
schwebte ein Licht hervor, so glückhaft strahlend,
daß hinter ihm kein helleres mehr war,
und dreimal kreiste es um Beatrice,
und göttlich tönte ein Gesang dazu,
den mir die Phantasie nicht wiedergibt.
Ich übergehe es und schreib's nicht her;
Ist unsre Anschauung, ist unsre Sprache
für solche Tönungen doch viel zu grell. [...]

(Weitere Stellen der Divina Commedia nennen den Tanz der Seligen in: III, 13. Gesang. III. 33. Gesang.)

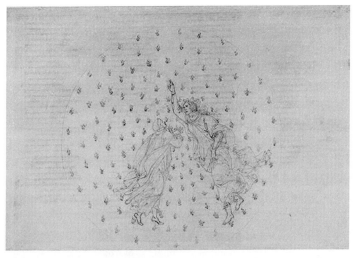

Dante und Beatrice im Reiche der Seligen
Sandro Botticelli (1445-1510): Bilderzyklus zur „Göttlichen Komödie" (ca. 1480-1495)
Berliner Museen, Kupferstichkabinett

---

[1] Die Fülle ihres Lichtes.

HEINRICH SEUSE (ca. 1295 – 1366)

Die Mystik steht zwischen dem Erlöschen des ritterlichen Minnesangs und der Heraufkunft des Strebens nach Persönlichkeit in der Renaissance. Der bedeutende Vertreter der Deutschen Mystik, Heinrich Seuse (lat.: Suso) stellt das menschliche Verhältnis zu Gott als ein Liebesverhältnis Gottes mit der menschlichen Seele dar. Dabei folgt er den sprachlichen Wendungen und dem Bildgebrauch der Minnedichtung des 12. Jahrhunderts. Das Dasein in der ewigen Seligkeit ist in seiner Vorstellung ein „Liebesspiel, ein Freudentanz in himmlischer Wonne". Es ist ein Singen und Springen, Tanzen und Reigen. Auch die Engel sind daran beteiligt. Seuse nimmt die Vorstellungen vom Tanz der Engel auf, die aus vorderasiatischen und griechischen Ursprüngen (vom Tanz der Gestirne z.B.) stammen und bei den Kirchenvätern wieder auftauchen. Hier ist erneut zu sehen, dass in theologischen Zusammenhängen der Tanz keineswegs nur verdammt wird. Auf der Spur der Vorstellung von den tanzenden Engeln wird sichtbar, dass der Tanz auch dem Göttlichen zugehören kann. Das mittelalterliche Bild deutet an, wie man sich den Tanz der Seligen mit den Engeln vorstellen könnte: Der selige Suso wird von einem Engel an den Händen gefasst und zum Tanze gedrängt, während andere Engel Harfe und Fiedel spielen.

(Deutsche Schriften. Zweiter Band (Büchlein der Ewigen Weisheit / ca. 1328-1330). Übertragen und eingeleitet v. W. Lehmann. Jena 1911. S. 27f. und S. 42.)

Der Freudentanz im Himmel

Die ewige Weisheit spricht

[…] Sieh, ich bin so wonnig geziert mit lichtem Gewand, ich bin so fein umgeben mit blütenreicher Buntheit lebender Blumen, von roten Rosen, weißen Lilien, schönen Violen und allerlei Blumen, daß aller Maien schöne Blust, aller lichten Auen grünes Gezweig, aller schönen Heiden zarte Blümlein gegen meine Zier wie eine rauhe Distel sind.

> Ich spiel in der Gottheit der Freuden Spiel
>
> das bringt der Engelschar Freuden viel,
>
> daß ihnen tausend Jahre sein als wie ein kleines Stündelein.

Das ganze himmlische Heer richtet vor neuen Wundern die Augen auf mich und betrachtet mich. Ihre Augen sind wieder und wieder in meine gelenkt, ihre Herzen mir zugeneigt, ihre Seele und ihr Gemüt ohne Unterlaß mir zugebeugt. Wohl dem, der das Liebesspiel, den Freudentanz in himmlischer Wonne an meiner Seite, an meiner schönen Hand in fröhlicher Sicherheit immer und ewig tanzen soll! Ein einziges Wörtlein, das so lebendig aus meinem süßen Munde klingt, übertrifft aller Engel Gang, aller Harfen Klang, alles süße Saitenspiel.

Eya, sieh, ich bin so traut zu lieben, ich bin so lieblich zu umfangen oder so zärtlich für die reinen liebenden Seelen zu küssen, daß alle Herzen noch mir brechen sollten. Ich bin zutunlich und zärtlich und der lautren Seele zu allen Zeiten gegenwärtig. Ich wohne ihr heimlich bei

zu Tische,/ zu Bette,/ auf Weg / und Steg.

Ich kehr mich hin, ich kehr mich her! […]

Von maßloser Freude des Himmelreichs

Sieh, über dem neunten Himmel, der unzählig mehr als hunderttausendmal weiter als alles Erdreich ist, da ist erst ein anderer Himmel drüber, der da heißt *coelum empyreum*, der feurige Himmel, so geheißen nicht vom Feuer, sondern von der unermeßlich glänzenden Klarheit, die er von seiner Natur hat, unbeweglich und unzerstörbar. Und das ist der herrliche Hof, in dem das himmlische Heer wohnt, in dem mich miteinander lobt das Morgengestirn und alle Gotteskinder jubilieren. Da stehen die ewigen Stühle, umflossen von unbegreiflichem Licht, von denen die bösen Geister verstoßen wurden und auf die die Auserwählten gehören. Siehe, die wonnige Stadt glänzt weiterhin von geschlagenem Golde, sie leuchtet weithin von edlen Perlen, durchlegt mit edlem Gestein, klar wie ein Kristall, widerscheinend von roten Rosen, weißen Lilien und allerlei lebenden Blumen. Nun blick selber auf die schöne himmlische Heide:

Hei, hier volle Sommerwonne,/ hier des lichten Maien Aue,/ hier das rechte Freudental!

Hier sieht man fröhlich die Blicke/ vom Lieb zum Liebsten gehn,

hier Harfen und Geigen,/ hier Singen und Springen,

Tanzen und Reigen,/ und volle Freude ewig pflegen,

hier Wunsches Erfüllung,/ hier Lust ohne Leid

in immerwährender Sicherheit!

Heinrich Seuse (Suso) wird von einem Engel zum Tanze geführt.
(Cod. Guelf. 78. 5. Aug. 2°, Blatt 95r.)
Mit freundlicher Genehmigung der Herzog-August-Bibliothek Wolfenbüttel

DOMENICO DA FERRARA (geb. ca. 1470)

An den italienischen Höfen des Quattrocento übernahmen die Tanzmeister die Ausbildung der körperbewußten Menschen der neuen Zeit. Die Tanzmeister waren hoch geachtet. Tanz wurde als die Kunst begriffen, den Körper geschickt und gefällig zu bewegen. Domenico, der am Hofe von Ferrara wirkte, ist einer der Tanzmeister, die uns durch ihre Aufzeichnungen von Choreographien bekannt sind, welche sowohl im kleinen Kreise des Hofes als auch bei großen öffentlichen Festlichkeiten aufgeführt wurden. Die Tanzmeister hatten die Aufgabe, das Ganze zu organisieren. Die Tanzenden waren Angehörigen der Hofgesellschaft, die „cortigiani", und die Damen der Höfe, professionelle Tänzer gab es hier noch nicht. Der choreographierte höfische Tanz bot einen neuen Ansatz für den Tanz: eine konkrete Vermittlung zwischen der überkommenen Vorstellung von der Bewegung der schwerelosen Körper der Seligen und der kompakten Schwere der Bewegung der realen physischen Menschen, also zwischen Geistigkeit und Sinnlichkeit. Er präsentiert sich als geistig gebändigte Körperlichkeit. Ein zentral genannter Begriff der Tanztraktate der Tanzmeister, der bei Domenico erstmalig erscheint, ist die „posa" oder „posata": Ruhe oder Haltung, Pause oder Pose. Das Innehalten zwischen den Tanzbewegungen oder -figuren wird zu einem bedeutenden Element des Tanzes. Zunächst wird es zum Gliederungsmoment im Gewoge der Tanzbewegungen, dann aber wird es zu einem Moment der Konzentration von vergangener und zukünftiger Bewegung: ein Augenblick gespannter Ruhe, in den die Bewegung des Tänzers einging, um ihn sogleich wieder zu verlassen und die nächsten Figuren zu bilden. Rudolf zur Lippe spricht davon, dass im „Innehalten des Tanzenden als posa der Tanz seiner selbst gewahr" wird. In der posa wird also der Tanz nicht unterbrochen, sondern zusammengefasst, verdichtet, unsichtbar gesteigert. Der posa oder posata steht der Begriff „fantasmata" zur Seite, die „Vorstellung", welche den Inhalt der posa zu bedeuten scheint, den jeder Tänzer selbst zu gestalten aufgefordert ist. Das Innehalten deutet Domenico mythologisch als Erstarren: als einen Augenblick des Schreckens, als sähe der Tänzer das Haupt der Medusa. In der Tat zeigt das Innehalten den Tanzenden in einer bestimmten Pose, die an eine Skulptur erinnert. Der Bildhauer Erasmus Grasser hat zur gleichen Zeit in seinen „Moriskentänzern" die „posa" künstlerisch festgehalten.

(Trattato del Arte del danzare. (MS) fol.2. Zit. nach I. Brainard. Die Choreographie der Hoftänze in Burgund, Frankreich und Italien im 15. Jahrhundert. Diss. Göttingen 1956. Vgl. R. zur Lippe: Vom Leib zum Körper. Hamburg 1988. S. 195ff.)

Bewegung und Stillstand im Tanz

[...] Und wisse, daß diese fantasmata in körperlicher Wendigkeit besteht, wie sie das Verständnis des oben beschrieben (Zeit-)Maßes veranlaßt; dabei macht man während jedes Taktstrichs einen Augenblick halt, als habe man, wie der Dichter sagt, das Haupt der Medusa gesehen: Das heißt, nachdem man eine Bewegung gemacht hat, ist man in diesem Augenblick wie zu Stein erstarrt und nimmt im nächsten die Bewegung wieder auf wie ein Falke, der einen Flügelschlag macht. [...]

Erasmus Grasser (ca. 1450-1518): Moriskentänzer (1480), München, Stadtmuseum

BALDASSARE CASTIGLIONE (1478 – 1529)

Baldassare Castiglione beschrieb in seinem Buch „Der Hofmann" (Libro del Cortigiano / 1528) das Ideal des kultivierten Mannes der Renaissance – und er lebte dieses Ideal. Vorstellungen vom Ritter verschmelzen mit denen des humanistisch Gebildeten zum Bilde eines Menschen, der in freier Selbstbestimmung, edler Gesinnung, sittlicher Verantwortung und unangestrengter Eleganz sein Leben führt. Kriegerische Tüchtigkeit und kulturelle Bildung sind höfische Tugenden, die es zu erwerben gilt. Im Text arbeitet eine Hofgesellschaft „aus den größten und edelsten Geistern" in langen Gesprächen das Ideal des „cortigiano" heraus. Der Ort der Gespräche sind die Räume der Herzogin im Palast von Urbino, „wo neben den täglichen Vergnügungen mit Musik und Tanz oft ergötzliche Fragen zur Erörterung aufgeworfen, oft auch [...] witzige Spiele veranstaltet wurden, worin die Gesellschaft ihre mannigfach verschleierten Gedanken in Bildern offenbarte, wie es jedermann gefiel". Zu den Leibesübungen des Hofmannes gehören Fechten, Reiten und Tanzen, im Bereiche der kulturellen Fertigkeiten ist seine Sprache, sein Verstand und sein kunstsinniger Geist zu bilden. Jede seiner Bewegungen soll natürlich und ungezwungen sein.

(Der Hofmann. Übers. v. A. Wesselski (1907). Neu hrsg. v. A. Beyer. Berlin 1996. S. 33/39.)

Die Erziehung zum Tanz

[...] Seine Glieder sollen also wohl und ebenmäßig gebildet sein, und er soll neben Geschmeidigkeit Kraft und Gewandtheit besitzen, um alle körperlichen Fertigkeiten ausüben zu können, die in einer Beziehung zur Kriegskunst stehen. [...] Um auf ein früheres Beispiel zurückzukommen, sehe man nur, wie lässig sich ein Mann, der die Waffen handhabt, zum Lanzenstechen oder mit dem Degen in der Hand oder mit einem anderen Gewehr, in eine günstige Stellung begibt, mit einer solchen Leichtigkeit, daß sein Körper und alle seine Glieder ohne Mühe alles nur durch die natürliche Begabung zu leisten scheinen, und er sich schon ohne die folgende Anstrengung als vollkommen in seiner Kunst erweist. Ebenso zeigen die Anmut des Tänzers schon ein einziger Schritt, eine einzige anmutige und ungezwungene Bewegung. Wenn ein Musiker beim Gesang einen einzigen Wohllaut oder eine einzige Kadenz mit süßer Betonung und mit einer Leichtigkeit, als ob alles nur Zufall wäre, herausschmettert, läßt er dadurch allein schon erkennen, wieviel mehr er

noch versteht. Eine einzige mühelose Linie, ein einziger leicht geführter Pinsel-
strich, der ohne Absicht oder Kunst entstanden zu sein und aus sich selbst den
Zweck des Künstlers zu günstigem Ziele zu leiten scheint, beweisen klar und deutlich die Vollkommenheit des Malers, je nach dem Geschmack des einzelnen.
Demnach wird sich unser Hofmann überall hervortun und immer, besonders in
seinen reden, anmutig sein, wenn er die Ziererei meidet, einen Fehler, worein viele
verfallen. [...]

Höfischer Tanz
Albrecht Dürer (1471-1528): Maskentanz (Holzschnitt)

SEBASTIAN BRANT (1458 – 1521)

Sebastian Brants „Narrenschiff" erschien 1494 in Basel und wurde über die Grenzen hinweg sehr bald das meist gelesene Buch im Europa seiner Zeit. Für unsere Zeit ist diese Wertschätzung erstaunlich, wir sehen das Werk eher als kompilatorische Fleißarbeit denn als poetisch genialen Wurf. Gleichwohl ist es überaus kunstvoll konstruiert. Brant schuf mit seinem Text den großen Symbolbegriff des „Narren", in dem sich zwei Jahrhunderte lang unterschiedliche Epochen wieder erkannten. Die Figur des „Narren" als Symbol hat ihre historischen Wurzeln in mittelalterlichen Erzähl- und Darstellungstraditionen, die sich ihrerseits aus keltischen und germanischen Ursprüngen ebenso wie aus antikem und biblischem Schrifttum speisten. Brant stellte einen „Weltspiegel" als „Narrenspiegel" vor, indem er alle menschlichen Unzulänglichkeiten und Untugenden sammelte und diese als närrisches Treiben entlarvte. Das „Narrenschiff" – von Narren aller Art bevölkert – segelt durch das Meer menschlicher Torheiten nach „Narragonien". In diesem Rahmen erscheinen auch der Tänzer als Narr und der Tanz als Torheit und Sünde. Der Humanist Brant folgt in der Einschätzung des Tanzes der mittelalterlichen und frühchristlichen Auffassung – und mahnt sogleich im „Vorspann" zur Umkehr.

(Das Narrenschiff (Nr. 61). Übertragen v. H. A. Junghans. Neu hrsg. v. Hans-Joachim Mähl. Stuttgart 1985. S. 215-217.)

Das Best' am Tanzen ist, daß man
Nicht immerdar nur geht voran,
Sondern beizeit umkehren kann.

Vom Tanzen

Die hielt ich fast für Narren ganz,
Die Lust und Freude haben am Tanz
Und springen herum grad wie die Tollen,
Im Staub sich müde Füße zu holen.
Aber wenn ich bedenke dabei,
Wie Tanz mit Sünde entsprungen sei,

Der Tanz ums goldene Kalb

(Holzschnitt zur Original-

ausgabe des Narrenschiffs)

So kann ich merken und betrachte,
Daß ihn der Teufel wohl aufbrachte,
Als er das Goldne Kalb erdachte,
Und schuf, daß man Gott ganz verachte.
Noch viel damit zuweg er bringt;
Aus Tanzen Unheil oft entspringt:
Da ist Hoffart und Üppigkeit
Und Vorlauf[1] der Unlauterkeit,
Da schleift man Venus bei den Händen,
Da tut all Ehrbarkeit sich enden.
Drum weiß ich auf dem Erdereich
Keinen Scherz, der so am Ernst sei gleich,
als daß man Tanzen hat erdacht,
Auf Kirchweih und Primiz gebracht:
Da tanzen Pfaffen, Mönch und Laien,
Die Kutte muß sich hinten reihen;
Da läuft man, wirft umher wohl eine,
Daß man hoch sieht die bloßen Beine!
Ich will der andern Schande schweigen.
Der Tanz schmeckt süßer da als Feigen.
Wenn Kunz mit Greten tanzen kann,
Ficht Hunger ihn nicht lange an,
Bald sind sie einig um den Preis,
Wie man den Bock geb um die Geiß.
Soll das nun Kurzweil sein genannt,
So hab ich Narrheit viel erkannt.
Viel warten lange auf den Tanz,
Die doch der Tanz nie sättigt ganz.

Hieronymus Bosch (ca. 1450-1516)
Ausschnitt aus dem „Garten der Lüste"
Madrid, Prado

---

[1] *für louff*, was zuerst aus dem Faß läuft, hier mit Anspielung aufs Vortanzen.

JOHANN PASCH (1653 – 1710)

Johann Pasch war städtischer Tanzmeister in Leipzig. Der Tanzmeister war in der Regel akademisch gebildet und hoch angesehen. Seine Aufgabe war es – ganz parallel zu seinen Kollegen an den Adelshöfen –, den gesellschaftlich aufstreben-den Bürgern kultivierte Umgangsformen und Tanzmanieren zu beizubringen. Die neuen durch die Tanzmeister eingeübten Verhaltensmuster trugen wesentlich zur Emanzipation der wirtschaftlich bereits überaus erfolgreichen bürgerlichen Schichten bei. Anfang des 18. Jahrhunderts hatten sich die Tanzmeister mit den Ermahnungen der Pietisten zur Askese auseinander zu setzen, die den Tanz in christlicher Tradition als sündhafte Tätigkeit ansahen. Die folgenden kleinen Ab-schnitte zeigen vor allem die Absicht, durch tänzerische Ausbildung den Bürgern bei Bewerbungen und Vorstellungsgesprächen eine „gute Figur" zu ermöglichen.

(Beschreibung wahrer Tanz-Kunst. Frankfurt 1707. Nachdruck. Hrsg. v. K. Petermann. Leipzig 1978.)

Tanz als soziale Kultur

[...] Gleichwie Gott der unterirdischen Welt das Ertz als eine sonderbare Gabe des Glücks anerschaffen; also hat er auch dem menschlichen Körper als MICROCOSMO; unter andern Güttern des Leibes eine innerlich- und natürliche Disposition und Geschicklichkeit zur wahren Tantz-Kunst verliehen: Wie aber das Ertz und in demselben das edle Gold und Silber mit Schweiß und Fleiß aus den verborgenen Klüfften der Erde hervor zu suchen: Also muß auch die dem Menschen verborgne disposition crebris exercitiis so lange investigiret und bearbeitet werden biß endlich eine sichtbare und ausbündige Geschicklichkeit des Leibes männiglich exhibiret und vor Augen gestellet werden kann. [...]

[...] Auch contribuiret die wahre Tantz-Kunst viel zu gutem oder doch zu propor-tionierten Wachstum, indem alle Glieder auf tausenderlei Art reflectiret und exten-diret werden, und also sich nach und nach formiren, ich selbst habe öfters Kinder informiret, welche große Disposition hatten, krumm und höckricht aufzuwachsen, welche doch unter diesem Exercitio mit der Zeit gerade Beine und Glieder beka-men. [...]

[...] Der Leib ist das erste, so uns bey einem Menschen zu Gesichte kommt, ehe man noch gewiß weiß, ob er reden kann oder stumm ist, ob er gelehrt, oder ein Ignorante ist, in Summa, ob er klug oder ein Narr ist, und also soll der Leib billich auch durch wohl anständige Gestus wohl civilisiret seyn. Nach diesen gibt auch die tägliche Erfahrung, daß die erste Impression von einem Menschen, wenn man ihn das erstemahl siehet, sehr starck ist, ich habe selbst Wunder hierinnen belebet und mit angesehen und weiß, daß wenn sich einer das erstemahl mit ungezogenen externis, vor wackern oder auch capricieusen Leuten praesentiret hat, man einen solchen Degoust vor ihn bekommen, daß man nicht einmahl nach seinen andern Qualitäten gefraget hat, da ein anderer mit der Helffte der übrigen Qualitäten durch seine wohl-regulirte externa mehr erlanget, als er begehren können (ob dieses allemahl und ohne exception recht oder unrecht sei, will ich nicht streiten, item es geschicht). Ein solcher Mensch bekommt hierdurch öffters Gelegenheit in Compagnien zu kommen, da er ausser diesen nicht hinriechen dörffte, und da wird denn seiner guten Aufführung wegen gefraget, wer er ist, und bekommt also Gelegenheit, seine übrigen Qualitäten auch zu etaliren, und kan allhier seine Geschicklichkeit zum wenigsten der Korb seyn, seine übrigen Qualitäten feil zu tragen, in Summa, die wohl regulirte Tantz-Kunst hat in dergleichen Zufällen wohl eher zu Beförderungen, ich will nicht sagen zu avantagealen Heyrathen nicht wenig contribuiret, denn wer sich darauff verstehet, der kan im Tantzen und Gestibus eines Menschen sein Gemüth, Humeur, Krafft und Conduite ziemlich gewahr werden. [...]

Crispin de Passe (1593-1663): Tanzstunde

WILLIAM SHAKESPEARE (1564 – 1616)

Dass der Tanz den Augenblick begünstigt, in dem zwei Liebende erkennen, füreinander bestimmt zu sein, wird möglicherweise durch William Shakespeare zu einem literarischen Topos. Der Tanz führt die Liebenden zunächst eher zufällig zusammen, und doch erscheint alles wie eine höhere Notwendigkeit. Im Tanz erleben sie die seelisch-leibliche Nähe, aus der sich ihr Schicksal bildet. Shakespeares Drama „Romeo und Julia" ist solchermaßen ein Muster für die Inszenierung der entscheidenden Begegnung zweier Liebender, das – um nur zwei Beispiele zu nennen – im 17. Jahrhundert von Marie-Madeleine Madame de La Fayette und im 18. Jahrhundert von Goethe aufgenommen wird.

(Romeo und Julia (I,5). Übers. v. A. W. Schlegel. Ges. Werke in drei Bänden. Bd. 3. Gütersloh o. J. S. 294-299.)

Tanz als Zauber und Verhängnis

Romeo aus dem Hause Montague in Verona nimmt zunächst unerkannt und schließlich erkannt an einer gesellschaftlichen Veranstaltung mit Musik, Tanz und Masken im Hause Capulet, der verfeindeten Familie, teil. Der Herr des Hauses, Capulet, fordert seine Gäste auf zu tanzen:

„Willkommen, meine Herren! Wenn Eure Füße
Kein Leichdorn plagt, Ihr Damen, flink ans Werk!
He, he, Ihr schönen Fraun, wer von Euch allen
Schlägt's nun wohl ab zu tanzen? Ziert sich eine.
Ich wette, die hat Hühneraugen. Nun,
 hab ich's Euch nah gelegt? Ihr Herrn, willkommen!
Ich weiß die Zeit, da ich' ne Larve trug
Und einer Schönen eine Weis' ins Ohr
Zu flüstern wusste, die ihr wohlgefiel.
Das ist vorbei, vorbei! Willkommen, Herren!
Kommt, Musikanten, spielt! Macht Platz da, Platz!
Ihr Mädchen, frisch gesprungen! [...]

Romeo sieht Julia im Tanzgeschehen und fragt:
„Wer ist das Fräulein, welche dort den Ritter

Mit ihrer Hand beehrt?"

*Von der Schönheit des Mädchens bezaubert, bricht er in Bewunderung aus und
beschließt sich ihr zu nähern.*
„Oh, sie nur lehrt die Kerzen, hell zu glühn!
Wie in dem Ohr des Mohren ein Rubin,
So hängt der Holden Schönheit an den Wangen
Der Nacht; zu hoch, zu himmlisch dem Verlangen.
Sie stellt sich unter den Gespielen dar
Als weiße Taub in einer Krähenschar.
Schließt sich der Tanz, so nah ich ihr: ein Drücken
der zarten Hand soll meine Hand beglücken.
Liebt ich wohl je? Nein, schwör es ab, Gesicht!
Du sahst bis jetzt noch wahre Schönheit nicht." [...]

*Romeo nähert sich Julia und erklärt ihr während des Tanzes seine Liebe. Julia ist
bewegt, noch mehr bewegt ist sie, als sie
nach seinem Weggang erfährt, dass er
der Sohn der feindlichen Familie ist:*
„So einzge Lieb aus großem Haß ent-
brannt!
Ich sah zu früh, den ich zu spät erkannt.
O Wunderwerk; ich fühle mich getrieben,
Den ärgsten Feind aufs zärtlichste zu
lieben."

*Die Amme fragt: „Wieso, wieso?" und
Julia antwortet ausweichend:*
„Es ist ein Reim, den ich von einem
Tänzer soeben lernte." [...]

Giacomo Franco: Die Galliarde (1581)

MADAME DE LAFAYETTE
(MARIE MADELEINE GRÄFIN VON LA FAYETTE) (1634 – 1692)

Madame de Lafayette gehört in die Adelsgesellschaft des französischen Absolutismus unter Ludwig dem XIV., das heißt in eine „machtlose" gesellschaftliche Gruppe, die unter der Zentralmacht des Königs stand. Nach den Erfahrungen mit den Aufständen des französischen Hochadels, der „Fronde", hatte der König die Adligen an den Hof in Paris und Versailles gebunden und sie damit „ruhig gestellt". Madame de Lafayette wurde immer wieder als Schöpferin des ersten modernen (weil psychologisierenden) Romans bezeichnet. Ihr Werk „La Princesse de Clèves" (1678) zeigt nicht die zeitgenössische müßige Gesellschaft, sondern diejenige am Hofe Heinrich II. (1519-1559) bei Hofintrigen und gesellschaftlichen Festen und Spielen und die dadurch entstehende seelische Verwirrung und Not der Protagonisten. („Ehrgeiz und Liebeshändel beherrschten den Hof und hielten Männer und Frauen in Atem."). Der Zufall der Begegnung beim Tanz auf einem Hofball kettet die (mit dem Prinzen von Clèves verheiratete) Prinzessin von Clèves und den Herzog von Nemours aneinander, und von diesem Augenblick an bestimmt die Liebe ihr Schicksal bis zum Tod.

(Die Prinzessin von Clèves. Aus dem Französischen übersetzt v. E. und G. Hess. Nachwort und Anmerkungen v. G. Hess. Stuttgart 1983.)

Tanz als Beginn des Schicksals

[...] Sie (Madame de Clèves) verbrachte den ganzen Tag der Verlobung damit, sich für den Ball und das Festmahl, das der König am Abend im Louvre gab, zu schmücken. Als sie dort erschien, bewunderten alle ihre Schönheit und ihren Staat. Der Ball begann. Sie tanzte mit Monsieur de Guise, als eine Unruhe an der Tür des Saales entstand, wie wenn man einem eben Eintretenden Platz machte. Madame de Clèves beendete den Tanz, und während sie sich nach einem neuen Tänzer umsah, rief der König ihr zu, sie solle den wählen, der eben angekommen sei. Sie wandte sich um und sah einen Mann über einen Sessel steigen, um zu den Tanzenden zu gelangen: sie sagte sich sogleich, dies könne niemand anders sein als Monsieur de Nemours. Der Herzog war so wohlgestaltet, daß eine Frau, die ihn noch nie gesehen hatte, überrascht sein musste, wenn sie ihn erblickte, und ganz besonders an diesem Abend, da die Sorgfalt, mit der er sich gekleidet hatte, das Blendende seiner Erscheinung noch erhöhte. Aber auch wer Madame de Clèves zum ersten Male sah, vermochte schwerlich sein Erstaunen zu verbergen.

Als Monsieur de Nemours vor ihr stand und sie ihm ihre Verbeugung machte, war er von ihrer Schönheit so überrascht, daß er seine Bewunderung nicht verhehlen konnte. Als sie zu tanzen begannen, erhob sich im Saale ein Gemurmel des Beifalls. Erst jetzt erinnerten sich der König und die Königinnen, daß sie sich noch nie gesehen hatten, und fanden es etwas befremdend, daß sie, ohne sich zu kennen, miteinander tanzten. [...]

J. E. Nilson: Menuett (um 1730, Kupferstich)

DENIS DIDEROT (1713 – 1784)

Diderot war der erste Kunstkritiker, d.h. ein Theoretiker, der sowohl unmittelbar als auch professionell Stellung zu den aktuellen Kunstphänomenen der eigenen Gegenwart nahm. Alle Künste interessierten ihn. Gleichwohl finden sich nur wenige Bemerkungen zum Tanz in seinem Werk. Das 18. Jahrhundert konnte sich keinen Tanz ohne Musik vorstellen. Auch für Diderot war der Tanz auf Musik bezogen. Er orientiert sich an der Oper. Was er fordert, ist ein pantomimisches Ballett, das ohne Gesang etwas ganz Ähnliches wie die Oper leistet. Das ist ein moderner Ansatz. Er ist eine Konsequenz aus Diderots Theorie der Kunst als Nachahmung der Natur, bei der die Pantomime im Vordergrund steht. Der Tanz, der ihm vorschwebt, soll als Ganzes ebenso die Nachahmung eines Handlungsverlaufs wie ein Drama oder eine Oper sein. Er nennt ihn deshalb ein „Tanzgedicht" und will wohl das Konzeptuelle daran dem Dichter überlassen. Diderot lässt seinen „Dorval" im Gespräch einen Entwurf zu solch einem Gedicht formulieren. Die Analogie zur Oper zeigt sich hier darin, dass die Teile dieses Gedichts als Rezitativ, Arie und Duett bezeichnet werden. In technischer Hinsicht nennt Diderot den Tanz eine abgemessene Pantomime. Indem er das Ballett als Handlung sieht, die durch Tanz erklärt wird, kommt er Noverres Idee vom „ballet d'action" recht nahe.

(Dorval und ich. (1757). In: Diderot: Ästhetische Schriften Bd. 1. Hrsg. v. F. Bassenge. Frankfurt a.M. 1968. S. 229ff.)

„Das Tanzgedicht"

[...] ICH: Und was würde aus unsern Tänzen *(ballets)* werden?

DORVAL: Der Tanz (danse)? Auch der Tanz erwartet noch einen Mann von Genie. Er taugt überall nichts, weil man es sich kaum träumen lässt, dass er eine Art der Nachahmung sei. Der Tanz verhält sich zur Pantomime wie die Poesie zur Prosa, oder vielmehr wie die natürliche Deklamation zum Gesange. Er ist eine abgemessene (mésureé) Pantomime.

Ich möchte wohl wissen, was alle die Tänze sagen sollten, wobei man nur immer einerlei Linien hält, als das Menuett, das Passepied, der Rigaudon, die Allemande, die Sarabande. Dieser Mensch braucht seine Glieder mit unendlicher Anmut. Er macht keine einzige Bewegung, die nicht leicht und sanft und edel wäre; aber was ahmt er denn nach? Das heißt nicht singen, das heißt trillern.

Ein Tanz ist ein Gedicht. Dieses Gedicht sollte also seine besondere Vorstellung (réprésentation) haben. Es ist eine Nachahmung durch Bewegungen, welche die vereinigte Hilfe des Dichters, des Malers, des Musikus und des Pantomimen erfordert. Es hat seinen Stoff (sujet). Dieser Stoff kann in Aufzüge und Auftritte eingeteilet werden. Der Auftritt hat sein Rezitativ (récitatif libre), sein Arioso (récitatif obligé) und seine Arie (ariette).

ICH: Ich muß Ihnen bekennen, daß ich Sie vielleicht gar nicht verstehen würde, wenn ich nicht zum Glücke ein fliegendes Blatt gelesen hätte, das vor einigen Jahren herauskam. Der Verfasser war mit dem Ballette, das eine gewisse komische Oper beschloß, unzufrieden und schlug ein anderes vor. Ich müsste mich sehr irren, wenn seine Gedanken von Ihren sehr unterschieden wären.

DORVAL: Das kann wohl sein.

ICH: Ein Beispiel würde mir die Sache vollends ins Licht setzen.

DORVAL: Ein Beispiel? Ja, man kann eines erfinden, und ich will darauf denken.

Wir gingen die Allee einigemal stillschweigend auf und nieder. Dorval sann auf ein Beispiel des Tanzes, und ich wiederholte in Gedanken einige von seinen Ideen. Das Beispiel, das er mir gab, war ohngefähr dieses. „Es ist ganz gemein", sagte er; aber es lassen sich meine Gedanken ebenso wohl darauf anwenden, als wenn es ausgesuchter und neuer wäre.

Entwurf

Ein junger Bauer und eine junge Bäuerin kommen gegen Abend vom Felde. Sie treffen einander in einem Busche, der nicht weit von ihrem Dorfe ist, und nehmen sich vor, einen Tanz zu probieren, den sie künftigen Sonntag unter der großen Ulme miteinander tanzen sollen.

Erster Aufzug

Erster Auftritt. Ihre erste Bewegung ist eine angenehme Überraschung. Sie bezeigen einander diese angenehme Überraschung durch eine Pantomime. Sie kommen näher. Sie grüßen sich. Der junge Bauer schlägt der jungen Bäuerin vor, ihre Lektion zu probieren. Sie antwortet ihm, dass es schon spät ist, dass sie ausgescholten zu werden fürchtet. Er dringt in sie. Sie williget ein. Sie legen die Werkzeuge ihrer Arbeit auf die Erde. Das wäre das Rezitativ. Die gegangenen Schritte und die unabgemessene Pantomime sind das Rezitativ des Tanzes. Sie probieren den Tanz. Sie besinnen sich auf die Bewegung und auf die Schritte; sie tadeln sich; sie fangen von vorne an; es geht besser; sie loben sich; sie kommen heraus; sie werden verdrießlich darüber. Das wäre ein Rezitativ, das mit einer Arie voll Unwillen unterbrochen werden könnte; was dabei zu reden wäre, müßte das Orchester reden; dieses müßte das Gespräch führen und die Handlung nachahmen. Der Dichter hat dem Orchester diktiert, was es sagen soll; der Musikus hat es aufgeschrieben; der Maler hat die Gemälde erfunden; und der Pantomime muß die Schritte und Bewegungen dazu machen. Hieraus können Sie leicht einsehen, daß, wenn der Tanz nicht wie ein Gedicht niedergeschrieben ist, wenn der Dichter die Reden übel abgefasst hat, wenn er keine angenehme Gemälde finden können, wenn der Tänzer nicht das Spiel versteht, wenn das Orchester nicht zu reden weiß: daß alsdenn alles verloren ist.

Zweiter Auftritt. Indem sie sich so üben, lässt sich ein Geräusch *(des sons effrayants)* vernehmen. Unsere Kinder erschrecken darüber. Sie halten inne. Sie horchen. Das Geräusch ist vorüber. Sie fassen sich wieder. Sie fahren fort. Plötzlich werden sie durch das nämliche Geräusch aufs neue unterbrochen und erschreckt. Das ist ein *Rezitativ*, das mit ein wenig *Gesang (chant)* vermischt ist. Darauf folgt eine Pantomime von der jungen Bäuerin, die davonlaufen will, und von dem jungen Bauer, der sie zurückhält. Er sagt ihr seine Gründe. Sie will ihn nicht hören, und es fällt unter ihnen ein sehr lebhaftes *Duett* vor.

Vor diesem Duette ging ein Stückchen Rezitativ her, das aus kleinen Gesichtszügen, aus kleinen Bewegungen der Körper und Hände *(gestes du visage, du corps et des mains)* dieser Kinder bestand, womit sie sich einander den Ort wiesen, wo das Geräusch hergekommen war.

Die junge Bäuerin hat sich endlich überreden lassen, und sie sind mit dem Versuche ihres Tanzes aufs neue beschäftiget., indem zwei ältere Bauern, auf eine seltsame und schreckliche Weise verkleidet, mit langsamen Schritten ihnen näher kommen.

Dritter Auftritt. Diese verkleideten Bauern machen unter dem Schalle einer gedämpften Symphonie alle möglichen Bewegungen und Grimassen, die die Kinder erschrecken können. Ihre Annäherung ist ein *Rezitativ*. Ihr Gespräch ein *Duett*. Die Kinder fürchten sich. Sie zittern an allen ihren Gliedern. Je näher die Gespenster kommen, je größer wird ihre Angst. Endlich wollen sie aus allen Kräften davonfliehen. Aber sie werden verfolgt und zurückgehalten, und die verkleideten Bauern und die erschrockenen Kinder machen ein sehr lebhaftes *Quattuor* zusammen, das sich mit der Flucht der Kinder schließt.

Vierter Auftritt. Nunmehr nehmen alle Gespenster ihre Masken ab. Sie fangen an zu lachen. Sie machen alle die Pantomime, die sich für schadenfrohe Bösewichter *(scélérats enchantées)* schickt, wünschen sich zu ihrem so wohlgelungenen Streich in einem *Duette* Glück und gehen ab. [...]

Antoine Watteau (1684-1721): Die Hirten (1717-19),
Staatliche Museen, Schloss Charlottenburg, Berlin.

JEAN-GEORGES NOVERRE (1727 – 1810)

Jean-Georges Noverre gilt als der bedeutendste Choreograph des 18. Jahrhunderts. Er schuf das „ballet d'action" und etablierte damit das Ballett als selbständige Kunst im Kontext der Künste. Um die Mitte des 18. Jahrhunderts hatte das Ballett die Funktion, als „Divertissement" die Zwischenakte zu kennzeichnen und zu überbrücken, wobei möglichst nach jedem Aktschluss Motive oder optische Elemente der vorhergegangenen Handlung in tänzerischen Einzel- oder Gruppenbewegungen wieder aufgenommen werden sollten, um die von der Handlung erregten oder gelangweilten Gemüter durch musikalisch-optische Harmonie, durch rhythmisch bewegte Bilder zu besänftigen und zu zerstreuen. Das Ballett war weder eine abendfüllende musikalisch-pantomimische Handlung, noch ein integrierender Bestandteil der Oper, sondern nur ein formaler Bestandteil der Aufführung. Noverre besaß einen scharfen Verstand und eine ausgeprägte schauspielerische Begabung. Sein Intellekt verlangte eine Durchgeistigung, eine Ausfüllung der tänzerischen Bewegungungen durch eine emotionale Aussage und eine dramatische Steigerung. Sein Schauspieltalent verlangte die Möglichkeit der Darstellung von Handlung, über die „positions" und „attitudes" des traditionellen Balletts hinaus, die unnatürlich wirkten. Es sollten Handlung und Bewegung „natürlich" gestaltet werden gemäß der Devise der Natürlichkeit, dem Leitwort der zweiten Jahrhunderthälfte in der Nachfolge Rousseaus. Noverres Ballettschöpfungen waren getanzte Dramen. Die italienische Oper bot insofern für das Ballett noch ein Muster, als Noverre das „Rezitativ" der Oper in den rhythmischen Schritt und die Arie in den Tanz übersetzte.

(Lettres sur la danse, et sur les ballets. Stuttgart / Lyon 1760; Briefe über die Tanzkunst und die Ballette. Siebender Brief 1769. In: Documenta Choreologica. Hrsg. v. K. Petermann. Bd. XV. München 1977. S. 88-97.)

Le ballet d'action

[...] Es ist nicht erst seit gestern Mode, daß man den Namen eines Ballets figürlichen Tänzen giebt, die weiter nichts als Lustbarkeiten zu heissen verdienen; man hat schon vor längst diesen Titel an die Prungfeste verschwendet, welche an den verschiedenen Europäischen Höfen angestellet wurden. Ich habe aber diese Feste untersucht, und bin überzeugt, dass er ihnen nicht zukommt. Ich habe den Tanz in Handlung nie darinn wahrgenommen; weitläuftige Erzelungen mußten den Mangel des Ausdrucks der Tänzer ersetzen, um den Zuschauer von dem, was vorgestellet werden sollte, zu unterrichten; und dieses zeiget genugsam von der Unwissenheit ihrer Angeber, und von den kalten nichts sagenden Bewegungen ihrer Ausführer. Bereits im dritten Jahrhunderte fing man an, die Monotonie dieser Kunst und die Nachläßigkeit ihrer Künstler zu spüren. Der H. Augustinus selbst sagt, wenn er von Balletten redet, daß man genöthiget gewesen, jemanden vorne an die Scene zu stellen, welcher die Handlung, die gemahlet werden sollen, mit lauter Stimme erklären müssen. Und mußten nicht auch unter Ludewig dem XIV. Erzählungen, Gespräche, Monologen, dem Tanze auf gleiche Weise zu Auslegungen dienen? Der Tanz stammelte nur. Seine schwachen und unartikulierten Töne brauchten noch von der Musick unterstützt, und von der Poesie erklärt zu werden, welches ohne Zweifel nicht viel besser war, als der Gebrauch des Herolds oder Ausrufers, dessen Augustinus erwähnet. Es ist wirklich sehr zu verwundern, mein Herr, daß die ruhmreiche Epoche des Triumphs der schönen Künste, der Nacheiferung und des Fortganges der Künstler, nicht zugleich auch die Epoche einer glücklichen Verbesserung des Tanzes und der Ballette gewesen ist; und daß unsere Meister, die der Beyfall, den sie sich in einem Jahrhunderte versprechen konnten, in welchem alles dem Genie aufhelfen zu wollen schien, nicht weniger hätte ermuntern und reizen sollen, gleichwohl in ihrer Kraftlosigkeit und in dem Stande einer schimpflichen Mittelmäßigkeit verblieben sind. Sie wissen, daß die Sprache der Mahlerey, der Poesie, der Bildhauerkunst, bereits alle ihre Beredsamkeit, allen ihren Nachdruck hatte. Selbst die Musik, ob sie schon noch in der Wiege war, fing an sich mit Würde auszudrücken. Nur der Tanz war ohne Leben, ohne Charakter und ohne Handlung. Wenn das Ballet der ältere Bruder der übrigen Künste ist, so ist er es nur in so fern, als er die Vollkommenheiten von ihnen allen in sich vereinigen kann. In dem elenden Zustande aber, in welchem er sich itzt befindet, kann man ihm diese Ehrenbezeugung unmöglich bewilligen; vielmehr müssen Sie mir zugestehen, mein Herr, das dieser ältere Bruder, so sehr ihn auch die Natur zu gefallen bestimmte, eine sehr jämmerliche Figur macht, weder Geschmack, noch Geist, noch Einbildungskraft zeigt, und auf alle Weise die Gleichgültigkeit und Verachtung seiner Schwestern verdienet.

Wir wissen die Namen aller der berühmten Männer, die sich damals vorgethan haben; sogar die Namen der Sprünger, die eine besondere Geschmeidigkeit und Behändigkeit zeigten: nur von den Namen derjenigen, welche die Ballete komponirten, ist uns sehr wenig zu Ohren gekommen; was können wir uns also von ihren Talenten für einen besondren Begriff machen? Ich betrachte alle Werke, die von dieser Gattung an den verschiedenen Höfen von Europa zum Vorschein gekommen, als unvollständige Schattenrisse von dem, was sie heut zu Tage sind, aber noch mehr von dem, was sie einmal werden können; und halte es für sehr Unrecht, daß man diesen Namen den kostbaren Schauspielen, den glänzenden Festen gegeben hat, welche die Pracht der Verzierungen, das Wunderbare der Maschinen, den Reichthum der Kleider, den Pomp der Kostume, die Reitze der Poesie, der Musik und der Deklamation, die Bezauberungen der Stimme, das Blendende der Kunstfeuer und Erleuchtungen, die Annehmlichkeiten des Tanzes und der Ballette, die Verwunderung über gefährliche Sprünge und künstliche Aeuserungen von Stärke, alles mit eins in sich vereinigten. Jedes von diesen Theilen macht ein eignes Schauspiel, und alle zusammen machen eines, das der größten Könige würdig ist; je mannigfaltiger es war, desto angenehmer war es, weil jeder Zuschauer sich an etwas sättigen konnte, was seinem Geschmacke und seinem Genie am gemäßesten war. Nur finde ich in alle diesem nichts, was ich in einem Ballete finden sollte. Frey von den Vorurtheilen meines Standes, frey von allem Enthusiasmus, betrachte ich dieses zusammengesetzte Schauspiel als das Schauspiel der Abwechslung und Pracht, oder als eine innige Verbindung der liebenswürdigen Künste überhaupt, die alle einen gleichen Rang darinn behaupten, die alle einen gleichen Antheil an dem Programma, das darüber abgefaßt ward, verlangen. Aber das kann ich nicht einsehen, warum diese Lustbarkeiten ihren Namen von dem Tanze haben sollen, der sich doch gar niche in Handlung darinn zeigt, der doch gar nichts sagt, und auch vor den übrigen Künsten nicht vorsticht, die alle zur Verschönerung derselben das ihrige eben sowohl beytragen.

Das Ballet ist, nach dem *Plutarch,* eine stumme Unterredung, ein belebtes und redendes Gemählde, welches sich durch Bewegungen, Figuren und Gebehrden ausdrückt. Dieser Figuren, sagt eben derselbe Verfasser, sind unzählige, weil es unendlich viele Dinge giebt, welche das Ballet ausdrücken kann. *Phrynichus*, einer von den ältesten tragischen Dichtern, sagte, daß das Meer, bey der höchsten Fluth im Winter, nicht so viele Wällen habe, als das Ballet verschiedne Züge und Figuren haben könne.

Folglich kann ein wohleingerichtetes Ballet die Hülfe der Wotte gar wohl entbehren; ich habe sogar bemerkt, daß sie die Handlung kalt machen und das Interesse schwächen. Der Inhalt einer Pantomime, der, um verständlich zu seyn, nothwendig eine Erzehlung, oder ein Gespräch erfordert, taugt nicht viel; und jedes Ballet, das ohne Verwicklung, ohne lebhafte Handlung und Interesse ist, das mir nichts als die mechanischen Schönheiten der Kunst zeigt, das bey seinem schönen

Titel mir nichts verständliches sagt, gleichet jenen Bildnissen und Schildereyen, welche die ersten Mahler machten, und unter die sie die Namen der Personen und die Auslegung der Handlung schreiben mußten, die sie mahlen und vorstellen wollen; so unvollkommen war die Nachahmung, so übel ausgedrückt die Empfindung, so schlecht getroffen die Leidenschaft, so unrichtig die Zeichnung, so unwahrscheinlich das Kolorit. Wenn der Tänzer, von einem innigen Gefühle belebt, sich in tausend verschiedne Gestalten, mit den einer jeden, nach Beschaffenheit der Leidenschaft, gehörigen Zügen, werden zu verwandeln wissen; wenn jeder von ihnen ein Proteus seyn wird, und ihre Physiognomie und ihre Blicke alle Bewegungen ihrer Seele ausdrücken werden; wenn ihre Arme sich aus den engen Schranken wagen werden, die ihnen die Kunst vorgeschrieben hat; wenn sie sich einen weitern Raum erlauben, und sich in diesem mit eben so viel Reitz als Wahrheit zu bewegen lernen werden; wenn sie, durch richtige Stellungen, alle auf einanderfolgende Regungen einer jeden Leidenschaft werden ausdrücken können; kurz, wenn sie Geist und Genie mit ihrer Kunst verbinden werden: so werden sie in einem ganz andren Glanze erscheinen; alle Auslegungen werden unnütz werden; alles wird sprechen; jede Bewegung wird eine Redensart seyn; jede Stellung wird eine Situation schildern; jede Gebehrde wird einen Gedanken enthüllen; jeder Blick wird eine neue Empfindung ankündigen; alles wird entzücken und täuschen, weil alles wahr ist, weil die Nachahmung aus der Natur selbst geschöpft ist.

Wenn ich allen diesen Prungfesten den Namen der Ballette absprechen; wenn mir die meisten Opertänze, so wohl sie mir auch übrigens gefallen, doch nicht das zu haben scheinen, worinn nach meinem Begriffe das Wesen des Ballets besteht, so ist es nicht sowohl der Fehler des berühmten Meisters, der sie komponirt hat, als der Fehler des Dichters.

Das Ballet, es mag von einer Gattung seyn, von welcher es will, muß, nach dem Aristoteles, so wie ein Gedicht, zweierley Theile haben, die er Theile der Quantität und Theile der Qualität nennet. Alle sinnlichen Gegenstände haben ihre Materie, ihre Form und ihre Figur: folglich kann auch kein Ballet bestehen, wenn es nicht diese wesentlichen Theile enthält, die alle sowohl belebte als unbelebte Wesen haben müssen. Seine Materie ist der Vorwurf, den man vorstellen will; seine Form ist die sinnreiche Wendung, die man ihm giebt, und seine Figur hängt von den verschiednen Theile ab, aus welchen es zusammen gesetzt ist. Seine Form macht also die Theile der Qualität, und seine Grösse, sein Umfang, die Theile der Quantität aus. Und solchergestalt sind die Ballette gewissermaaßen den Regeln der Poesie unterworffen; doch unterscheiden sie sich von den Tragödien und Komödien darinn, daß sie nicht verbunden sind, die Einheit des Orts, die Einheit der Zeit, und die Einheit der Handlung zu beobachten. Aber wohl müßen sie unumgänglich eine Einheit der Absicht haben, damit die Scenen untereinander verbunden seyn, und alle zu einem Ziele abzwecken können. Das Ballet ist also zwar der Bruder des Gedichts; nur daß er den Zwang der engen Regeln des Drama nicht vertragen kann, so wenig vertragen kann, daß diese Fesseln, die sich das Genie anlegt und dadurch dem Geist Zwang anthut und die Einbildungskraft einschränkt, ganz und gar die Komposition des Ballets aufheben, und demselben die Mannichfaltigkeit, darin eben seine Schönheit besteht, rauben würden.

Es ist freylich gut für einen Autor sich über alle Regeln wegzusetzen, nur muß er behutsam genug seyn die Freiheit nicht zu misbrauchen, und die Fallstrike zu meiden, die sie der Imagination stellt. Dieß ist ein sehr kritischer Punkt, haben sich doch die berühmtesten englischen Dichter nicht dafür hüten können. [...]

Junger Herr in Tanzhaltung
Antoine Watteau (1684-1721): L'Indifférent (1716). Paris, Musée du Louvre

IMMANUEL KANT (1724 – 1804)

Kant hat zum Tanz wenig gesagt. Die knappe Passage, in der er den Tanz erwähnt, zeigt allerdings, dass er ihn den Künsten zurechnet: Der Tanz ist ein „Spiel" der Gestalten im Raume. Das ist eine hohe Wertschätzung, denn Kunst ist für Kant immer Spiel, entsteht sie doch durch ein Spiel der Erkenntniskräfte: der Einbildungskraft und des Verstandes. Dieses produktive Spiel der Erkenntniskräfte ist die Voraussetzung aller Künste, hier wird es umgesetzt in ein „Spiel der Gestalten im Raume": den Tanz. Kant hatte wahrscheinlich die Rokoko-Tänze vor Augen, die abgezirkelten, zierlichen Bewegungen und den ständigen Wechsel der Figuren, den einzelne Paare oder Gruppen in eleganter höfischer Kleidung vollzogen. Möglicherweise aber dachte er auch an den Bühnentanz. Der Ruhm der Tänzerin Barberina (1721-1799) am Hofe Friedrichs II. in Berlin mag auch nach Königsberg gedrungen sein. Es ist die „Form", wie Kant sagt, die – wie in allen Künsten – die Empfindung und den Geist zugleich anregt, „zu Ideen stimmt" und schließlich „Lust und Kultur" identisch werden lässt. Die „Form" aber – und das gilt auch für den Tanz – erscheint dem Erlebenden oder Betrachter als „Zweckmäßigkeit ohne Zweck".

(Kritik der Urteilskraft (§ 14/ 42-43). In: Werke (Akademie-Ausgabe) Nachdruck. Berlin 1968. S. 225.)

Tanz als Spiel der Gestalten im Raume

[…] Alle Form der Gegenstände der Sinne (der äußern sowohl als mittelbar auch des innern) ist entweder *Gestalt*, oder *Spiel*: im letztern Falle entweder Spiel der Gestalten (im Raume die Mimik und der Tanz); oder bloßes Spiel der Empfindungen (in der Zeit). […]

(Kritik der Urtheilskraft § 52. A.a.O., S. 325f.)

Tanz als schöne Kunst

[…] Die Beredsamkeit kann mit einer malerischen Darstellung, ihrer Subjekte sowohl, als Gegenstände, in einem *Schauspiele*; die Poesie mit Musik im *Gesange*; dieser aber zugleich mit malerischer (theatralischer) Darstellung, in einer *Oper*; das Spiel der Empfindungen in einer Musik mit dem *Spiele* der Gestalten, im *Tanz* usw. verbunden werden. Auch kann die Darstellung des Erhabenen, sofern sie zur schönen Kunst gehört, in einem gereimten Trauerspiele, einem Lehrgedichte, einem Oratorium sich mit der Schönheit vereinigen; und in diesen Verbindungen ist die schöne Kunst noch künstlicher: ob aber auch schöner (da sich so mannigfaltige verschiedene Arten des Wohlgefallens einander durchkreuzen), kann in einigen dieser Fälle bezweifelt werden. Doch in aller schönen Kunst besteht das Wesentliche in der Form, welche für die Beobachtung und Beurteilung zweckmäßig ist, wo die Lust zugleich Cultur ist und den Geist zu Ideen stimmt, mithin ihn mehrerer solcher Lust und Unterhaltung empfänglich macht; nicht in der Materie der Empfindungen (dem Reize oder der Rührung), wo es bloß auf Genuß angelegt ist, welcher nichts in der Idee zurückläßt, den Geist stumpf, den Gegenstand nach und nach anekelnd, und das Gemüt, durch das Bewußtsein seiner im Urteile der Vernunft zweckwidrigen Stimmung, mit sich selbst unzufrieden und launisch macht.

Wenn die schönen Künste nicht, nahe oder fern, mit moralischen Ideen in Verbindung gebracht werden, die allein ein selbständiges Wohlgefallen bei sich führen, so ist das letztere ihr endliches Schicksal. Sie dienen alsdann nur zur Zerstreuung, deren man immer desto mehr bedürftig wird, als man sich ihrer bedient, um die Unzufriedenheit des Gemüts mit sich selbst dadurch zu vertreiben, daß man sich immer noch unnützlicher und mit sich selbst unzufriedener macht. Überhaupt sind die Schönheiten der Natur zu der ersteren Absicht am zuträglichsten, wenn man früh dazu gewöhnt wird, sie zu beobachten, zu beurteilen und zu bewundern.

Nicolas Lancret (1690-1743): Die Tänzerin Camargo, 1730, St. Petersburg, Eremitage

FRIEDRICH SCHILLER (1759 – 1805)

Schillers Gedicht „Der Tanz" (1796) führt den Blick in einen festlichen Ballsaal des 18. Jahrhunderts. Eine Reihe von unterschiedlichen Tänzen wird getanzt, wahrscheinlich auch das Menuett, der seit dem Barock beliebteste höfische Tanz, den man – im Dreiertakt – zu zweit oder in Gruppen tanzen konnte. Schiller hat den „Wellenschwung" einer großen Tanzgesellschaft im Auge: Figuren werden aufgebaut und fallen zusammen. Aller Bewegung und aller Veränderung aber liegt – so Schillers Aussage – eine Ordnung zugrunde, eine Regel, ein Gesetz. Hier assoziiert Schiller die antike Vorstellung vom Tanz der Gestirne und die Newtonsche Himmelsmechanik mit dem „Spiel" von Freiheit und Ordnung im gesellschaftlichen Tanz.

(Gedichte / 1788-1805. In: Friedrich Schiller. Sämtliche Werke. Bd. I. Hrsg. v. G. Fricke und H. G. Göpfert. München ⁶1980. S. 237.)

Der Tanz

Siehe, wie schwebenden Schritts im Wellenschwung sich die Paare
Drehen, den Boden berührt kaum der geflügelte Fuß.
Seh ich flüchtige Schatten, befreit von der Schwere des Leibes?
Schlingen im Mondlicht dort Elfen den luftigen Reihn?
Wie, vom Zephir gewiegt, der leichte Rauch in die Luft fließt,
Wie sich leise der Kahn schaukelt auf silberner Flut,
Hüpft der gelehrige Fuß auf des Takts melodischer Woge,
Säuselndes Saitengetön hebt den ätherischen Leib.
Jetzt, als wollt es mit Macht durchreißen die Kette des Tanzes,
Schwingt sich ein mutiges Paar dort in den dichtesten Reihn.
Schnell vor ihm her entsteht ihm die Bahn, die hinter ihm schwindet,
Wie durch magische Hand öffnet und schließt sich der Weg.
Sieh! jetzt schwand es dem Blick, in wildem Gewirr durcheinander
Stürzt der zierliche Bau dieser beweglichen Welt.
Nein, dort schwebt es frohlockend herauf, der Knoten entwirrt sich,
Nur mit verändertem Reiz stellet die Regel sich her.
Ewig zerstört, es erzeugt sich ewig die drehende Schöpfung,
Und ein stilles Gesetz lenkt der Verwandlungen Spiel.
Sprich, wie geschiehts, daß rastlos erneut die Bildungen schwanken

Und die Ruhe besteht in der bewegten Gestalt?
Jeder ein Herrscher, frei, nur dem eigenen Herzen gehorchet
Und im eilenden Lauf findet die einzige Bahn?
Willst du es wissen? Es ist des Wohllauts mächtige Gottheit,
Die zum geselligen Tanz ordnet den tobenden Sprung,
Die, der Nemesis gleich, an des Rhythmus goldenem Zügel
Lenkt die brausende Lust und die verwilderte zähmt;
Und dir rauschen umsonst die Harmonien des Weltalls,
Dich ergreift nicht der Strom dieses erhabnen Gesangs,
Nicht der begeisternde Takt, den alle Wesen dir schlagen,
Nicht der wirbelnde Tanz, der durch den ewigen Raum
Leuchtende Sonnen schwingt in kühn gewundenen Bahnen?
Das du im Spiele doch ehrst, fliehst du im Handeln, das Maß.

Hochzeitsmenuett Ludwig XVI. mit Marie Antoinette im Opernhaus von Versailles, 1770.

Die anmutige Bewegung

In Schillers großem Text „Über Anmut und Würde" geht es um eine Ästhetik der menschlichen Bewegung. Schiller findet die Bedingungen der anmutigen Bewegung in der Natur und der Vernunft des Menschen. Die folgende kleine Passage ist die einzige, die sich dem Tanz widmet. Die Ausbildung zum Tanz bedeutet Disziplin und Übung, durch welche die natürliche Bewegung zu einer künstlichen umgestaltet wird. Der ausgebildete Tänzer jedoch gewinnt seine natürliche Bewegung auf einer neuen Ebene zurück, wenn das „Werk der Regel" in Natur übergeht.

(Über Anmut und Würde / 1795. In: Friedrich Schiller. Sämtliche Werke. Bd. V. Hrsg. v. G. Fricke und H. G. Göpfert. München [6]1980. S. 451. Anm.1.)

Ich bin ebenso weit entfernt, bei dieser Zusammenstellung dem Tanzmeister sein Verdienst um die wahre Grazie, als dem Schauspieler seinen Anspruch darauf abzustreiten. Der Tanzmeister kommt der wahren Anmut unstreitig zu Hülfe, indem er dem Willen die Herrschaft über seine Werkzeuge verschafft und die Hindernisse hinwegräumt, welche die *Masse* und *Schwerkraft* dem Spiel der lebendigen Kräfte entgegensetzen. Er kann dies nicht anders als nach *Regeln* verrichten, welche den Körper in einer heilsamen Zucht erhalten und, solange die Trägheit widerstrebt, *steif*, d. i. *zwingend* sein und auch so aussehen dürfen. Entläßt er aber den Lehrling aus seiner Schule, so muß die Regel bei diesem ihren Dienst schon geleistet haben, daß sie ihn nicht in die Welt zu *begleiten braucht*: kurz, das Werk der Regel muß in Natur übergehen.

JOHANN WOLFGANG VON GOETHE (1749 – 1832)

Goethe gestaltet eine Tanzszene mit Schlüsselfunktion für seinen Roman „Die Leiden des jungen Werther" (1774): Die entscheidende Begegnung zwischen Werther und Lotte findet beim Tanz während eines Balles auf dem Lande statt. Im Tanz verliebt sich Werther. Wie ernst es ihm ist, zeigt sein Brief an den Freund. Es werden die Tänze der Zeit getanzt. Neu ist um diese Zeit der Walzer, der mit seinem Schwung ganz Europa erobert und ein ganz neues Bewegungsempfinden der Tänzer ermöglicht. Goethes Roman registriert diesen Aufbruch des Neuen: Die meisten Tänzer und Tänzerinnen auf dem Ball sind noch unsicher, deshalb „geht es ein bißchen bunt durcheinander." Es ist wohl kein Zufall, dass Goethe seinen Werther an das antike Bild vom Tanz der Gestirne und ihrer Sphären erinnern lässt: Der Walzer der beiden Liebenden gewinnt dadurch in der Perspektive des Protagonisten etwas vom großartigen (und naturgesetzlichen) Zusammenspiel der Himmelsbewegungen.

(Die Leiden des jungen Werther / 1774. In: Goethes Werke. Bd. 6. Hrsg. v. E. Trunz. München [11]1982. S. 24ff.)

Der Walzer

[...] Wir schlangen uns in Menuetts um einander herum; ich forderte ein Frauenzimmer nach dem andern auf, und just die unleidlichsten konnten nicht dazu kommen, einem die Hand zu reichen und ein Ende zu machen. Lotte und ihr Tänzer fingen einen Englischen an, und wie wohl mir's war, als sie auch in der Reihe die Figur mit uns anfing, magst du fühlen. Tanzen muß man sie sehen! Siehst du, sie ist so mit ganzem Herzen und ganzer Seele dabei, ihr ganzer Körper e i n e Harmonie, als wenn sie sonst nichts dächte, nichts empfände; und in dem Augenblicke gewiß schwindet alles andere vor ihr.

Ich bat sie um den zweiten Contretanz; sie sagte mir den dritten zu, und mit der liebenswürdigsten Freimütigkeit von der Welt versicherte sie mir, daß sie herzlich gern deutsch tanze. – [...] Nun ging's an, und wir ergetzten uns eine Weile an mannigfaltigen Schlingungen der Arme. Mit welchem Reize, mit welcher Flüchtigkeit bewegte sie sich! Und da wir nun sogar ans Walzen kamen und wie Sphären um einander herumrollten, ging's freilich anfangs, weil's die wenigsten können, ein bißchen bunt durcheinander. [...] Nie ist's mir so leicht vom Flecke gegangen. Ich war kein Mensch mehr. Das liebenswürdigste Geschöpf in den Armen zu haben und mit ihr herumzufliegen wie Wetter, daß alles rings umher verging, und – Wilhelm, um ehrlich zu sein, tat ich aber doch den Schwur, daß ein Mädchen, das ich liebte, auf das ich Ansprüche hätte, mir nie mit einem andern walzen sollte als mit mir, und wenn ich drüber zugrunde gehen müsste. [...]

Der Bauerntanz

Das Tanzlied aus der Szene im ersten Teil des „Faust" (aus der Schaffensperiode um 1800) berichtet vom Volkstanz: Im Dorf wird ein Fest gefeiert, unter der Dorflinde wird getanzt. Der Tanz ist die Gelegenheit für den Schäfer ebenso wie für die Dorfjugend insgesamt, Kontakte zu den Mädchen aufzunehmen. Goethe versucht den Volkstanz-Ton zu treffen, gleichwohl bemerkt man die Distanz des Dichters am leicht ironischen Unterton. Goethe gestaltet diese Szene im Kontrast zu den Einsamkeitserlebnissen und der spannungsgeladenen Weltferne des Gelehrten Faust.

(Faust. Erster Teil. Vor dem Tor. In: Goethes Werke. Bd. 3. Hrsg. v. E. Trunz. München [11]1981. S. 36ff.)

Tanz und Gesang

Der Schäfer putzte sich zum Tanz,
Mit bunter Jacke, Band und Kranz,
Schmuck war er angezogen.
Schon um die Linde war es voll;
Und alles tanzte schon wie toll.
Juchhe! Juchhe!
Juchheisa! Heisa! He!
So ging der Fiedelbogen.

Er drückte hastig sich heran,
Da stieß er an ein Mädchen an
Mit seinem Ellenbogen;
Die frische Dirne kehrt' sich um
Und sagte: Nun, das find' ich dumm!
Juchhe! Juchhe!
Juchheisa! Heisa! He!
Seid nicht so ungezogen.

Doch hurtig in dem Kreise ging's,
Sie tanzten rechts, sie tanzten links,
Und alle Röcke flogen.
Sie wurden rot, sie wurden warm
Und ruhten atmend Arm in Arm
Juchhe! Juchhe!
Juchheisa! Heisa! He!
Und Hüft' an Ellenbogen.

Und tu mir doch nicht so vertraut!
Wie mancher hat nicht seine Braut
Belogen und betrogen!
Er schmeichelte sie doch bei Seit',
Und von der Linde scholl es weit:
Juchhe! Juchhe!
Juchheisa! Heisa! He!
Geschrei und Fiedelbogen.

Der Totentanz

Das Motiv des Totentanzes ist alt. Das von Goethe interpretierte antike Grabrelief (s.u.) zeigt ja ein tanzendes Gerippe und skelettierte Zuschauer. Auf Friedhöfen fand ekstatisches Tanzen während des Mittelalters immer wieder statt, auch wenn Kirche und Obrigkeit es zu verhindern suchten. Insbesondere seit der ersten großen Pestepedemie von 1348 in Europa nimmt sich die Bildende Kunst dieses Themas an. Der Totentanz wurde zum Sinnbild des menschlichen Lebens, waren doch alle lebendigen Tänzer – recht betrachtet – Gerippe, die den Tod im Leibe haben wie jeder Mensch, und jeder Mensch ist lebendig schon ein Toter, der durch das Leben tanzt. Goethe nimmt das Motiv auf, erzählt es schauerlich und dramatisch – und wahrt gleichwohl die ironische Distanz des Aufgeklärten und Aufklärers.

(Der Totentanz / 1813. In: Goethes Werke. Bd. 1. Hrsg. v. E. Trunz. München [13]1982. S. 288ff.)

Der Türmer, der schaut zu Mitten der Nacht
Hinab auf die Gräber in Lage;
Der Mond, der hat alles ins Helle gebracht;
Der Kirchhof, er liegt wie am Tage.

Da regt sich ein Grab und ein anderes dann:
Sie kommen hervor, ein Weib da, ein Mann,
In weißen und schleppenden Hemden.

Das reckt nun, es will sich ergetzen sogleich,
Die Knöchel zur Runde, zum Kranze,
So arm und so jung, und so alt und so reich;
Doch hindern die Schleppen am Tanze.
Und weil hier die Scham nun nicht weiter gebeut,
Sie schütteln sich alle, da liegen zerstreut
Die Hemdelein über den Hügeln.

Michael Wolgemut
Die Auferstehung der Toten
(Totentanz aus der Schedelschen Weltchronik, 1493)

Nun hebt sich der Schenkel, nun wackelt das Bein,
Gebärden da gibt es vertrackte;
Dann klippert's und klappert's mitunter hinein,
Als schlüg' man die Hölzlein zum Takte.
Das kommt nun dem Türmer so lächerlich vor;
Da raunt ihm der Schalk, der Versucher, ins Ohr:
Geh! hole dir einen der Laken.

Getan wie gedacht! und er flüchtet sich schnell
Nun hinter geheiligte Türen.
Der Mond, und noch immer er scheinet so hell
Zum Tanz, den sie schauderlich führen.
Doch endlich verlieret sich dieser und der,
Schleicht eins nach dem andern gekleidet einher,
Und, husch, ist es unter dem Rasen.

Nur einer, der trippelt und stolpert zuletzt
Und tappet und grapst an den Grüften;
Doch hat kein Geselle so schwer ihn verletzt,
Er wittert das Tuch in den Lüften.
Er rüttelt die Turmtür, sie schlägt ihn zurück,
Geziert und gesegnet, dem Türmer zum Glück,
Sie blinkt von metallenen Kreuzen.

Das Hemd muß er haben, da rastet er nicht,
Da gilt auch kein langes Besinnen,
Den gotischen Zierat ergreift nun der Wicht
Und klettert von Zinne zu Zinnen.
Nun ist's um den armen, den Türmer getan!
Es ruckt sich von Schnörkel zu Schnörkel hinan,
Langbeinigen Spinnen vergleichbar.

Der Türmer erbleichet, der Türmer erbebt,
Gern gäb er ihn wieder, den Laken.
Da häkelt – jetzt hat er am längsten gelebt –
Den Zipfel ein eiserner Zacken.
Schon trübet der Mond sich verschwindenden Scheins,
Die Glocke, sie donnert ein mächtiges Eins,
Und unten zerschellt das Gerippe.

Der Tänzerin Grab

*Goethes Text von 1812 entspricht dem „Klassizismus" der Deutschen Klassik:
einer Spiegelung der eigenen Epoche und der eigenen Kunstanschauung in der
Antike. Die Kunst gilt als „göttlich". Sie vermag alles zu „veredeln" und zu „erhöhen". Auf diesem Hintergrund interpretiert Goethe das dreiteilige Relief, das
der Archäologe Sickler 1809 als Schmuck eines antiken Grabes bei Cumae bei
Neapel entdeckt hatte, möglicherweise die Ruhestätte einer Tänzerin. Goethe
glaubt nicht wie der Entdecker an das hohe Alter dieses Reliefs, er möchte es eher
in die hellenistische Zeit datieren und auch nicht ausschließen, dass es vielleicht
nicht griechisch, sondern römisch ist. Er bietet mit seinem Text keine kunsthistorische oder archäologische Interpretation, sondern „ein Gedicht zu einem Gedicht".
Die drei Teile des Reliefs stellen drei Stationen des künstlerischen „Lebens" der
Tänzerin dar: den Tanz auf dem Höhepunkt ihres Könnens und Ruhmes, ihren*

*frühen Tode und ihren Tanz im „Land der Schatten". Goethe verwendet sehr viel
Aufmerksamkeit auf die tänzerischen Bewegungen des dargestellten Mädchens.
Das erste Bild zeigt eine „gewaltsame Stellung", d.h. eine „künstlich" trainierte
und „künstlerisch" gestaltete Position eines „bacchischen" Tanzes, das zweite
Bild erscheint Goethe als eine karikaturistische Verfremdung des vormals schönen*

*Tanzes, im dritten Bild vermittelt der Tanz denselben Enthusiasmus, den die leben-
de Tänzerin zeigte, ist aber durch Stellung und Ausdruck „eher tragisch". – Goethe ist sich klar darüber, dass er eine „natürliche Ansicht dieser schönen Kunstwerke" eröffnet, d.h. seine eigene Ansicht in die antike Darstellung hineinproji-
ziert. Eben diese Goethesche Ansicht zeigt eine große Wertschätzung des Tanzes
als Kunst und die ästhetische Freude an der gestalteten Bewegung.*

(Der Tänzerin Grab. In: Goethe. Kunsthistorische Schriften und Übersetzungen. Schriften zur bildenden
Kunst II. Aufsätze zur bildenden Kunst / 1812-1832. Hrsg. v. S. Seidel. Berlin / Weimar ²1985.)

*Sendschreiben des Herrn Geheimen Rats von Goethe an den Herrn Rat und Direk-
tor Sickler über dessen neuentdecktes griechisches Grabmal bei Cumae*

Das entdeckte Grab ist wohl für das Grab einer vortrefflichen Tänzerin zu halten,
welche zum Verdruß ihrer Freunde und Bewunderer zu früh von dem Schauplatz
geschieden. Die drei Bilder muß ich zyklisch, als eine Trilogie, ansehen. Das
kunstreiche Mädchen erscheint in allen dreien, und zwar im ersten die Gäste eines
reichen Mannes zum genußreichsten Leben entzückend; das zweite stellt sie vor,
wie sie im Tartarus, in der Region der Verwesung und Halbvernichtung, kümmerlich ihre Künste fortsetzt; das dritte zeigt sie uns, wie sie, dem Schein nach wieder-
hergestellt, zu jener ewigen Schattenseligkeit gelangt ist. Das erste und letzte Bild
erlauben keine andere Auslegung; die des mittlern springt mir aus jenen beiden
hervor.

Wäre es nötig, diese schönen
Kunstprodukte noch besonders
durchzugehn, da sie für sich an
Sinn, Gemüt und Kunstge-
schmack so deutlich sprechen?
– Aber man kann sich von et-
was Liebenswürdigem so leicht
nicht loswinden, und ich spreche daher meine Gedanken und Empfindungen mit
Vergnügen aus, wie sie sich mir bei der Betrachtung dieser schönen Kunstwerke
immer wieder erneuern.

Die erste Tafel zeigt die Künstlerin als den höchsten, lebendigsten Schmuck eines Gastmahls, wo Gäste jedes Alters mit Erstaunen auf sie schauen. Unverwandte
Aufmerksamkeit ist der größte Beifall, den das Alter geben kann, das, ebenso empfänglich als die Jugend, nicht ebenso leicht zu Äußerungen gereizt werden kann.
Das mittlere Alter wird schon seine Bewunderung in leichter Handbewegung aus-

zudrücken angeregt, so auch der Jüngling; doch dieser beugt sich überdies empfindungsvoll zusammen, und schon fährt der jüngste Zuschauer auf und beklatscht diese Tugenden wirklich. Vom Effekte, den die Künstlerin hervorgebracht und der uns in seinen Abstufungen zuerst mehr angezogen als sie selbst, wenden wir uns nun zu ihr und finden sie in einer von denen gewaltsamen Stellungen, durch welche wir von lebenden Tänzerinnen so höchlich ergötzt werden. Die schöne Beweglichkeit der Übergänge, die wir an solchen Künstlerinnen bewundern, ist hier für einen Moment fixiert, so daß wir das Vergangene, Gegenwärtige und Zukünftige zugleich erblicken und schon dadurch in einen überirdischen Zustand versetzt werden. Auch hier erscheint der Triumph der Kunst, welche die gemeine Sinnlichkeit in eine höhere verwandelt, so daß von jener kaum eine Spur mehr zu finden ist.

Daß die Künstlerin sich als ein bacchisches Mädchen[1] darstellt und eine Reihe Stellungen und Handlungen dieses Charakters abzuwickeln im Begriff ist, daran läßt sich wohl nicht zweifeln. Auf dem Seitentische stehen Gerätschaften, die sie braucht, um die verschiedenen Momente ihrer Darstellung mannigfaltig und bedeutend zu machen, und die hintenüberschwebende Büste scheint eine helfende Person anzudeuten, die der Hauptfigur die Requisiten zureicht und gelegentlich einen Statisten macht; denn mir scheint alles auf einen Solotanz angelegt zu sein.

Ich gehe zum zweiten Blatt. Wenn auf dem ersten die Künstlerin uns reich und lebensvoll, üppig, beweglich, graziös, wellenhaft und fließend erschien, so sehen wir hier in dem traurigen lemurischen Reiche[2] von allem das Gegenteil. Sie hält sich zwar auf einem Fuße, allein sie drückt den andern an den Schenkel des erstern, als wenn er einen Halt suchte. Die linke Hand stützt sich auf die Hüfte, als wenn sie für sich selbst nicht Kraft genug hätte; man findet hier die unästhetische Kreuzesform, die Glieder gehen im Zickzack, und zu dem wunderlichen Ausdruck muß selbst der rechte aufgehobene Arm beitragen, der sich zu einer sonst graziös gewesenen Stellung in Bewegung setzt. Der Standfuß, der aufgestützte Arm, das angeschlossene Knie, alles gibt den Ausdruck des Stationären, des Beweglich-

---

[1] *ein bacchisches Mädchen* – Ein Mädchen aus dem Gefolge des Bacchus (Dionysos).
[2] *in dem ... lemurischen Reiche* – Als Lemuren wurden im antiken Rom die Geister der Verstorbenen bezeichnet, die man an dem ihnen geweihten Fest (9., 11. und 13. Mai) zu versöhnen sucht.

Unbeweglichen: ein wahres Bild der traurigen Lemuren, denen noch so viel Muskeln und Sehnen übrigbleiben, daß sie sich kümmerlich bewegen können, damit sie nicht ganz als durchsichtige Gerippe erscheinen und zusammenstürzen.

Aber auch in diesem widerwärtigen Zustande muß die Künstlerin auf ihr gegenwärtiges Publikum noch immer belebend, noch immer anziehend und kunstreich wirken. Das Verlangen der herbeieilenden Menge, der Beifall, den die ruhig Zuschauenden ihr widmen, sind hier in zwei Halbgespenstern sehr köstlich symbolisiert. Sowohl jede Figur für sich als alle drei zusammen komponieren vortrefflich und wirken in einem Sinne zu einem Ausdruck. – Was ist aber dieser Sinn, was ist dieser Ausdruck?

Die göttliche Kunst, welche alles zu veredeln und zu erhöhen weiß, mag auch das Widerwärtige, das Abscheuliche nicht ablehnen. Eben hier will sie ihr Majestätsrecht gewaltig ausüben; aber sie hat nur einen Weg, dies zu leisten: sie wird nicht Herr vom Häßlichen, als wenn sie es komisch behandelt, wie denn ja Zeuxis[3] sich über seine eigne, ins Häßlichste gebildete Hekuba zu Tode gelacht haben soll.

Eine Künstlerin, wie diese war, mußte sich bei ihrem Leben in alle Formen zu schmiegen, alle Rollen auszuführen wissen, und jedem ist aus Erfahrung bekannt, daß uns die komischen und neckischen Exhibitionen[4] solcher Talente oft mehr aus dem Stegreife ergötzen als die ernsten und würdigen bei großen Anstalten und Anstrengungen.

Bekleide man dieses gegenwärtige lemurische Scheusal mit weiblich jugendlicher Muskelfülle, man überziehe sie mit einer blendenden Haut, man statte sie mit einem schicklichen Gewand aus, welches jeder geschmackvolle Künstler unserer Tage ohne Anstrengung ausführen kann, so wird man eine von jenen komischen Posituren sehen, mit denen uns Harlekin und Kolombine unser Leben lang zu ergötzen wußten. Verfahre man auf dieselbe Weise mit den beiden Nebenfiguren, und man wird finden, daß hier der Pöbel gemeint sei, der am meisten von solcherlei Vorstellungen angezogen wird.

Es sei mir verziehen, daß ich hier weitläuftiger, als vielleicht nötig wäre, geworden; aber nicht jeder würde mir gleich auf den ersten Anblick diesen antiken hu-

---

[3] *Zeuxis sich ... zu Tode gelacht haben soll* – Hekuba (Hekabe) hatte ihrem Gemahl Priamos, dem König von Troja, neunzehn Söhne geboren (vgl. Homer: Ilias. 24. Gesang. Vers 495 f.; ferner Euripides: „Hekabe", und Ovid, „Metamorphosen"). Goethe entnahm die Nachricht über den griechischen Maler Zeuxis (Ende des 5. Jahrhunderts v.Chr.) wahrscheinlich dem grammatisch-antiquarischen Sammelwerk „De significatu verborum" (Über die Bedeutung der Wörter) von Sextus Pompejus Festus (3. Jahrhundert), wo es heißt, daß Zeuxis vor Lachen über ein von ihm gemaltes „altes Weib" gestorben sei. Die Werke des griechischen Malers sind nicht überliefert.
[4] *Exhibition* – Hier: Darstellung, Vorführung.

moristischen Geniestreich zugeben, durch dessen Zauberkraft zwischen ein menschliches Schauspiel und ein geistiges Trauerspiel eine lemurische Posse, zwischen das Schöne und Erhabene ein Fratzenhaftes hineingebildet wird. Jedoch gestehe ich gern, daß ich nicht leicht etwas Bewundernswürdigeres finde als das ästhetische Zusammenstellen dieser drei Zustände, welche alles enthalten, was der Mensch über seine Gegenwart und Zukunft wissen, fühlen, wähnen und glauben kann.

Das letzte Bild wie das erste spricht sich von selbst aus. Charon[5] hat die Künstlerin in das Land der Schatten hinübergeführt, und schon blickt er zurück, wer allenfalls wieder  abzuholen drüben stehen möchte. Eine den Toten günstige und daher auch ihr Verdienst in jedem Reiche des Vergessens bewahrende Gottheit blickt mit Gefallen auf ein entfaltetes Pergamen[6], worauf wohl die Rollen verzeichnet stehen mögen, in welchen die Künstlerin ihr Leben über bewundert worden; denn wie man den Dichtern Denkmale setzte, wo zur Seite ihrer Gestalt die Namen der Tragödien verzeichnet waren, sollte der praktische Künstler sich nicht auch eines gleichen Vorzugs erfreuen?

Besonders aber diese Künstlerin, die, wie Orion[7] seine Jagden, so ihre Darstellungen hier fortsetzt und vollendet. Zerberus[8] schweigt in ihrer Gegenwart; sie findet schon wieder neue Bewunderer, vielleicht schon ehemalige, die ihr zu diesen verborgenen Regionen vorausgegangen. Ebensowenig fehlt es ihr an einer Dienerin; auch hier folgt ihr eine nach, welche, die ehemaligen Funktionen fortsetzend, den Shawl[9] für die Herrin bereithält. Wunderschön und bedeutend sind diese Umgebungen gruppiert und disponiert, und doch machen sie, wie auf den vorigen Tafeln, bloß den Rahmen zu dem eigentlichen Bilde, zu der Gestalt, die hier wie

---

[5] *Charon* – In der griechischen Sage der Fährmann, der die Toten über den Acheron setzte.

[6] *Pergamen* – Häufige Nebenform zu „Pergament", in der die Ableitung vom Namen der kleinasiatischen Stadt Pergamon noch deutlich hervortritt.

[7] *wie Orion seine Jagden ... hier fortsetzt* – Der schöne Jäger Orion und sein Hund Sirius wurden, wie die griechische Sage erzählt, in Gestirne verwandelt, Orions Schatten aber ging in der Unterwelt weiter auf Jagd (vgl. Homer: Odyssee. 11. Gesang. Vers 572-575).

[8] *Zerberus* – Der Höllenhund, der Wächter an der Pforte zur Unterwelt.

[9] *Shawl* – (engl.) Schal, Umschlagtuch.

überall entscheidend hervortritt. Gewaltsam erscheint sie hier in einer mänadi-schen[10] Bewegung, welche wohl die letzte sein mochte, womit eine solche bacchi-sche Darstellung beschlossen wurde, weil drüber hinaus Verzerrung liegt. Die Künstlerin scheint mitten durch den Kunstenthusiasmus, welcher sie auch hier begeistert, den Unterschied zu fühlen des gegenwärtigen Zustandes gegen jenen, den sie soeben verlassen hat. Stellung und Ausdruck sind tragisch, und sie könnte hier ebensogut eine Verzweifelnde als eine vom Gott mächtig Begeisterte vorstel-len. Wie sie auf dem ersten Bilde die Zuschauer durch ein absichtliches Wegwen-den zu necken schien, so ist sie hier wirklich abwesend; ihre Bewunderer stehen vor ihr, klatschen ihr entgegen, aber sie achtet ihrer nicht, aller Außenwelt ent-rückt, ganz in sich selbst hineingeworfen. Und so schließt sie ihre Darstellung mit den zwar stummen, aber pantomimisch genugsam deutlichen, wahrhaft heidnisch-tragischen Gesinnungen, welche sie mit dem Achill der Odyssee teilt, daß es besser sei, unter den Lebendigen als Magd einer Künstlerin den Shawl nachzutragen, als unter den Toten für die Vortrefflichste zu gelten.

Sollte man mir den Vorwurf machen, daß ich zu viel aus diesen Bildern heraus-liese, so will ich die clausulam salutarem hier anhängen, daß, wenn man meinen Aufsatz nicht als eine Erklärung zu jenen Bildern wollte gelten lassen, man densel-ben als ein Gedicht zu einem Gedicht ansehen möge, durch deren Wechselbetrach-tung wohl ein neuer Genuß entspringen könnte.

Übrigens will ich nicht in Abrede sein, daß hinter dem sinnlich-ästhetischen Vorhange dieser Bilder noch etwas anderes verborgen sein dürfte, das, den Augen des Künstlers und Liebhabers entrückt, von Altertumskennern entdeckt, zu tieferer Belehrung dankbar von uns aufzunehmen ist.

So vollkommen ich jedoch diese Werke dem Gedanken und der Ausführung nach erkläre, so glaube ich doch Ursache zu haben, an dem hohen Altertum dersel-ben zu zweifeln. Sollten sie von alten griechischen Cumanern[11] verfertigt sein, so müßten sie vor die Zeiten Alexanders[12] gesetzt werden, wo die Kunst noch nicht zu dieser Leichtigkeit und Geschmeidigkeit in allen Teilen ausgebildet war. Betrachtet man die Eleganz der Herkulanischen Tänzerin[13], so möchte man wohl jenen Künst-lern auch diese neugefundenen Arbeiten zutrauen, um so mehr, als unter jenen

---

[10] *mänadisch* – rasend. Die Mänaden, auch Bacchantinnen oder Bakchen genannt, gehörten bei Festen zu Ehren des griechischen Gottes Dionysos als Tänzerinnen zum wilden Gefolge des Gottes *mit dem Achill der Odyssee* – Vgl. Homer: Odyssee. 11. Gesang. Vers 488-491.
[11] *Cumaner* – Einwohner der Stadt Cumae.
[12] *die Zeiten Alexanders* – Der mazedonische König Alexaqnder regierte von 336 bis 323 v.Chr.
[13] *Herkulanische Tänzerin* – Wahrscheinlich ein Kupferstich nach einem Fund aus Herculanum.

Bildern solche gefunden werden, die in Absicht der Erfindung und Zusammenbildung den gegenwärtigen wohl an die Seite gestellt werden können.

Die in dem Grabe gefundenen griechischen Wortfragmente scheinen mir nicht entscheidend zu beweisen, da die griechische Sprache den Römern so geläufig, in jenen Gegenden von alters her einheimisch und wohl auch auf neueren Monumenten in Brauch war. Ja, ich gestehe es, jener lemurische Scherz will mir nicht echt griechisch vorkommen; vielmehr möchte ich ihn in die Zeiten setzen, aus welchen die Philostrate[14] ihre Halb- und Ganzfabeln, dichterische und rednerische Beschreibungen hergenommen.

---

[14] *die Philostrate* – Flavius Philostratos der Ältere und sein Enkel Philostratos der Jüngere beschrieben in den „Eikones" eine Gemäldesammlung, die sich zu römischen Kaiserzeit angeblich in Neapolis (Neapel) befunden haben soll.

GERHARD ULRICH ANTON VIETH (1763 – 1836)

Vieth gehört zur bürgerlichen pädagogischen Reformbewegung, welche sich Ende des 18. Jahrhunderts entwickelte und die Leibesübungen als unabdingbaren Bestandteil einer umfassenden Bildung und Erziehung des Menschen zur Geltung brachte: dem Philanthropismus. Er war Jurist, Pädagoge und Wissenschaftler. Als Johann Christoph Friedrich GutsMuths (1759-1839) ankündigte, eine „Gymnastik für die Jugend" zu veröffentlichen, publizierte er als 1. Teil des „Versuchs einer Enzyclopädie der Leibesübungen" die „Beiträge zur Geschichte der Leibesübungen", die einen Einblick in die Leibesübungen „aller Völker und Zeiten" geben sollte. Im folgenden Text zeigt sich, wie Vieth den Tanz einschätzt. Der Tanz erscheint ihm zunächst einmal bei den Franzosen am besten aufgehoben. Dass der Tanz als Teil einer Körperbildung eine Rolle spielen könnte, ist hier nicht zu sehen.

(Oekonomisch-technologische Enzyklopädie, oder allgemeines System der Staats- Stadt- Haus- und Land- Wirtschaft, und der Kunst-Geschichte (in alphabetischer Ordnung). Bd. 72. Berlin 1797. S. 561f.)

Tanz als Leibesübung

In den Leibes-Uebungen der neuern Zeit: Reiten, Tanzen, Fechten, sind die Franzosen immer sehr geschickte gewesen. Natürliche Lebhaftigkeit und gute körperliche Disposition, macht, daß ihnen allen diese Uebungen mit einer gewissen Leichtigkeit und Zierlichkeit von Statten gehen. Vornehmlich ist dieses der Fall beym Tanz, worin sie, wie an seinem Orte gezeigt werden wird, die Lehrer der übrigen Nationen sind. Reit Kunst und Fecht Kunst sind ebenfalls in Frankreich sehr cultiviert, doch kann man ihnen darin nicht so, wie im Tanzen, den Vorzug vor den übrigen Nationen zugestehen. Fast alle Kunst-Wörter in den modernen Leibes-Uebungen: Reiten, Tanzen, Fechten und Voltigieren, sind französischen Ursprunges; ein Beweis, daß die Franzosen diese modernen Uebungen zuerst in *formam artis* gebracht haben. Auch sind die meisten Schriften über dieselben von französischen Verfassern. Dieses gilt auch von den gymnastischen Spielen, welche sonst bey den höhern Ständen so beliebt waren, z.B. vom Ball-Spiele und Maille-Spiele. Daß in Frankreich irgendwo amphitheatralische oder circensische Spiele im Gebrauche wäre, ist mir nicht bekannt. Rest von römischen Amphitheatern findet man auch daselbst; und vielleicht führt ein Mahl diese Nation, die in neuern Zeiten so viel Römisches zeigt, auch römische Spiele wieder ein.

Vorschläge, die auf so etwas abzielen, sind bereits einige Mahl der National-Versammlung vorgelegt worden. Die geschicktesten Seil-Tänzer, Draht-Tänzer, Balanceurs und Tramplain-Springer sind gemeiniglich Franzosen.

Francisco de Goya (1776-1826): Blinde Kuh, Madrid, Prado (1788-89)

GEORG WILHELM FRIEDRICH HEGEL (1770 – 1831)

Hegels „Vorlesungen über die Ästhetik" sind ein philosophisches „Monument" in der Geschichte der Ästhetik seit ihrer Begründung durch Gottlieb Alexander Baumgartens Schrift „Aesthetica" um 1750. In seiner Regie wird die „Ästhetik" zur „Kunstphilosophie". Entsprechend seiner Vorstellung von der Progression des Geistes in der Geschichte der Menschheit interpretiert er die Geschichte der Künste als eine Entwicklung zu immer „geistigeren" und damit immer weniger „sinnlichen" Gestaltungen. Im bevorzugten Blick seines Interesses sind die Bildenden Künste und die Dichtung, die anderen Künste streift er eher nebenbei. Den Tanz sieht er als eine der „der Poesie verschwisterte unvollkommene Kunst". Wohl versteht er seine „symbolische" Bedeutung – vor allem in der griechischen Antike; er sieht auch, wie die Skulptur aus Marmor oder Bronze „seelenvoll zum Tanze belebt" erscheint in einer „plastischen Musik der Körperstellung und Bewegung". Allerdings bleibt der Tanz doch eher die „Außenseite" einer künstlerischen – vor allem einer poetischen – Aussage. Hegel war regelmäßiger Besucher der Berliner Theater. Er sah die Ballettaufführungen der damaligen Zeit – und vermisst in der Perfektion derselben den „geistigen Ausdruck". Was den Aufbruch des künstlerischen Tanzes am Ende des Jahrhunderts stimuliert, registriert er bereits zu seiner Zeit: die Leere der tänzerischen Formen. Diese Leere lässt gelegentlich auch die Malerei der Zeit sehen, z.B. bei Tischbein.

(Vorlesungen über die Ästhetik Bd. 2. Hrsg. v. F. Bassenge. Berlin / Weimar [2]1965. S. 545. Drittes Kapitel: Die Poesie. C. Gattungsunterschiede der Poesie. III. Die dramatische Poesie. 2. Die äußere Exekution des dramatischen Kunstwerks. c. Die von der Poesie unabhängige theatralische Kunst. γ.)

Tanz – die unvollkommene Kunst

Das Ähnliche gilt von dem heutigen *Ballett,* dem gleichfalls vor allem das Märchenhafte und Wunderbare zusagt. Auch hier ist einerseits, außer der malerischen Schönheiten der Gruppierungen und Tableaus, vornehmlich die wechselnde Pracht und der Reiz der Dekorationen, Kostüme und Beleuchtung zur Hauptsache geworden, so dass wir uns wenigstens in ein Bereich versetzt finden, in welchem der Verstand der Prosa und die Not der Bedrängung des Alltäglichen weit hinter uns liegt. Andererseits ergötzen sich die Kenner an der ausgebildetsten Bravour und Geschicklichkeit der Beine, die in dem heutigen Tanze die erste Rolle spielen. Soll aber durch diese jetzt bis ins Extrem des Sinnlosen und der Geistesarmut verirrten bloßen Fertigkeit noch ein geistiger Ausdruck hindurchscheinen, so gehört dazu, nach vollständiger Besiegung sämtlicher technischer Schwierigkeiten, ein Maß an Seelenwohllaut der Bewegung, eine Freiheit und Grazie, die von höchster Seltenheit ist. Als zweites Element kommt dann zu dem Tanze, der hier an die Stelle der Chöre und Solopartien der Oper tritt, als eigentlicher Ausdruck der Handlung die Pantomime, welche jedoch, je mehr der moderne Tanz an technischer Künstlichkeit zugenommen hat, in ihrem Werte herabgesunken und in Verfall geraten ist, so dass aus dem heutigen Ballet mehr und mehr das zu verschwinden droht, was dasselbe in das freie Gebiet der Kunst hinüberzuheben allein im Stande sein könnte.

Johann Heinrich Wilhelm Tischbein (1751-1829): Schwebende Nymphen (1820)

NOVALIS
FRIEDRICH VON HARDENBERG (1772 – 1801)

Der Walzer ist der Tanz des sich emanzipierenden Bürgertums im 18. Jahrhundert. Er löste im Verlaufe der zweiten Jahrhunderthälfte die Figurentänze des Rokoko zunehmend zugunsten des Tanzes der einzelnen rauschhaft umherwirbelnden Paare ab. Er war heftig umstritten, galt politisch als revolutionär und gesellschaftlich als unanständig. Die preußische Königin Luise, von Novalis ebenso wie von anderen Dichtern der Romantik bewundert, erregte 1794 am Berliner Hof Aufsehen, als sie mit ihrer Schwester den ersten Walzer auf einem Hofball tanzte. 1787 wurde der Walzer zum ersten Mal auf der Wiener Hofbühne getanzt. 1815 tanzte ihn der Wiener Kongress. Das Metrum in Novalis' Gedicht ahmt den Dreivierteltakt des Walzers nach. Der Tanz wird zum Symbol des Lebens auf dem Hintergrund der Endlichkeit.

(Walzer / Sommer 1794. In: Schriften. Bd. I. Hrsg. v. R. Samuel. München 1978 / Darmstadt 1999. S. 108.)

Walzer

Hinunter die Pfade des Lebens gedreht,
Pausiert nicht, ich bitt euch, so lang es noch geht.
Drückt fester die Mädchen ans klopfende Herz,
Ihr wißt ja, wie flüchtig ist Jugend und Scherz.

Laßt fern von uns Zanken und Eifersucht sein
Und nimmer die Stunden mit Grillen entweihn.
Dem Schutzgeist der Liebe nur gläubig vertraut:
Es findet noch jeder gewiß eine Braut.

E. Th. A. Hoffmann (1776 – 1822)

Der Dichter der Spätromantik hat den Tanz in einer unheimlichen Konfiguration präsentiert: Ein empfindsamer junger Mann – Nathanael – erlebt in der Begegnung mit einem Naturwissenschaftler und Konstrukteur – Professor Spalanzani – eine große Illusion. Der Wissenschaftler konstruiert Automaten. Einer seiner Automaten ist eine Puppe in Lebensgröße, die er als seine Tochter Olimpia vorstellt. Nathanael sieht in seiner verliebten Verblendung die Puppe als eine junge Frau von großer Schönheit. Nicht einmal ihre abgehackten Bewegungen und ihre schneidende Stimme lassen ihn aufmerksam werden. Ihre Künstlichkeit erscheint ihm sogar während eines gemeinsamen Tanzes bei einer festlichen Gesellschaft im Hause des Professors zunächst noch als liebenswürdige Natürlichkeit. Dieser Tanz wird von Hoffmann als eine paradoxe Szene gestaltet: Die tote Mechanik der Geliebten deutet sich in der tänzerischen Bewegung an, die doch traditionell als Symbol des Lebens gilt: „Ihr Schritt ist sonderbar abgemessen, jede Bewegung scheint durch den Gang eines aufgezogenen Räderwerks bedingt. Ihr Spiel, ihr Singen hat den unangenehm richtigen geistlosen Takt der singenden Maschine und ebenso ist ihr Tanz." Nathanaels Entsetzen schließlich, als er während einer Auseinandersetzung mit ansehen muss, dass die vermeintliche Geliebte in Stücke zerspringt, verweist auf die kommende Auseinandersetzung des Menschen mit seinen Maschinen, die das 19. und 20. Jahrhundert bestimmen wird und bis heute nicht abgeschlossen ist. E. Th. A. Hoffmann nimmt mit den Thema der Automaten ein Thema aus dem 17. Jahrhundert auf. Gerade in dieser Epoche begeisterte man sich für die Möglichkeit der Maschinen: der Rechenmaschinen, der Wasserpumpen, der Uhrwerke etc. Der Dichter ahnt bereits, dass die Maschinen etwas Bedrohliches sein können.

(Der Sandmann (1817). In: Fantasie- und Nachtstücke. Hrsg. v. W. Müller-Seidel. Darmstadt 1985. S. 354.)

Lebendiger und mechanischer Tanz

[...] Das Konzert war zu Ende, der Ball fing an. „Mit ihr zu tanzen! – mit ihr!" das war nun dem Nathanael das Ziel aller Wünsche, alles Strebens; aber wie sich erheben zu dem Mut, sie, die Königin des Festes, aufzufordern? Doch – er selbst wusste nicht, wie es geschah, dass er, als schon der Tanz angefangen, dicht neben Olimpia stand, die noch nicht aufgefordert worden, und dass er, kaum vermögend einige Worte zu stammeln, ihre Hand ergriff. Eiskalt war Olimpias Hand, er fühlte sich durchbebt von grausigem Todesfrost, er starrte Olimpia ins Auge, das strahlte ihm voll Liebe und Sehnsucht entgegen und in dem Augenblick war es auch, als fingen in der kalten Hand Pulse zu schlagen und des Lebensblutes Ströme zu glühen. Und auch in Nathanaels Innerm glühte höher auf die Liebenslust, er umschlang die schöne Olimpia und durchflog mit ihr die Reihen. – Er glaubte sonst recht taktmäßig getanzt zu haben, aber an der ganz eignen rhythmischen Festigkeit, womit Olimpia tanzte und die ihn oft ordentlich aus der Haltung brachte, merkte er bald, wie sehr ihm der Takt gemangelt. Er wollte jedoch mit keinem andern Frauenzimmer mehr tanzen und hätte jeden, der sich Olimpia näherte, um sie aufzufordern, nur gleich ermorden mögen. Doch nur zweimal geschah dies, zu seinem Erstaunen blieb darauf Olimpia bei jedem Tanze sitzen und er ermangelte nicht, immer wieder sie aufzuziehen. Hätte Nathanael außer der schönen Olimpia noch etwas anders zu sehen vermocht, so wäre allerlei fataler Zank und Streit unvermeidlich gewesen; denn offenbar ging das halbleise, mühsam unterdrückte Gelächter, was sich in diesem und jenem Winkel unter den jungen Leuten erhob, auf die schöne Olimpia, die sie mit kuriosen Blicken verfolgten, man konnte gar nicht wissen, warum? [...]

Tanz mechanischer Figuren
Giovanni Batista Bracelli (1587-1651): Die Schauspieler

HEINRICH VON KLEIST (1777 – 1811)

Thomas Mann nannte Kleists Aufsatz „Über das Marionettentheater" ein „Glanzstück ästhetischer Metaphysik", Rainer Maria Rilke ein „Meisterwerk", das er „immer wieder anstaune", Hugo von Hofmannsthal sprach von einem „von Verstand und Anmut glänzenden Stück Philosophie". Kleist entwirft in einem kunstvollen System aus poetischen Bildern und philosophischen Gedanken eine Ästhetik der menschlichen Bewegung. Der Text insgesamt dient der Begründung der schönen Bewegung aus der unbewussten Natur. Die menschliche Bewegung kann nur dann anmutig sein, wenn die Reflexion nicht stört. So erscheint die Bewegung der Marionette, da sie eine rein physikalische Bewegung von Materie ohne Bewusstsein ist, anmutig; die Bewegung eines jungen Mannes, der seine Anmut im Spiegel registriert, wird in dem Augenblick hässlich, wo er sie – reflektierend – wiederholt; die Grazie des fechtenden Bären, der ohne Reflexion die Stöße seines menschlichen Gegners gekonnt pariert, ist evident. Die Skizze der Geschichte der Menschheit seit dem Sündenfall der Reflexion enthält die Andeutung eines künftigen paradiesischen Zustandes (des Individuums oder der Gesellschaft im ganzen), in welcher die Reflexion durch eine neue Natürlichkeit überholt wird. In diesem Rahmen erhält die Tanzkunst durch Kleist ihre Bewertung. Dem künstlerischen Tanz, so wie Kleist ihn auf den Bühnen seiner Zeit präsentiert sieht, fehlt die Grazie, weil er zu „geziert", d.h. zu reflektiert ist. Kleist verweist auf den damals gefeierten Tänzer Vestris. Es gab mehrere berühmte Tänzer mit dem Namen Vestris. Kleist meint wahrscheinlich Marie-Jean-Augustin Vestris-Allard (1760-1842), der als Solotänzer an der Pariser Oper die Pirouette auf die Pariser Bühne brachte.

(Über das Marionettentheater (1810). In: Sämtliche Werke und Briefe, Erzählungen – Anekdoten – Gedichte – Schriften. Hrsg. v. K. Müller-Salget u.a. Bd. 3. Frankfurt a.M. 1990. S. 555-563.)

Über das Marionettentheater

Als ich den Winter 1801 in M... zubrachte, traf ich daselbst eines Abends, in einem öffentlichen Garten, den Hrn. C., an der seit Kurzem, in dieser Stadt, als erster Tänzer der Oper, angestellt war, und bei dem Publico außerordentliches Glück machte.

Ich sagte ihm, daß ich erstaunt gewesen wäre, ihn schon mehrere Mal in einem

Marionettentheater zu finden, das auf dem Markte zusammengezimmert worden war, und den Pöbel, durch kleine dramatische Burlesken, mit Gesang und Tanz durchwebt, belustigte.

Er versicherte mir, daß ihm die Pantomimik dieser Puppen viel Vergnügen machte, und ließ nicht undeutlich merken, daß ein Tänzer, der sich ausbilden wolle, mancherlei von ihnen lernen könne.

Da diese Äußerung mir, durch die Art, wie er sie vorbrachte, mehr, als ein bloßer Einfall schien, so ließ ich mich bei ihm nieder, um ihn über die Gründe, auf die er eine so sonderbare Behauptung stützen könne, näher zu vernehmen.

Marionettentheater Ende des 18. Jahrhunderts
Nach einer Vignette eines damaligen Almanachs

Er fragte mich, ob ich nicht, in der Tat, einige Bewegungen der Puppen, besonders der kleineren, im Tanz sehr graziös gefunden hatte.

Diesen Umstand konnt' ich nicht leugnen. Eine Gruppe von vier Bauern, die nach einem raschen Takt die Ronde tanzte, hätte von Tenier nicht hübscher gemalt werden können.

Ich erkundigte mich nach dem Mechanismus dieser Figuren, und wie es möglich wäre, die einzelnen Glieder derselben und ihre Punkte, ohne Myriaden von Fäden an den Fingern zu haben, so zu regieren, als es der Rhythmus der Bewegungen, oder der Tanz, erfordere?

Er antwortete, daß ich mir nicht vorstellen müsse, als ob jedes Glied einzeln, während der verschiedenen Momente des Tanzes, von dem Maschinisten gestellt und gezogen würde.

Jede Bewegung, sagte er, hätte einen Schwerpunkt; es wäre genug, diesen, in dem Innern der Figur, zu regieren; die Glieder, welche nichts als Pendel wären, folgten, ohne irgendein Zutun, auf eine mechanische Weise von selbst.

Er setzte hinzu, daß diese Bewegung sehr einfach wäre, daß jedesmal, wenn der Schwerpunkt in einer *graden Linie* bewegt wird, die Glieder schon *Kurven* beschrieben; das Ganze schon in eine Art von rhythmische Bewegung käme, die dem Tanz ähnlich wäre.

Diese Bemerkung schien mir zuerst einiges Licht über das Vergnügen zu werfen, das er in dem Theater der Marionetten zu finden vorgegeben hatte. Inzwischen ahndete ich bei Weitem die Folgerungen noch nicht, die er späterhin daraus ziehen würde.

Ich fragte ihn, ob er glaubte, daß der Maschinist, der diese Puppen regierte, selbst ein Tänzer sein, oder wenigstens einen Begriff vom Schönen im Tanz haben müsse?

Er erwiderte, daß wenn ein Geschäft, von seiner mechanischen Seite, leicht sei, daraus noch nicht folge, daß es ganz ohne Empfindung betrieben werden könne.

Die Linie, die der Schwerpunkt zu beschreiben hat, wäre zwar sehr einfach, und, wie er glaube, in den meisten Fällen, gerad. In Fällen, wo sie krumm sei, scheine das Gesetz ihrer Krümmung wenigstens von der ersten oder höchstens zweiten Ordnung; und auch in diesem letzten Fall nur elliptisch, welche Form der Bewegung den Spitzen des menschlichen Körpers (wegen der Gelenke) überhaupt die natürliche sei, und also dem Maschinisten keine große Kunst koste, zu verzeichnen.

Dagegen wäre diese Linie wieder, von einer andern Seite, etwas sehr Geheimnisvolles. Denn sie wäre nichts anders, als der *Weg der Seele des Tänzers*; und er zweifle, daß sie anders gefunden werden könne, als dadurch, daß sich der Maschinist in den Schwerpunkt der Marionette versetzt, d.h. mit andern Worten, *tanzt*.

Ich erwiderte, daß man mir das Geschäft desselben als etwas ziemlich Geistloses vorgestellt hätte: etwa was das Drehen einer Kurbel sei, die eine Leier spielt.

Keineswegs, antwortete er. Vielmehr verhalten sich die Bewegungen seiner Finger zur Bewegung der daran befestigten Puppen ziemlich künstlich, etwa wie Zahlen zu ihren Logarithmen oder die Asymptote zur Hyperbel.

Inzwischen glaube er, daß auch dieser letzte Bruch von Geist, von dem er gesprochen, aus den Marionetten entfernt werden, daß ihr Tanz gänzlich ins Reich
mechanischer Kräfte hinübergespielt, und vermittelst einer Kurbel, so wie ich es
mir gedacht, hervorgebracht werden könne.

Ich äußerte meine Verwunderung zu sehen, welcher Aufmerksamkeit er diese,
für den Haufen erfundene, Spielart einer schönen Kunst würdige. Nicht bloß, daß
er sie einer höheren Entwickelung für fähig halte: er scheine sich sogar selbst damit zu beschäftigen.

Er lächelte, und sagte, er getraue sich zu behaupten, daß wenn ihm ein Mechani-
kus, nach den Forderungen, die er an ihn zu machten dächte, eine Marionette bauen
wollte, er vermittelst derselben einen Tanz darstellen würde, den weder er, noch
irgend ein anderer geschickter Tänzer seiner Zeit, Vestris selbst nicht ausgenommen, zu erreichen im Stande wäre.

Haben Sie, fragte er, da ich den Blick schweigend zur Erde schlug: haben Sie
von jenen mechanischen Beinen gehört, welche englische Künstler für Unglückli-
che verfertigen, die ihre Schenkel verloren haben?

Ich sagte, nein: dergleichen wäre mir nie vor Augen gekommen.

Es tut mir leid, erwiderte er; denn wenn ich Ihnen sage, daß diese Unglücklichen
damit tanzen, so fürchte ich fast, Sie werden es mir nicht glauben. – Was sag ich,
tanzen? Der Kreis ihrer Bewegungen ist zwar beschränkt; doch diejenigen, die
ihnen zu Gebote stehen, vollziehen sich mit einer Ruhe, Leichtigkeit und Anmut,
die jedes denkende Gemüt in Erstaunen setzen.

Ich äußerte, scherzend, daß er ja, auf diese Weise, seinen Mann gefunden habe.
Denn derjenige Künstler, der einen so merkwürdigen Schenkel zu bauen im Stande
sei, würde ihm unzweifelhaft auch eine ganze Marionette, seinen Forderungen
gemäß, zusammensetzen können.

Wie, fragte ich, da er seinerseits ein wenig betreten zur Erde sah: wie sind denn
diese Forderungen, die Sie an die Kunstfertigkeit desselben zu machen gedenken,
bestellt?

Nichts, antwortete er, was sich nicht auch schon hier fände, Ebenmaß, Beweglichkeit, Leichtigkeit – nur Alles in einem höheren Grade; und besonders eine
naturgemäßere Anordnung der Schwerpunkte.

Und der Vorteil, den diese Puppe vor lebendigen Tänzern voraus haben würde?

Der Vorteil? Zuvörderst ein negativer, mein vortrefflicher Freund, nämlich dieser, daß sie sich niemals *zierte*. Denn Ziererei erscheint, wie Sie wissen, wenn sich
die Seele (vis motrix) in irgend einem andern Punkte befindet, als in dem Schwer-

punkt der Bewegung. Da der Maschinist nun schlechthin, vermittelst des Drahtes oder Fadens, keinen andern Punkt in seiner Gewalt hat, als diesen: so sind alle übrigen Glieder, was sie sein sollen, tot, reine Pendel, und folgen dem bloßen Gesetz der Schwere; eine vortreffliche Eigenschaft, die man vergebens bei dem größesten Teil unsrer Tänzer sucht.

Sehen Sie nur die P… an, fuhr er fort, wenn sie die Daphne spielt, und sich, verfolgt vom Apoll, nach ihm umsieht; die Seele sitzt ihr in den Wirbeln des Kreuzes; sie beugt sich, als ob sie brechen wollte, wie eine Najade aus der Schule Bernins. Sehen Sie den jungen F… an, wenn er, als Paris, unter den drei Göttinnen steht, und der Venus den Apfel überreicht: die Seele sitzt ihm gar (es ist ein Schrecken, es zu sehen), im Ellenbogen.

Solche Mißgriffe, setzte er abbrechend hinzu, sind unvermeidlich, seitdem wir von dem Baum der Erkenntnis gegessen haben. Doch das Paradies ist verriegelt und der Cherub hinter uns; wir müssen die Reise um die Welt machen, und sehen, ob es vielleicht von hinten irgendwo wieder offen ist.

Ich lachte. – Allerdings, dachte ich, kann der Geist nicht irren, da, wo keiner vorhanden ist. Doch ich bemerkte, daß er noch mehr auf dem Herzen hatte, und bat ihn, fortzufahren.

Zudem, sprach er, haben diese Puppen den Vorteil, daß sie *antigrav* sind. Von der Trägheit der Materie, dieser dem Tanze entgegenstrebendsten aller Eigenschaften, wissen sie nichts: weil die Kraft, die sie in die Lüfte erhebt, größer ist, als jene, die sie an der Erde fesselt. Was würde unsre gute G… darum geben, wenn sie sechzig Pfund leichter wäre, oder ein Gewicht von dieser Größe ihr bei ihren entrechats und pirouetten, zu Hülfe käme? Die Puppen brauchen den Boden nur, wie die Elfen, um ihn zu *streifen*, und den Schwung der Glieder, durch die augenblickliche Hemmung neu zu beleben; wir brauchen ihn, um darauf zu ruhen, und uns von der Anstrengung des Tanzes zu erholen: ein Moment, der offenbar selber kein Tanz ist, und mit dem sich weiter nichts anfangen läßt, als ihn möglichst verschwinden zu machen.

Ich sagte, daß, so geschickt er auch die Sache seine Paradoxe führe, er mich doch nimmermehr glauben machen würde, daß in einem mechanischen Gliedermann mehr Anmut enthalten sein könne, als in dem Bau des menschlichen Körpers.

Er versetzte, daß es dem Menschen schlechthin unmöglich wäre, den Gliedermann darin auch nur zu erreichen. Nur ein Gott könne sich, auf diesem Felde, mit der Materie messen; und hier sei der Punkt, wo die beiden Enden der ringförmigen Welt in einander griffen.

Ich erstaunte immer mehr, und wußte nicht, was ich zu so sonderbaren Behauptungen sagen sollte.

Es scheine, versetzte er, indem er eine Prise Tabak nahm, daß ich das dritte Kapitel vom ersten Buch Moses nicht mit Aufmerksamkeit gelesen; und wer diese erste Periode aller menschlichen Bildung nicht kennt, mit dem könne man nicht füglich über die folgenden, um wie viel weniger über die letzte, sprechen.

Ich sagte, daß ich gar wohl wüßte, welche Unordnungen, in der natürlichen Grazie des Menschen, das Bewußtsein anrichtet. Ein junger Mann von meiner Bekanntschaft hätte, durch eine bloße Bemerkung, gleichsam vor meinen Augen, seine Unschuld verloren, und das Paradies derselben, trotz aller ersinnlichen Bemühungen, nachher niemals wieder gefunden. – Doch, welche Folgerungen, setzte ich hinzu, können Sie daraus ziehen?

Er fragte mich, welch einen Vorfall ich meine?

Ich badete mich, erzählte ich, vor etwa drei Jahren, mit einem jungen Mann, über dessen Bildung damals eine wunderbare Anmut verbreitet war. Er mochte ohngefähr in seinen sechzehnten Jahre stehn, und nur ganz von fern ließen sich, von der Gunst der Frauen herbeigerufen, die ersten Spuren von Eitelkeit erblicken. Es traf sich, daß wir grade kurz zuvor in Paris den Jüngling gesehen hatten, der sich einen Splitter aus dem Fuße zieht; der Abguß der Statue ist bekannt und befindet sich in den meisten deutschen Sammlungen. Ein Blick, den er in dem Augenblick, da er den Fuß auf den Schemel setzte, um ihn abzutrocknen, in einen großen Spiegel warf, erinnerte ihn daran; er lächelte und sagte mir, welch' eine Entdeckung er gemacht habe. In der Tat hatte ich, in eben diesem Augenblick, dieselbe gemacht; doch sei es, um die Sicherheit der Grazie, die ihm beiwohnte, zu prüfen, sei es, um seiner Eitelkeit ein wenig heilsam zu begegnen: ich lachte und erwiderte – er sähe wohl Geister! Er errötete, und hob den Fuß zum zweitenmal, um es mir zu zeigen; doch der Versuch, wie sich leicht hätte voraussehn lassen, mißglückte. Er hob verwirrt den Fuß zu dritten und vierten, er hob ihn wohl noch zehnmal: umsonst! er war außer Stand, dieselbe Bewegungen wieder hervorzubringen – was sag' ich? die Bewegungen, die er machte, hatten ein so komisches Element, daß ich Mühe hatte, das Gelächter zurückzuhalten: –

Von diesem Tage, gleichsam von diesem Augenblick an, ging eine unbegreifliche Veränderung mit dem jungen Menschen vor. Er fing an, Tage lang vor dem Spiegel zu stehen; und immer ein Reiz nach dem anderen verließ ihn. Eine unsichtbare und unbegreifliche Gewalt schien sich, wie ein eisernes Netz, um das freie Spiel seiner Gebärden zu legen, und als ein Jahr verflossen war, war keine

Spur mehr von der Lieblichkeit in ihm zu entdecken, die die Augen der Menschen sonst, die ihn umringten, ergötzt hatte. Noch jetzt lebt jemand, der ein Zeuge jenes sonderbaren und unglücklichen Vorfalls war, und ihn, Wort für Wort, wie ich ihn erzählt, bestätigen könnte. –

Bei dieser Gelegenheit, sagte Herr C... freundlich, muß ich Ihnen eine andere Geschichte erzählen, von der Sie leicht begreifen werden, wie sie hierher gehört.

Ich befand mich, auf meiner Reise nach Rußland, auf einem Landgut des Hrn. v. G..., eines Liefländischen Edelmanns, dessen Söhne sich eben damals stark im Fechten übten. Besonders der Ältere, der eben von der Universität zurückgekommen war, machte den Virtuosen, und bot mir, da ich eines Morgens auf seinem Zimmer war, ein Rapier an. Wir fochten; doch es traf sich, daß ich ihm überlegen war; Leidenschaft kam dazu, ihn zu verwirren; fast jeder Stoß, den ich führte, traf, und sein Rapier flog zuletzt in den Winkel. Halb scherzend, halb empfindlich, sagte er, indem er das Rapier aufhob, daß er seinen Meister gefunden habe: doch alles auf der Welt finde den seinen, und fortan wolle er mich zu dem meinigen führen. Die Brüder lachten laut auf, und riefen: Fort! fort! In den Holzstall herab! und damit nahmen sie mich bei der Hand und führten mich zu einem Bären, den Hr.v.G., ihr Vater, auf dem Hofe auferziehen ließ.

Der Bär stand, als ich erstaunt vor ihn trat, auf den Hinterfüßen, mit dem Rücken an einem Pfahl gelehnt, an welchem er angeschlossen war, die rechte Tatze schlagfertig erhoben, und sah mir ins Auge: das war seine Fechterpositur. Ich wußte nicht, ob ich träumte, da ich mich einem solchen Gegner gegenüber sah; doch stoßen Sie! stoßen Sie! sagte Hr.v.G, und versuchen Sie, ob Sie ihm Eins beibringen können! Ich fiel, da ich mich ein wenig von meinem Erstaunen erholt hatte, mit dem Rapier auf ihn aus; der Bär machte eine ganz kurze Bewegung mit der Tatze und parierte den Stoß. Ich versuchte ihn durch Finten zu verführen; der Bär rührte sich nicht. Ich fiel wieder, mit einer augenblicklichen Gewandtheit, auf ihn aus, eines Menschen Brust würde ich ohnfehlbar getroffen haben: der Bär machte eine ganz kurze Bewegung mit der Tatze und parierte den Stoß. Jetzt war ich fast in dem Fall des jungen Hr. von G... Der Ernst des Bären kam hinzu, mir die Fassung zu rauben, Stöße und Finten wechselten sich, mir triefte der Schweiß: umsonst. Nicht bloß, daß der Bär, wie der erste Fechter der Welt, alle meine Stöße parierte; auf Finten (was ihm kein Fechter der Welt nachmacht) ging er gar nicht einmal ein: Aug' in Auge, als ob er meine Seele darin lesen könnte, stand er, die Tatze schlagfertig erhoben, und wenn meine Stöße nicht ernsthaft gemeint waren, so rührte er sich nicht.

Glauben Sie diese Geschichte?

Vollkommen! rief ich, mit freudigem Beifall; jedwedem Fremden, so wahrscheinlich ist sie: um wie viel mehr Ihnen! Nun, mein vortrefflicher Freund, sagte Herr C..., so sind Sie im Besitz von Allem, was nötig ist, um mich zu begreifen. Wir sehen, daß in dem Maße, als, in der organischen Welt, die Reflexion dunkler und schwächer wird, die Grazie darin immer strahlender und herrschender hervortritt. – Doch so, wie sich der Durchschnitt zweier Linien, auf der einen Seite eines Punkts, nach dem Durchgang durch das Unendliche, plötzlich wieder auf der andern Seite einfindet, oder das Bild des Hohlspiegels, nachdem es sich in das Unendliche entfernt hat, plötzlich wieder dicht vor uns tritt: so findet sich auch, wenn die Erkenntnis gleichsam durch ein Unendliches gegangen ist, die Grazie wieder ein; so, daß sie, zu gleicher Zeit, in demjenigen menschlichen Körperbau am Reinsten erscheint, der entweder gar keins, oder ein unendliches Bewußtsein hat, d.h. in dem Gliedermann, oder in dem Gott.

Mithin, sagte ich ein wenig zerstreut, müßten wir wieder von dem Baum der Erkenntnis essen, um in den Stand der Unschuld zurückzufallen?

Allerdings, antwortete er; das ist das letzte Kapitel von der Geschichte der Welt.

Lucas Cranach d. Ä. (1472-1553): Das Goldene Zeitalter (Ausschnitt),
ca. 1530, München, Alte Pinakothek

HEINRICH HEINE (1797 – 1856)

Heine hat sich zeit seines Lebens für den Tanz interessiert und er hat ihn, wo immer er ihn sah, aufmerksam beobachtet. Zu Volkstänzen ebenso wie zum Bühnentanz finden sich in seinen Arbeiten Notizen, die den traditionellen Bestand kritisch würdigen, aber auch Veränderungen registrieren und neue Entwicklungen antizipieren. Der Bühnentanz zu Heines Zeit war die große Zeit des romantischen Balletts, in der Tanzgeschichte „klassisches Ballett" genannt. Bedeutende Ballerinen waren Fanny Elßler, Carlotta Grisi und Marie Taglioni. Im romantischen Ballett war die Ballerina die Hauptfigur, und im Spitzentanz wurde das romantische Frauenbild sinnfällige Gestalt: Die luftigen, schwerelosen und keuschen Wesen, die über die Bühne schwebten, entsprachen einer Vorstellung von Frauen als elfengleichen „Elementargeistern". Der Kult um die Ballerina erreichte in den dreißiger und vierziger Jahren des 19. Jahrhunderts einen Höhepunkt. Heine erlaubt sich eine ironische Distanz zum etablierten Ballett. Er hat den Beginn des Cancans erlebt und seine Frische und Frechheit gegenüber dem ästhetischen Bühnentanz sehr geschätzt.

(Lutetia. Teil 1/1842. In: Sämtliche Werke. Bd. IV. München ²1993. S. 283ff. Erschienen am Rosenmontag in einem Feuilletonartikel der „Augsburger Allgemeinen Zeitung" vom 7. Februar 1842.)

Der elfenhafte Tanz

[...] Nur von Carlotta Grisi will ich reden, die in der respektablen Versammlung der Rue Lepelletier gar wunderlieblich hervorstrahlt wie eine Apfelsine unter Kartoffeln. Nächst dem glücklichen Stoff, der den Schriften eines deutschen Autors entlehnt, war es zumeist Carlotta Grisi, die dem Ballett „Die Willis" eine unerhörte Vogue verschaffte. Aber wie köstlich tanzt sie! Wenn man sie sieht, vergisst man, daß Taglioni in Russland und Elßler in Amerika ist, man vergisst Amerika und Russland selbst, ja die ganze Erde, und man schwebt mit ihr empor in die hängenden Zaubergärten jenes Geisterreichs, worin sie als Königin waltet. Ja, sie hat ganz den Charakter jener Elementargeister, die wir uns immer tanzend denken, und von deren gewaltigen Tanzweisen das Volk so viel Wunderliches fabelt. In der Sage von den Willis ward jene geheimnisvolle, rasende, mitunter menschenverderbliche Tanzlust, die den Elementargeistern eigen ist, auch auf die toten Bräute übertragen; zu dem altheidnischen übermütigen Lustreiz des Nixen- und Elfentums gesellten sich noch die melancholisch wollüstigen Schauer, das dunkelsüße Grausen des mittelalterlichen Gespensterglaubens.

Entspricht die Musik dem abenteuerlichen Stoffe jenes Balletts? War Hr. Adam, der die Musik geliefert, fähig, Tanzweisen zu dichten, die, wie es in der Volkssage heißt, die Bäume des Waldes zum Hüpfen und den Wasserfall zu Stillstehen zwingen? Herr Adam war, soviel ich weiß, in Norwegen, aber ich zweifle, ob ihm dort irgendein runenkundiger Zauberer jene Strömkarlmelodie gelehrt, wovon man nur zehn Variationen aufzuspielen wagt; es gibt nämlich noch eine elfte Variation, die

großes Unglück anrichten könnte: spielt man diese, so gerät die ganze Natur in Aufruhr, die Berge und Felsen fangen an zu tanzen, und die Häuser tanzen, und drinnen tanzen Tisch und Stühle, der Großvater ergreift die Großmutter, der Hund ergreift die Katze zum Tanzen, selbst das Kind springt aus der Wiege und tanzt. Nein, solche gewalttätige Melodien hat Hr. Adam nicht von seiner nordischen Reise heimgebracht; aber was er geliefert, ist immer ehrenwert, und er behauptet eine ausgezeichnete Stellung unter den Tondichtern der französischen Schule.

Maria Taglioni

Lithographie um 1840 – Künstler unbekannt

Ich kann nicht umhin hier zu erwähnen, daß die christliche Kirche, die alle Künste in ihren Schoß aufgenommen und benutzt hat, dennoch mit der Tanzkunst nichts anzufangen wußte und sie verwarf und verdammte. Die Tanzkunst erinnerte sie vielleicht allzu sehr an den alten Tempeldienst der Heiden, sowohl der römischen Heiden als der germanischen und keltischen, deren Götter eben in jene elfenhaften Wesen übergingen, denen der Volksglaube, wie ich oben andeutete, eine wundersame Tanzsucht zuschrieb. Überhaupt ward der böse Feind am Ende als der eigentliche Schutzpatron des Tanzes betrachtet, und in seiner frevelhaften Gemeinschaft tanzten die Hexen und Hexenmeister ihre nächtlichen Reigen. Der Tanz ist verflucht, sagt ein fromm bretonisches Volkslied, seit die Tochter der Herodias vor dem argen Könige tanzte, der ihr zu Gefallen Johannes töten ließ. „Wenn du tanzen siehst", fügt der Sänger hinzu, „so denke an das blutige Haupt des Täufers auf der Schüssel, und das höllische Gelüste wird deiner Seele nichts anhaben können!" Wenn man über den Tanz in der Academie royale de Musique etwas tiefer nachdenkt, so erscheint er als ein Versuch, diese erzheidnische Kunst gewissermaßen zu christianisieren, und das französische Ballett riecht fast nach gallikanischer Kirche, wo nicht gar nach Jansenismus, wie alle Kunsterscheinungen des großen Zeitalters Ludwigs XIV. Das französische Ballett ist in dieser Beziehung ein wahlverwandtes Seitenstück zu der Racineschen Tragödie und den Gärten von Le Nôtre. Es herrscht darin derselbe geregelte Zuschnitt, dasselbe Etikettenmaß, dieselbe höfische Kühle, dasselbe gezierte Sprödetun, dieselbe Keuschheit. In der Tat, die Form und das Wesen des französischen Balletts ist keusch, aber die Augen der Tänzerinnen machen zu den sittsamsten Pas einen sehr lasterhaften Kommentar, und ihr liederliches Lächeln ist in beständigem Widerspruch mit ihren Füßen. Wir sehen das Entgegengesetzte bei den sogenannten Nationaltänzen, die mir deshalb tausendmal lieber sind als die Ballette der großen Oper. Die Nationaltänze sind oft allzu sinnlich, fast schlüpfrig in ihren Formen, z.B. die indischen, aber der heilige Ernst auf den Gesichtern der Tanzenden moralisiert diesen Tanz und erhebt ihn sogar zum Kultus. Der große Vestris hat einst ein Wort gesagt, worüber bereits viel gelacht worden. In seiner pathetischen Weise sagte er nämlich zu einem seiner Jünger: „Ein großer Tänzer muß tugendhaft sein." Sonderbar! Der große Vestris liegt schon seit vierzig Jahren im Grab [...], und erst vorigen Dezember, als ich der Eröffnungssitzung der Kammern beiwohnte und träumerisch mich meinen Gedanken überließ, kam mir der selige Vestris in den Sinn, und wie durch Inspiration begriff ich plötzlich die Bedeutung seines tiefsinnigen Wortes: „Ein großer Tänzer muß tugendhaft sein." [...]

Was die Bälle der vornehmen Welt noch langweiliger macht als sie von Gott und Rechts wegen sein dürften, ist die dort herrschende Mode, daß man nur zum Scheine tanzt, daß man die vorgeschriebenen Figuren nur gehend exekutiert, daß man ganz gleichgültig, fast verdrießlich die Füße bewegt. Keiner will mehr den andern amüsieren, und dieser Egoismus beurkundet sich auch im Tanze der heutigen Gesellschaft.

Die untern Klassen, wie gerne sie auch die vornehme Welt nachäffen, haben sich dennoch nicht zu solchem selbstsüchtigen Scheintanz verstehen können; ihr Tanzen hat noch Realität, aber leider eine sehr bedauernswürdige. Ich weiß kaum wie ich die eigentümliche Betrübnis ausdrücken soll, die mich jedes Mal ergreift, wenn ich an öffentlichen Belustigungsorten, namentlich zur Karnevalszeit, das tanzende Volk betrachte. Eine kreischende, schrillende, übertriebene Musik begleitet hier einen Tanz, der mehr oder weniger an den Cancan streift. Hier höre ich die Frage: was ist der Cancan? Heiliger Himmel, ich soll für die „Allgemeine Zeitung" eine Definition des Cancan geben! Wohlan: der Cancan ist ein Tanz, der nie in ordentlicher Gesellschaft getanzt wird, sondern nur auf gemeinen Tanzböden, wo derjenige, der ihn tanzt, oder diejenige, die ihn tanzt, unverzüglich von einem Polizeiagenten ergriffen und zur Tür hinausgeschleppt wird. Ich weiß nicht, ob diese Definition hinlänglich belehrsam, aber es ist auch gar nicht nötig, daß man in Deutschland ganz genau erfahre, was der französische Cancan ist. Soviel wird schon aus jener Definition zu merken sein, daß in den öffentlichen Tanzsälen bei jeder Quadrille mehre Polizeiagenten oder Kommunalgardisten stehen, die mit finster katonischer Miene die tanzende Moralität bewachen. Es ist kaum begreiflich, wie das Volk unter solcher schmählichen Kontrolle seine lachende Heiterkeit und Tanzlust behält. Dieser gallische Leichtsinn aber macht eben seine vergnügtesten Sprünge, wenn er in der Zwangsjacke steckt, und obgleich das strenge Polizeiauge es verhütet, daß der Cancan in seiner zynischen Bestimmtheit getanzt wird, so wissen doch die Tänzer durch allerlei ironische Entrechats und übertreibende Anstandsgesten ihre verpönten Gedanken zu offenbaren, und die Verschleierung erscheint dann noch unzüchtiger als die Nacktheit selbst. Meiner Ansicht nach ist es für die Sittlichkeit von keinem großen Nutzen, daß die Regierung mit so viel-

Dévéria: Fanny Elssler – Lithographie um 1840

em Waffengepränge bei dem Tanze des Volkes interveniert; das Verbotene reizt eben am süßesten, und die raffinierte, nicht selten geistreiche Umgehung der Zensur wirkt hier noch verderblicher als erlaubte Brutalität. Diese Bewachung der Volkslust charakterisiert übrigens den hiesigen Zustand der Dinge und zeigt, wie weit es die Franzosen in der Freiheit gebracht haben. [...]

Heine berichtet von einer Begegnung auf der Straße zur Waterloo-Brücke in London während seines Aufenthalts in Englands 1827, wo er eine Fünfzehnjährige zu Triangel und Trommel tanzen sieht. Die Darstellung dieses Tanzes zeigt, dass er von etwas gänzlich Neuem überrascht ist, das ihn zugleich irritiert und fasziniert. Das klassische Ballett erscheint schon hier für ihn als eine überholte Tanzform. Im Tanz der Fünfzehnjährigen ahnt er die kommenden Veränderungen der Tanzkunst, die sich als „Ausdruckstanz" Gestalt geben wird. Der Tanz von Isadora Duncan bis Mary Wigman wird in Umrissen erkennbar.

(Florentinische Nächte (1836). 2. Nacht. Sämtliche Werke. Bd. II. München 1994. S. 639.)

Eine neue Tanzkunst?

[...] Tanz und Tänzerin nahmen fast gewaltsam meine ganze Aufmerksamkeit in Anspruch. Das war nicht eben das klassische Tanzen, das wir noch von unseren großen Balletten finden, wo, ebenso wie in der klassischen Tragödie, nur gespreizte Einheiten und Künstlichkeiten herrschen; das waren nicht jene getanzten Alexandriner, jene deklamatorischen Sprünge, jene antithetischen Entrechats, jene edle Leidenschaft, die so wirbelnd auf einem Fuße herumpirouettiert, daß man nichts sieht als Himmel und Trikot, nichts als Idealität und Lüge!

Es ist mir wahrlich nichts so sehr zuwider, wie das Ballett in der großen Oper in Paris, wo sich die Tradition jenes klassischen Tanzens am reinsten erhalten hat, während die Franzosen in den übrigen Künsten, in der Poesie, in der Musik, und in der Malerei, das klassische System umgestürzt haben. Es wird ihnen aber schwer werden eine ähnliche Revolution in der Tanzkunst zu vollbringen; es sei denn, daß sie hier wieder, wie in ihrer politischen Revolution, zum Terrorismus ihre Zuflucht nehmen und den verstockten Tänzern und Tänzerinnen des alten Regimes die Beine guillotinieren. Mademoiselle Laurence war keine große Tänzerin, ihre Fußspitzen waren nicht sehr biegsam, ihre Beine waren nicht geübt zu allen möglichen Verrenkungen, sie verstand nichts von der Tanzkunst, wie sie Vestris lehrt, aber sie tanzte, wie die Natur den Menschen zu tanzen gebietet: ihr ganzes Wesen war im

Einklange mit ihren Pas, nicht bloß ihre Füße, sondern ihr ganzer Leib tanzte, ihr Gesicht tanzte [...] sie wurde manchmal blaß, fast totenblaß, ihre Augen öffneten sich gespenstisch weit, um ihre Lippen zuckten Begier und Schmerz, und ihre schwarzen Haare, die in glatten Ovalen ihre Schläfen umschlossen, bewegten sich wie zwei flatternde Rabenflügel. Das war in der Tat kein klassischer Tanz, aber auch kein romantischer Tanz. [...] Dieser Tanz hatte weder etwas Mittelalterliches, noch etwas Venezianisches, noch etwas Bucklichtes, noch etwas Makabrisches, es war weder Mondschein darin, noch Blutschande... Es war ein Tanz, welcher nicht durch äußere Bewegungsformen zu amüsieren strebte, sondern die äußeren Bewegungsformen schienen Worte einer besonderen Sprache, die etwas Besonderes sagen wollte. Was aber sagte dieser Tanz? Ich konnte es nicht verstehen, so lei-leidenschaftlich auch diese Sprache sich gebärdete. [...]

Ich, der sonst die Signatur aller Erscheinungen so leicht begreift, ich konnte dennoch dieses getanzte Rätsel nicht lösen, und daß ich immer vergeblich nach dem Sinn desselben tappte, daran war wohl auch die Musik schuld, die mich gewiß absichtlich auf falsche Fährten leitete, mich listig zu verwirren suchte und mich immer störte. [...] Ihr Tanz hatte... etwas trunken Willenloses, etwas finster Unabwendbares, etwas Fatalistisches, sie tanzte dann wie das Schicksal. Oder waren es Fragmente einer uralten verschollenen Pantomime? Oder war es getanzte Privatgeschichte? [...]

Johann Heinrich Ramberg:
Bolero (um 1825)

Tanz als Gebet

In der ersten Hälfte des 19. Jahrhunderts ist der alte religiöse und kultische Hintergrund des Tanzes wieder in Erinnerung: Schinkels klassizistisches Bild zitiert die antike Vorstellung vom Tanz der Sterne, Heine erinnert an Davids Gebetstanz. Sein Poem „Atta Troll. Ein Sommernachtstraum" handelt von einem Tanzbären in den Pyrenäen. Diese Gestalt bietet den Rahmen für seine kritischen Assoziationen zur Kultur und Geschichte Europas.

(Atta Troll. Ein Sommernachtstraum / 1841/42. In: Sämtliche Werke. Bd. I. München [6]1992. S. 295.)

[...] Ja, der Tanz in alten Zeiten

War ein frommer Akt des Glaubens,
Um den Altar drehte heilig
Sich der priesterliche Reigen.

Also vor der Bundeslade
Tanzte weiland König David;
Tanzen war ein Gottesdienst,
War ein Beten mit den Beinen.

Karl Friedrich Schinkel (1781-1841): Uranus und der Tanz der Gestirne (1831),
Berlin, Nationalgalerie

GEORG BÜCHNER (1813 – 1837)

Der Tanz ist lange vor der Jahrhundertwende in der Literatur ein Symbol des Lebens. Am Ende des Jahrhunderts tanzt Ibsens Nora, dann Salome in Oscar Wildes Drama. Aber auch Wedekinds Lulu tanzt, Hofmannsthals Elektra und Gerhart Hauptmanns Pippa tanzen. Die künstlerische Emanzipation des Tanzes, die große Tanzbewegung, die von Deutschland ausgeht, wird geistig vorbereitet und begleitet. Georg Büchner als politisch sozial engagiertem Dichter des „Vormärz" geht es um die unerbittliche Darstellung der sozialen Wirklichkeit seiner Zeit. Trotz naturalistischer Ziele aber ist er als Poet daran interessiert, das Leben in Symbolen zu verdichten. So gestaltet er in seinem Drama „Woyzeck" (posthum 1879) eine Tanzszene, die das Motiv des Tanzes zweier Liebender aufnimmt, sie aber sofort mit der Aura des Unheils versieht. Der Barbier und Soldat Woyzeck liebt Marie – ehrlich und schlicht. Als er bemerkt, dass sie ihn mit einem anderen, dem Tambourmajor, betrügt, ersticht er sie. Er ertrinkt, als er das Mordmesser in den Teich wirft. In zwei Tanzszenen kulminiert das dramatische Geschehen. Beim Sonntagstanz im Wirtshaus tanzen Marie und der Tambourmajor selbstvergessen und in sich steigernder Leidenschaft. Woyzeck beobachtet die beiden und ist vernichtet. Hier erscheint im Tanz die blinde Gewalt der Sexualität. Nach dem Mord an Marie geht Woyzeck noch einmal in die Schenke zu den Tanzenden. Er tanzt jetzt selber und ruft den anderen zu: „Tanzt alle, immer zu, schwitzt und stinkt, er holt euch doch einmal alle." Der Liebestanz verwandelt sich jetzt in einen Totentanz.

(Woyzeck. Ein Fragment. Hrsg. v. O. C. A. zur Nedden. Stuttgart 2001. S. 23f.)

Tanz und Erotik

[...] *Woyzeck (stellt sich ans Fenster):* Marie *und der* Tambourmajor *tanzen vorbei, ohne ihn zu bemerken.*

Woyzeck: Er! Sie! Teufel!

Marie (im Vorbeitanzen): Immer zu, immer zu –

Woyzeck (erstickt): Immer zu – immer zu! *(Fährt heftig auf und sinkt zurück auf die Bank.)* Immer zu, immer zu! *(Schlägt die Hände ineinander.)* Dreht euch, wälzt euch! Warum bläst Gott nicht die Sonn aus, dass alles in Unzucht sich übereinander wälzt, Mann und Weib, Mensch und Vieh. Tut's am hellichten Tag, tut's einem auf den Händen wie die Mücken!- Weib! Das Weib is heiß, heiß! Immer zu, immer zu! *(Fährt auf.)* Der Kerl, wie er an ihr herumgreift, an ihrem Leib! Er hat sie – wie ich zu Anfang. *(Er sinkt betäubt zusammen.)* […]

Vincent van Gogh (1853-1890): Tanzsaal in Arles, Paris, Musée d'Orsay

GOTTFRIED KELLER (1819 – 1890)

In Kellers „Tanzlegendchen" sind fünf historisch manifeste Überzeugungen zum Tanz miteinander verbunden: 1. Tanz als spontanes lustvolles Bewegungsspiel, dem das Mädchen Musa – die „Tänzerin unter den Heiligen" – sich hingibt, wo immer sie sich befindet, 2. Tanz als Kult: als Gebet vor der Gottheit (vor der Jungfrau Maria), 3. Tanz als Kunst, der in Musas Pas de deux mit dem König David, der theologischen Legitimationsfigur des Tanzes, einer durchdachten Choreographie folgt, 4. Tanz als freudvoll-festliche Bewegung der Engel, Heiligen und Seligen im Himmel, 5. Tanz als dämonische Kraft, welche den Tanzenden Verderben und Tod bringt. In einem weiteren Punkt wird die Auffassung des romantischen Ballett-Tanzes thematisiert. Die berühmten Ballerinen der Romantik, die z.B. Heinrich Heine nennt, waren gleichsam elfen- oder engelhaft schwebende Erscheinungen und beherrschten die Elevation, die Sprungkraft, welche die Tänzer und Tänzerinnen befähigt, Bewegungen in der Luft auszuführen. (Noch in den Bildern von Edgar Degas klingt der Zauber dieser Tänzerinnen nach.)

Die Legende ist eine Heiligengeschichte oder die Geschichte eines Abschnitts eines Heiligenlebens. Sie berichtet von Entsagung und Askese im Rahmen der Nachfolge Christi. Der Entsagung folgt meistens eine Erhöhung: Hier bei Keller „springt" Musa nach ihrem Tode tanzend in den offenen Himmel. Gleichwohl ist Kellers Tanzlegendchen keine schlichte Legende. Wie wäre es auch möglich, in einer Zeit des Gottesverlustes als moderner Dichter Legenden zu erzählen! Der Schluss der Geschichte ist nicht die legendenhafte Verklärung der Protagonistin, sondern die Verstoßung der neun (heidnischen) Musen – also auch der Muse des Tanzes, Terpsichore – die, wie Keller ironisch formuliert, an hohen Festtagen im Himmel zur „Aushülfe" eingeladen wurden. Das Ende ist melancholisch.

Man hat diese Geschichte als Chiffre für die Bedeutung der Kunst in der Moderne gedeutet (vgl. Literaturverzeichnis: Arthur Henkel und Gerhard Kaiser). Die Tänzerin Musa opfert ihre irdische Tanzfreude zugunsten einer Hoffnung auf den himmlischen Tanz, die neun Musen als Repräsentanten der Kunst finden keinen Ort im Himmel. Die Kunst ist nicht mehr Instanz der Garantie für das, was sie in der Kunstphilosophie der Romantik (z.B. bei Schelling) einmal war: für das Gelingen, „einen unendlichen Gegensatz in einem endlichen Produkt aufzuheben" (System des transzendentalen Idealismus, III 624).

(Das Tanzlegendchen. In: Gottfried Keller: Sieben Legenden. Stuttgart 2002. S. 80-86.)

Das Tanzlegendchen

Du Jungfrau Israel, du sollst noch fröhlich paucken, und herausgehen an den Tanz. – Alsdann werden die Jungfrauen fröhlich am Reigen sein, dazu die junge Mannschaft, und die Alten miteinander.
Jeremia 31. 4. 13.

Nach der Aufzeichnung des heiligen Gregorius war Musa die Tänzerin unter den Heiligen. Guter Leute Kind, war sie ein anmutvolles Jungfräulein, welches der Mutter Gottes fleißig diente, nur von einer Leidenschaft bewegt, nämlich von einer unbezwinglichen Tanzlust, dermaßen, daß, wenn das Kind nicht betete, es unfehlbar tanzte. Und zwar auf jegliche Weise. Musa tanzte mit ihren Gespielinnen, mit Kindern, mit den Jünglingen und auch allein; sie tanzte in ihrem Kämmerchen, im Saale, in den Gärten und auf den Wiesen, und selbst wenn sie zum Altar ging, so war es mehr ein liebliches Tanzen als ein Gehen, und auf den glatten Marmorplatten vor der Kirchentüre versäumte sie nie, schnell ein Tänzchen zu probieren.

Ja, eines Tages, als sie sich allein in der Kirche befand, konnte sie sich nicht enthalten, vor dem Altar einige Figuren auszuführen und gewissermaßen der Jungfrau Maria ein niedliches Gebet vorzutanzen. Sie vergaß sich dabei so sehr, daß sie bloß zu träumen wähnte, als sie sah, wie ein ältlicher aber schöner Herr ihr entgegentanzte und ihre Figuren so gewandt ergänzte, daß beide zusammen den kunstgerechtesten Tanz begingen. Der Herr trug ein purpurnes Königskleid, eine goldene Krone auf dem Kopf und einen glänzend schwarzen gelockten Bart, welcher vom Silberreif der Jahre wie von einem fernen Sternenschein überhaucht war. Dazu ertönte eine Musik vom Chore her, weil ein halbes Dutzend kleine Engel auf der Brüstung desselben stand oder saß, die dicken runden Beinchen darüber hinunterhängen ließ und die verschiedenen Instrumente handhabte oder blies. Dabei waren die Knirpse ganz gemütlich und praktisch und ließen sich die Notenhefte von ebensoviel steinernen Engelsbildern halten, welche sich als Zierat auf dem Chorgeländer fanden; nur der Kleinste, ein pausbäckiger Pfeifenbläser, machte eine Ausnahme, indem er die Beine übereinanderschlug und das Notenblatt mit den rosigen Zehen zu halten wußte.Auch war der am eifrigsten: die übrigen baumelten mit den Füßen, dehnten, bald dieser, bald jener, knisternd die Schwungfedern aus, daß die Farben derselben schimmerten wie Taubenhälse, und neckten einander während des Spieles.

Über alles dies sich zu wundern, fand Musa nicht Zeit, bis der Tanz beendigt war, der ziemlich lang dauerte; denn der lustige Herr schien sich dabei so wohl zu gefallen als die Jungfrau, welche im Himmel herumzuspringen meinte. Allein als die Musik aufhörte und Musa hochaufatmend dastand, fing sie erst an, sich ordentlich zu fürchten, und sah erstaunt auf den Alten, der weder keuchte noch warm hatte und nun zu reden begann. Er gab sich als David, den königlichen Ahnherrn der Jungfrau Maria, zu erkennen und als deren Abgesandten. Und er fragte sie, ob sie wohl Lust hätte, die ewige Seligkeit in einem unaufhörlichen Freudentanze zu verbringen, einem Tanze, gegen welchen der soeben beendigte ein trübseliges Schleichen zu nennen sei?

Worauf sie sogleich erwiderte, sie wüßte sich nichts Besseres zu wünschen! Worauf der selige König David wiederum sagte: so habe sie nichts anderes zu tun, als während ihrer irdischen Lebenstage aller Lust und allem Tanze zu entsagen und sich lediglich der Buße und den geistlichen Übungen zu weihen, und zwar ohne Wanken und ohne allen Rückfall.

Diese Bedingung machte das Jungfräulein stutzig und sie sagte: Also gänzlich müßte sie auf das Tanzen verzichten? Und sie zweifelte, ob denn auch im Himmel wirklich getanzt würde? Denn alles habe seine Zeit; dieser Erdboden schiene ihr gut und zweckdienlich, um darauf zu tanzen, folglich würde der Himmel wohl andere Eigenschaften haben, ansonst ja der Tod ein überflüssiges Ding wäre.

Allein David setzte ihr auseinander, wie sehr sie in dieser Beziehung im Irrtum sei, und bewies ihr durch viele Bibelstellen sowie durch sein eigenes Beispiel, daß das Tanzen allerdings eine geheiligte Beschäftigung für Selige sei. Jetzt aber erfordere es einen raschen Entschluß, ja oder nein, ob sie durch zeitliche Entsagung zur ewigen Freude eingehen wolle oder nicht; wolle sie nicht, so gehe er weiter; denn man habe im Himmel noch einige Tänzerinnen vonnöten.

Musa stand noch immer zweifelhaft und unschlüssig und spielte ängstlich mit den Fingerspitzen am Munde; es schien ihr zu hart, von Stund' an nicht mehr zu tanzen um eines unbekannten Lohnes willen.

Da winkte David, und plötzlich spielte die Musik einige Takte einer so unerhört glückseligen, überirdischen Tanzweise, daß dem Mädchen die Seele im Leibe hüpfte und alle Glieder zuckten; aber sie vermochte nicht eines zum Tanze zu regen, und sie merkte, daß ihr Leib viel zu schwer und starr sei für diese Weise. Voll Sehnsucht schlug sie ihre Hand in diejenige des Königs und gelobte das, was er begehrte.

Auf einmal war er nicht mehr zu sehen und die musizierenden Engel rauschten, flatterten und drängten sich durch ein offenes Kirchenfenster davon, nachdem sie in mutwilliger Kinderweise ihre zusammengerollten Notenblätter den geduldigen Steinengeln um die Backen geschlagen hatten, daß es klatschte.

Aber Musa ging andächtigen Schrittes nach Hause, jene himmlische Melodie im Ohr tragend, und ließ sich ein grobes Gewand anfertigen, legte alle Zierkleidung ab und zog jenes an. Zugleich baute sie sich im Hintergrunde des Gartens ihrer Eltern, wo ein dichter Schatten von Bäumen lagerte, eine Zelle, machte ein Bettchen von Moos darin und lebte dort von nun an abgeschieden von ihren Hausgenossen als eine Büßerin und Heilige. Alle Zeit brachte sie im Gebete zu und öfter schlug sie sich mit einer Geißel; aber ihre härteste Bußübung bestand darin, die Glieder still und steif zu halten; sobald nur ein Ton erklang, das Zwitschern eines Vogels oder das Rauschen der Blätter in der Luft, so zuckten ihre Fuße und meinten, sie müßten tanzen.

Als dies unwillkürliche Zucken sich nicht verlieren wollte, welches sie zuweilen, ehe sie sich dessen versah, zu einem kleinen Sprung verleitete, ließ sie sich die feinen Füßchen mit einer leichten Kette zusammenschmieden. Ihre Verwandten und Freunde wunderten sich über die Umwandlung Tag und Nacht, freuten sich über den Besitz einer solchen Heiligen und hüteten die Einsiedelei unter den Bäumen wie einen Augapfel. Viele kamen, Rat und Fürbitte zu holen. Vorzüglich brachte man junge Mädchen zu ihr, welche etwas unbeholfen auf den Füßen waren, da man bemerkt hatte, daß alle, welche sie berührt, alsobald leichten und anmutvollen Ganges wurden.

So brachte sie drei Jahre in ihrer Klause zu; aber gegen das Ende des dritten Jahres war Musa fast so dünn und durchsichtig wie ein Sommerwölkchen geworden. Sie lag beständig auf ihrem Bettchen von Moos und schaute voll Sehnsucht in den Himmel, und sie glaubte schon die goldenen Sohlen der Seligen durch das Blau hindurch tanzen und schleifen zu sehen.

An einem rauhen Herbsttage endlich hieß es, die Heilige liege im Sterben. Sie hatte sich das dunkle Bußkleid ausziehen und mit blendend weißen Hochzeitsgewändern bekleiden lassen. So lag sie mit gefalteten Händen und erwartete lächelnd die Todesstunde. Der ganze Garten war mit andächtigen Menschen angefüllt, die Lüfte rauschten und die Blätter der Bäume sanken von allen Seiten hernieder. Aber unversehens wandelte sich das Wehen des Windes in Musik, in allen Baumkronen schien dieselbe zu spielen, und als die Leute emporsahen, siehe, da waren alle Zweige mit jungem Grün bekleidet, die Myrten und Granaten blühten und dufteten, der Boden bedeckte sich mit Blumen und ein rosenfarbiger Schein lagerte sich auf die weiße zarte Gestalt der Sterbenden.

In diesem Augenblicke gab sie ihren Geist auf, die Kette an ihren Füßen sprang mit einem hellen Klange entzwei, der Himmel tat sich auf weit in der Runde voll unendlichen Glanzes, und jedermann konnte hineinsehen. Da sah man viel tausend schöne Jungfern und junge Herren im höchsten Schein tanzend im unabsehbaren Reigen. Ein herrlicher König fuhr auf einer Wolke, auf deren Rand eine kleine Extramusik von sechs Engelchen stand, ein wenig gegen die Erde und empfing die Gestalt der seligen Musa vor den Augen aller Anwesenden, die den Garten füllten. Man sah noch, wie sie in den offenen Himmel sprang, und augenblicklich tanzend sich in den tönenden und leuchtenden Reihen verlor.

Im Himmel war eben hoher Festtag; an Festtagen aber war es, was zwar vom heiligen Gregor von Nyssa bestritten, von demjenigen von Nazianz aber aufrecht gehalten wird, Sitte, die neun Musen, die sonst in der Hölle saßen, einzuladen und in den Himmel zu lassen, daß sie da Aushülfe leisteten. Sie bekamen gute Zehrung, mußten aber nach verrichteter Sache wieder an den andern Ort gehen.

Edgar Degas (1834-1917)
Tänzerin auf der Bühne (1876), Paris, Jeu de paume

Als nun die Tänze und Gesänge und alle Zeremonien zu Ende und die himmlischen Heerscharen sich zu Tische setzten, da wurde Musa an den Tisch gebracht, an welchem die neun Musen bedient wurden. Sie saßen fast verschüchtert zusammengedrängt und blickten mit den feurigen schwarzen oder tiefblauen Augen um sich. Die emsige Martha aus dem Evangelium sorgte in eigener Person für sie, hatte ihre schönste Küchenschürze umgebunden und einen zierlichen kleinen Rußfleck an dem weißen Kinn und nötigte den Musen alles Gute freundlich auf. Aber erst als Musa und auch die heilige Cäcilia und noch andere kunsterfahrene Frauen herbeikamen und die scheuen Pierinnen heiter begrüßten und sich zu ihnen gesellten, da tauten sie auf, wurden zutraulich und es entfaltete sich ein anmutig fröhliches Dasein in dem Frauenkreise. Musa saß neben Terpsichore und Cäcilia zwischen Polyhymnien und Euterpen, und alle hielten sich bei den Händen.

Nun kamen auch die kleinen Musikbübchen und schmeichelten den schönen Frauen, um von den glänzenden Früchten zu bekommen, die auf dem ambrosischen Tische strahlten. König David selbst kam und brachte einen goldenen Becher, aus dem alle tranken, daß holde Freude sie erwärmte; er ging wohlgefällig um den Tisch herum, nicht ohne der lieblichen Erato einen Augenblick das Kinn zu streicheln im Vorbeigehen. Als es dergestalt hoch herging an dem Musentisch, erschien sogar unsere liebe Frau in all ihrer Schönheit und Güte, setzte sich auf ein Stündchen zu den Musen und küßte die hehre Urania unter ihrem Sternenkranze zärtlich auf den Mund, als sie ihr beim Abschiede zuflüsterte, sie werde nicht ruhen, bis die Musen für immer im Paradiese bleiben könnten.

Es ist freilich nicht so gekommen. Um sich für die erwiesene Güte und Freundlichkeit dankbar zu erweisen und ihren guten Willen zu zeigen, ratschlagten die Musen untereinander und übten in einem abgelegenen Winkel der Unterwelt einen Lobgesang ein, dem sie die Form der im Himmel üblichen feierlichen Chöräle zu geben suchten. Sie teilten sich in zwei Hälften von je vier Stimmen, über welche Urania eine Art Oberstimme führte, und brachten so eine merkwürdige Vokalmusik zuwege.

Als nun der nächste Festtag im Himmel gefeiert wurde und die Musen wieder ihren Dienst taten, nahmen sie einen für ihr Vorhaben günstig scheinenden Augenblick wahr, stellten sich zusammen auf und begannen sänftlich ihren Gesang, der bald gar mächtig anschwellte. Aber in diesen Räumen klang er so düster, ja fast trotzig und rauh, und dabei so sehnsuchtsschwer und klagend, daß erst eine erschrockene Stille waltete, dann aber alles Volk von Erdenleid und Heimweh ergriffen wurde und in ein allgemeines Weinen ausbrach.

Ein unendliches Seufzen rauschte durch die Himmel; bestürzt eilten alle Ältesten und Propheten herbei, indessen die Musen in ihrer guten Meinung immer lauter und melancholischer sangen und das ganze Paradies mit allen Erzvätern, Ältesten und Propheten, alles, was je auf grüner Wiese gegangen oder gelegen, außer Fassung geriet. Endlich aber kam die allerhöchste Trinität selber heran, um zum Rechten zu sehen und die eifrigen Musen mit einem lang hinrollenden Donnerschlage zum Schweigen zu bringen.

Da kehrten Ruhe und Gleichmut in den Himmel zurück; aber die armen neun Schwestern mußten ihn verlassen und durften ihn seither nicht wieder betreten.

Edgar Degas: Kleine Tänzerin (1881), Paris, Musée du Jeu de Paume

WILHELM BUSCH (1832 – 1908)

Der Dichter, Maler, Zeichner und Erfinder der Bildgeschichten, war wie Nietzsche ein Verehrer Schopenhauers. Diese Nähe zu den Gedanken des Philosophen verlieh beiden einen klaren und unsentimentalen Blick auf das Leben mit seinen Katastrophen und Brutalitäten. Wilhelm Busch verwendet diesen Blick, um die Turbulenzen des Alltags, ironisch, satirisch und humoristisch im karikaturistischen Strich, begleitet vom knappen Reim, festzuhalten. Der Tanz, der in der Philosophie und Literatur der Zeit zum Symbol des Lebens schlechthin avanciert, wird vom Karikaturisten kühl und zugleich amüsiert porträtiert als ein beglückendes und frustrierendes Miteinander: Er ist der gesellschaftliche Ort der unverbindlich-verbindlichen Begegnung der zwei Geschlechter; er eröffnet die Möglichkeit der Leidenschaft, der kultivierten Lebensfreude – aber auch des gesellschaftlichen Missgeschicks.

Sehr unterschiedliche Paare begeben sich auf die Tanzfläche. Welchen Tanz immer sie tanzen, sie geben ihm – ihrer Körperlichkeit und ihrem Temperament entsprechend – ganz individuellen Ausdruck. Das ist eine Herausforderung für den Künstler: Er sieht das Komische der Gestalten und ihrer Bewegungen – und hält es fest. Das Auf und Ab der tanzenden Paare erscheint in völliger künstlerisch-handwerklicher Sicherheit gegenüber den waghalsigsten tänzerischen Bewegungen. Der Zeichner veranstaltet „mit stummen Linien den großartigsten, schier hörbaren Krach und Lärm" (Theodor Heuss).

(Die Kirmes. In: Sämtliche Werke in zwei Bänden. Bd. I. Hrsg. v. R. Hochhuth. München 1982. S. 735-741. Vorwort v. Th. Heuss.)

Tanz auf der Kirmes

[…]

Grad rüsten sich zum neuen Reigen
Rumbumbaß, Tutehorn und Geigen.

Tihumtata humtata humtatata!
Zupptrudiritirallala rallalala!

's ist doch ein himmlisches Vergnügen,
Sein rundes Mädel herzukriegen

Und rundherum und auf und nieder
Im schönen Wechselspiel der Glieder
Die ahnungsvolle Kunst zu üben,
Die alle schätzen, welche lieben. —

Hermine tanzt wie eine Sylphe,
Ihr Tänzer ist der Forstgehülfe. —

Auch dieses Paar ist flink und niedlich,
Der Herr benimmt sich recht gemütlich.

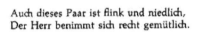

Hier sieht man zierliche Bewegung,
Doch ohne tiefre Herzensregung.

Hingegen diese, voll Empfindung,
Erstreben herzliche Verbindung.

Und da der Hans, der gute Junge,
Hat seine Grete sanft im Schwunge;

Und inniglich, in süßem Drange,
Schmiegt sich die Wange an die Wange.

Und dann mit fröhlichem Juchhe,
Gar sehr geschickt, macht er Schaßee.

Der blöde Konrad steht von fern
Und hat die Sache doch recht gern.

Der Konrad schaut genau hinüber.
Die Sache wird ihm immer lieber.

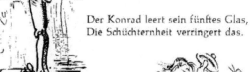

Der Konrad leert sein fünftes Glas,
Die Schüchternheit verringert das.

Flugs engagiert er die bewußte
Von ihm so hochverehrte Guste.

Die Seele schwillt, der Mut wird groß,
Heidi! Da saust der Konrad los.

Zu große Hast macht ungeschickt. —
Hans kommt mit Konrad in Konflikt.

Und — hulterpulter rumbumbum! —
Stößt man die Musikanten um.

Am meisten litt das Tongeräte. —
Und damit ist die schöne Fete
Zu jedermanns Bedauern aus. —

FRIEDRICH NIETZSCHE (1844 – 1900)

Was Nietzsche seinen „Zarathustra" denken und sagen lässt, darf man mit gutem Grund eine Philosophie des Tanzes nennen: der Tanz ist das tragende Bild seines Denkens: „Ich würde nur an einen Gott glauben, der zu tanzen verstünde", lautet sein konjunktivisches „Credo". Der „Geist der Schwere", d. i. die abendländische Tradition mit ihrer Metaphysik und Ethik, steht dem „tanzenden Denken" entgegen: „durch ihn (den Geist der Schwere) fallen alle Dinge". Nietzsche widmet dem Tanz im „Zarathustra" zwei „Tanzlieder", die der Protagonist „singt": einmal in der Begegnung mit einer Gruppe tanzender Mädchen, ein anderes Mal ohne einen erzählenden Kontext. Hier wird in reichen Bildern sichtbar, was Nietzsche mit der Leichtigkeit des Tanzes im Kontrast zum Geist der Schwere meint. Zarathustra tanzt mit dem „Leben", das auftritt als eine schöne, wilde Frau. Oder tanzt das Leben mit ihm? Jedenfalls ist das Leben voller Bewegung, voller Verführung und voller Rücksichtslosigkeit. Diesem ungezähmten Leben sich zu überlassen, seinem Schwung zu folgen, der in Höhen und in Tiefen führt, in Freude und Schrecken, bedeutet letztlich die „Leichtigkeit", die als Alternative zum abendländischen Denken konzipiert wird: „Jetzt bin ich leicht, jetzt fliege ich, jetzt sehe ich mich unter mir, jetzt tanzt ein Gott durch mich", jubelt Zarathustra. Man möchte glauben, dass in den Tanzliedern Nietzsches sich der kommende Ausdruckstanz andeutet, der um die Jahrhundertwende die Tanzkunst erobert und eine ganze Generation von Tänzern und Tänzerinnen zu völlig neuen Formen beflügelt: „trägt doch der Tänzer sein Ohr – in seinen Zehen"!

(Also sprach Zarathustra. Ein Buch für Alle und Keinen (1883-1885). In: Werke in drei Bänden. Bd. 2. Hrsg. v. K. Schlechta. München [9]1981. S.364 ff. und S.470 ff.)

Das Tanzlied

Eines Abends ging Zarathustra mit seinen Jüngern durch den Wald; und als er nach einem Brunnen suchte, siehe, da kam er auf eine grüne Wiese, die von Bäumen und Gebüsch still umstanden war: auf der tanzten Mädchen miteinander. Sobald die Mädchen Zarathustra erkannten, ließen sie vom Tanze ab; Zarathustra aber trat mit freundlicher Gebärde zu ihnen und sprach diese Worte:

„Laßt vom Tanze nicht ab, ihr lieblichen Mädchen! Kein Spielverderber kam zu euch mit bösem Blick, kein Mädchen-Feind.

Gottes Fürsprecher bin ich vor dem Teufel: der aber ist der Geist der Schwere. Wie sollte ich, ihr Leichten, göttlichen Tänzen feind sein? Oder Mädchen-Füßen mit schönen Knöcheln?

Wohl bin ich ein Wald und eine Nacht dunkler Bäume: doch wer sich vor meinem Dunkel nicht scheut, der findet auch Rosenhänge unter meinen Cypressen.

Und auch den kleinen Gott findet er wohl, der den Mädchen der liebste ist: neben dem Brunnen liegt er, still, mit geschlossenen Augen.

Wahrlich, am hellen Tage schlief er mir ein, der Tagedieb! Haschte er wohl zuviel nach Schmetterlingen?

Zürnt mir nicht, ihr schönen Tanzenden, wenn ich den kleinen Gott ein wenig züchtige! Schreien wird er wohl und weinen – aber zum Lachen ist er noch im Weinen!

Otto Eckmann (1865-1902): Bucheinband

Und mit Tränen im Auge soll er euch um einen Tanz bitten; und ich selber will ein Lied zu seinem Tanze singen:

Ein Tanz- und Spottlied auf den Geist der Schwere, meinen allerhöchsten großmächtigsten Teufel, von dem sie sagen, daß er 'der Herr der Welt' sei." –

Und dies ist das Lied, welches Zarathustra sang, als Cupido und die Mädchen zusammen tanzten:

In dein Auge schaute ich jüngst, oh Leben! Und ins Unergründliche schien ich mir da zu sinken.

Aber du zogst mich mit goldner Angel heraus; spöttisch lachtest du, als ich dich unergründlich nannte.

„So geht die Rede aller Fische", sprachst du; „was sie nicht ergründen, ist unergründlich.

Aber veränderlich bin ich nur und wild und in allem ein Weib, und kein tugendhaftes:

Ob ich schon euch Männern 'die Tiefe' heiße oder 'die Treue', 'die Ewige', die 'Geheimnisvolle'.

Doch ihr Männer beschenkt uns stets mit den eignen Tugenden – ach, ihr Tugendhaften!"

Also lachte sie, die Unglaubliche; aber ich glaube ihr niemals und ihrem Lachen, wenn sie bös von sich selber spricht.

Und als ich unter vier Augen mit meiner wilden Weisheit redete, sagte sie mir zornig: „Du willst, du begehrst, du liebst, darum allein l o b s t du das Leben!"

Fast hätte ich da bös geantwortet und der Zornigen die Wahrheit gesagt; und man kann nicht böser antworten, als wenn man seiner Weisheit „die Wahrheit sagt".

So nämlich steht es zwischen uns dreien. Von Grund aus liebe ich nur das Leben – und, wahrlich, am meisten dann, wenn ich es hasse!

Daß ich aber der Weisheit gut bin und oft zu gut: das macht, sie erinnert mich gar sehr an das Leben!

Sie hat ihr Auge, ihr Lachen und sogar ihr goldnes Angelrüthchen: was kann ich dafür, daß die beiden sich so ähnlich sehen?

Und als mich einmal das Leben fragte: Wer ist denn das, die Weisheit? – da sagte ich eifrig: „Ach ja! die Weisheit!

Man dürstet um sie und wird nicht satt, man blickt durch Schleier, man hascht durch Netze.

Ist sie schön? Was weiß ich! Aber die ältesten Karpfen werden noch mit ihr geködert.

Veränderlich ist sie und trotzig; oft sah ich sie sich die Lippe beißen und den Kamm wider ihres Haares Strich führen.

Vielleicht ist sie böse und falsch, und in allem ein Frauenzimmer; aber wenn sie von sich selber schlecht spricht, da gerade verführt sie am meisten."

Als ich dies zu dem Leben sagte, da lachte es boshaft und machte die Augen zu. „Von wem redest du doch? sagte es, wohl von mir?

Und wenn du Recht hättest – sagt man d a s mir so ins Gesicht! Aber nun sprich doch auch von deiner Weisheit!"

Ach, und nun machtest du wieder dein Auge auf, oh geliebtes Leben! Und ins Unergründliche schien ich mir wieder zu sinken. –

Also sang Zarathustra. Als aber der Tanz zu Ende und die Mädchen fortgegangen waren, wurde er traurig.

„Die Sonne ist lange schon hinunter", sagte er endlich; „die Wiese ist feucht, von den Wäldern herkommt Kühle.

Ein Unbekanntes ist um mich und blickt nachdenklich. Was! Du lebst noch, Zarathustra?

Warum? Wofür? Wodurch? Wohin? Wo? Wie? Ist es nicht Torheit, noch zu leben? –

Ach, meine Freunde, der Abend ist es, der so aus mir fragt. Vergebt mir meine Traurigkeit!

Abend ward es: vergebt mir, daß es Abend ward!"

Also sprach Zarathustra.

Camille Claudel (1864-1943): Der Walzer (1891-1905),
München, Neue Pinakothek

PAUL VALÉRY (1871 – 1945)

Paul Valéry ist Dichter und Philosoph. Er begann in den 90er Jahren mit symbo-listischer Lyrik, deren Gegenstand vor allem die intellektuelle Auseinandersetzung mit dem poetischen Schaffen war. Zwanzig Jahre lang widmete er sich philosophi-schen und mathematischen Studien, danach kehrte er zur Dichtung zurück. Seine „Philosophie des Tanzes" zeigt eine sensible Aufmerksamkeit auf die Veränderun-gen, die sich im Tanz seit den letzten Jahren des 19. Jahrhunderts ereignet haben. Er untersucht den Tanz als eine „Kunst", die den gleichen ästhetischen Stellenwert beanspruchen kann wie die anderen Künste, die sich seit langem der Aufmerksam-keit der Philosophie erfreuen. Der Tanz entspringt – anthropologisch gesehen – dem menschlichen Bedürfnis nach Selbst- und Weltdeutung. Der Mensch hat in seinen geistigen und körperlichen Möglichkeiten ein Repertoire, das er für Tätig-keiten nutzen kann, die nicht unbedingt dem alltäglichen Kampf um die Lebens-notwendigkeiten dienen. Der Tanz ist zunächst „ganz einfach eine allgemeine Poesie vom Handeln der Lebewesen". Er ist sodann eine „schöne Abfolge von Veränderungen seiner Form im Raum". Valéry exemplifiziert seine Einsichten an den Darbietungen der spanischen Tänzerin Antonia Mercé y Luque (1890-1936), die sich „La Argentina" nannte. Ihre tänzerische Erscheinung, die „manchmal sich behend in einen sich beschleunigenden Wirbelwind verwandelt, um plötzlich innezuhalten, zur Statue kristallisiert, sich mit einem fremden Lächeln zierend", entwickelt zwischen Sturm und Stille ihren ästhetischen Reiz. Der deutsche Dichter Rainer Maria Rilke folgte Valéry in seinem Interesse für den Tanz.

(Philosophie des Tanzes. In: Werke. Bd. 6. Zur Ästhetik und Philosophie der Künste. Hrsg. v. J. Schmidt-Radefeld. Frankfurt a.M. 1995. S. 243-257.)

Philosophie des Tanzes

Bevor Madame Argentina Sie packt, gefangennimmt in der durch ihre Kunst ges-talteten Sphäre lichten Lebens voller Leidenschaft; bevor sie vorführt und darstellt, was aus einer Kunst mit volkstümlichen Wurzeln werden kann, Schöpfung der Sensibilität einer feurigen Rasse, wenn die Intelligenz sich ihrer bemächtigt, sie durchdringt und aus ihr ein unfehlbares Werkzeug des Ausdrucks und der Erfin-dungsgabe formt – müssen Sie sich mit einem Nichttänzer zufriedengeben, der es ~n einige Ausführungen über den Tanz vorzulegen.

Warten Sie noch ein wenig den Moment des Wunders ab! Sagen Sie sich ruhig, daß ich ebenso ungeduldig wie Sie meiner Begeisterung harre!

Ich komme ohne Umschweife auf meine Vorstellungen zu sprechen: Für mich ist der Tanz mehr als eine Übung, ein Zeitvertreib, mehr als eine Kunst des Ornamentalen und ein gelegentliches Gesellschaftsspiel; er ist eine ernstzunehmende und in mancher Hinsicht sehr verehrungswürdige Sache. Jedes Zeitalter, das ein Verständnis des menschlichen Körpers besaß – oder wenigstens ein Gespür für das Geheimnis seines Aufbaus hatte, für seine Möglichkeiten, seine Grenzen, für die Verbindungen der ihm eigenen Kraft und Sensibilität –, hat den Tanz kultiviert und verehrt.

Der Tanz ist eine grundlegende Kunstform, wie seine Universalität, sein unvordenkliches Alter, sein ritueller Gebrauch, die die durch ihn von jeher hervorgerufenen Ideen und Reflexionen nahelegen oder zeigen. Der Tanz ist eine Kunst, die aus dem Leben selbst hervorgeht, da sie nichts anderes ist als das Handeln des ganzen menschlichen Körpers; ein Handeln freilich, das in eine Welt, eine *raumzeitliche Sphäre* transponiert ist, die sich vom praktischen Leben unterscheidet.

Der Mensch wurde sich bewußt, daß er mehr Kraft, mehr Beweglichkeit, mehr Möglichkeiten in der Bewegung von Gliedmaßen und Muskeln zur Verfügung hatte, als notwendig war, um den Anforderungen seines Daseins zu genügen, und er entdeckte, daß bestimmte dieser Bewegungen ihm in ihrer häufigen Wiederholung, ihrer Abfolge oder Stärke ein Vergnügen bereiteten, das sich bis zu einer Art Rauschzustand steigern konnte und manchmal so intensiv war, daß nur eine völlige, sozusagen ekstatische Erschöpfung sein Delirium, seine verbissene motorische Verausgabung unterbrechen konnte. [...]

Doch mein Philosoph begnügt sich nicht mit dieser Darstellung. Was tun im Angesicht von Tanz und Tänzerin, um sich der Illusion hinzugeben, etwas mehr zu wissen als sie selbst von dem, was sie am besten kennt und man selbst überhaupt nicht? Da muß er wohl seine technische Unkenntnis kompensieren und seine Verlegenheit hinter einer scharfsinnigen allgemeinen Deutung dieser Kunst verbergen, deren Nimbus er anerkennt und dem er erliegt.

Er macht sich an die Arbeit, widmet sich ihr auf seine Weise ... Die Weise eines Philosophen, sein persönlicher Zugang zum Tanz sind wohlbekannt ... Er entwirft den Schritt des *Fragens*. Und wie es einer unnützen, willkürlichen Handlung entspricht, liefert er sich dem aus, ohne ein Ende abzusehen; er beginnt mit einem grenzenlosen Fragen, im Unendlichen der Frageform. Das ist sein Beruf.

Er spielt sein Spiel. Er eröffnet mit seiner üblichen Eröffnung. Und so fragt er sich:

„Was also ist der Tanz?" [...]

Der Tanz aber (so sagt er sich) ist letztlich nichts anderes als eine Erscheinungsform der Zeit, nichts anderes als die Schöpfung einer Art Zeit, einer Zeit von ganz klar abgegrenzter und besonderer Art. [...]

Die Tänzerin betrachtet er nun mit außergewöhnlichen Augen, hellsichtigen Augen, die alles, was sie sehen, zu einer Beute des abstrakten Denkens verwandeln. Er schaut, er enträtselt auf seine Art das Schauspiel.

Es wird ihm bewußt, daß diese tanzende Person sich gewissermaßen in einer Dauer einschließt, die sie selbst erzeugt, einer Dauer, die ganz aus gegenwärtiger Energie besteht, aus nichts Dauerhaftem. Sie ist das Unbeständige, verschwendet das Unbeständige, führt durch das Unmögliche, beansprucht das Unwahrscheinliche; indem sie kraft ihrer Anstrengung den gewöhnlichen Zustand der Dinge verneint, erweckt sie in den Köpfen die Vorstellung von einem anderen, außergewöhnlichen Zustand – einem Zustand, der nichts als Handlung wäre, einer Dauerhaftigkeit, die durch eine unaufhörliche Hervorbringung von Arbeit entstehen und bestehen würde, vergleichbar dem vibrierenden Zustand einer Hummel, eines Schwärmers vor dem Blütenkelch, den er erkundet, der, voller treibender Kraft, nahezu reglos verharrt, getragen vom unwahrscheinlich raschen Schlag seiner Flügel.

Ebenso kann unser Philosoph die Tänzerin mit einer Flamme vergleichen oder alles in allem mit jedem Phänomen, das durch den starken Verbrauch von höherer Energie sichtbar in Gang gehalten wird.

Ebenso wird ihm klar, daß im tanzenden Zustand alle Empfindungen des Körpers, der zugleich Antrieb wie in Gang Gehaltenes ist, in einer bestimmten Ordnung miteinander verknüpft sind – daß sie sich gegenseitig Rede und Antwort stehen, als bestünde zwischen ihnen eine Wechselwirkung, eine Widerspiegelung auf der unsichtbaren Wandung der sphärischen Kräfte eines Lebewesens. [...]

Mein Philosoph – oder, wenn Ihnen das lieber ist: der von der Manie des Fragens befallene Verstand – stellt sich angesichts des Tanzes seine gewohnten Fragen. Er wendet seine *Warum* und *Weshalb* an; seine üblichen, erhellenden Instrumente, die ihm die Mittel seiner Kunst bedeuten, und wie Sie soeben bemerkt haben, versucht er den unmittelbaren und zwecksprechenden Ausdruck der Dinge durch mehr oder minder bizarre Formeln zu ersetzen, die es ihm gestatten, diese anmutige

Tatsache – den Tanz – in die Gesamtheit dessen einzufügen, was er darüber weiß oder zu wissen glaubt.

Er versucht das Geheimnis eines Körpers zu ergründen, der wie unter der Wirkung eines inneren Schocks ganz plötzlich in eine Art Leben eintritt, das zugleich merkwürdig unbeständig und merkwürdig geregelt erscheint; und zugleich merkwürdig spontan, doch merkwürdig kunstvoll und sicherlich ausgearbeitet.

Dieser Körper scheint sich losgelöst zu haben von seinen üblichen Gleichgewichtszuständen. Man könnte sagen, daß er auf das subtilste – will sagen: behendeste – mit seiner Schwere spielt, deren Neigung er in jedem Moment ausweicht. Sprechen wir nicht von Sanktion!

Allgemein gibt er sich einem mehr oder minder einfachen, wiederkehrenden Ablauf hin, der sich allein zu tragen scheint; als wäre ihm eine höhere Spannkraft gegeben, die den Impuls einer jeden Bewegung rückgewänne und augenblicklich umsetzte. Man denkt an einen Kreisel, der sich auf seiner Spitze hält und überaus lebhaft auf den geringsten Anstoß reagiert.

Doch hier eine bedeutsame Beobachtung, die dieser philosophierende Geist macht, der besser daran täte, sich rückhaltlos zu zerstreuen und sich dem hinzugeben, was er sieht. Er beobachtet, daß dieser tanzende Körper seine Umgebung zu ignorieren scheint. Er scheint tatsächlich nur mit sich selbst beschäftigt und einem anderen Gegenstand, einem wesentlichen Gegenstand, von dem er sich losmacht oder befreit, zu dem er zurückkehrt, doch nur, um von dort neuerlich zu entfliehen…

Es ist die Erde, der Boden, der feste Grund, die Ebene, wo der Alltag dahintrottet, diese Prosa der menschlichen Bewegung.

Ja, dieser tanzende Körper scheint alles andere zu ignorieren, nichts von alledem zu wissen, was ihn umgibt. Es ist, als ob er auf sich und nur auf sich hörte; es ist, als ob er nichts sähe und die Augen in ihm nichts anderes als Juwelen wären, von jenem unbekannten Schmuck, von dem Baudelaire spricht, Schimmer ohne Nutzen für ihn.

Offenbar ist die Tänzerin in einer anderen Welt. Nicht mehr in jener, die sich malerisch vor unseren Blicken ausbreitet, sondern in der aus ihren Schritten gewebten, aus ihren Gesten erbauten Welt. In dieser aber gibt es keine äußeren Ziele für Handlungen; keinen Gegenstand, der sich anfassen, zusammenfügen, zurückweisen oder vor dem sich fliehen läßt, ein Gegenstand, der genau eine Handlung beschließt und vor allem den Bewegungen nach außen hin eine Richtung und Koordination vorgibt und dann einen klaren und sicheren Abschluß.

Und mehr noch: Hier gibt es nichts Unvorhergesehenes; wenn es manchmal so scheint, als handelte das tanzende Wesen wie vor einem unvorhergesehenen Zwischenfall, so ist dieser Zwischenfall Teil einer sehr offensichtlichen Voraussicht. Alles geht vor sich, als ob ... Doch nichts weiter!

Demnach gibt es weder Zielsetzung noch wirkliche Zwischenfälle, keine Äußerlichkeit ...

Der Philosoph frohlockt. Keine Äußerlichkeit! Die Tänzerin hat kein Außen ... Nichts existiert jenseits des Systems, das sie sich durch ihre Handlungen schafft; ein System, das an das völlig gegenteilige, nicht weniger geschlossene System denken läßt: den Schlaf, dessen völlig gegensätzliches Prinzip in der Aufhebung beruht, der völligen Enthaltung von Handlung.

Ihm erscheint der Tanz wie ein künstlicher Schlafwandel, eine Gruppe von Empfindungen, die sich eine eigene Wohnstatt schafft, in der bestimmte muskuläre Motive aufeinanderfolgen gemäß einer Abfolge, die ihm seine eigene Zeit vorgibt, seine absolut eigene Dauer. Mit einer immer *intellektueller* werdenden Sinnlichkeit und Liebe betrachtet er dieses Wesen, das dem tiefen Inneren seiner selbst diese schöne Abfolge von Veränderungen seiner Form im Raum entläßt; das sich fortbegibt, doch ohne wirkliches Ziel; sich auf der Stelle verwandelt, sich unter allen Blickwinkeln zur Schau stellt; und das manchmal kunstvoll aufeinanderfolgende Erscheinungen wie durch kräfteschonende Momente moduliert; manchmal sich behend in einen sich beschleunigenden Wirbelwind verwandelt, um plötzlich innezuhalten, zur Statue kristallisiert, sich mit einem fremden Lächeln zierend.

Doch diese Loslösung von der Umgebung, dieses Fehlen eines Ziels, diese Verneinung erklärbarer Bewegungen, diese vollständigen Drehungen (die kein alltäglicher Umstand unserem Körper abfordert), ja selbst dieses Lächeln, das niemandem gilt – alle diese Züge sind entschieden jenen gegenübergestellt, die unser Handeln in der praktischen Welt und unseren Bezug zu dieser darstellen.

Dort beschränkt sich unser Wesen auf die Funktion eines Vermittlers zwischen empfundenem Bedürfnis und jenem Impuls, der dieses Bedürfnis befriedigt. In dieser Rolle geht unser Wesen immer den ökonomischsten, wenn nicht kürzesten Weg: es strebt nach der Ergiebigkeit. Die Gerade, die minimale Handlung, der geringstmögliche Zeitaufwand scheinen es zu beflügeln. Ein praktischer Mensch trägt den Instinkt für den ökonomischen Einsatz von Zeit und Mitteln in sich, und um so leichter erlangt er diesen, je klarer und begrenzter sein Ziel ist: ein äußerer Gegenstand.

Wir sagten jedoch, daß der Tanz ganz das Gegenteil ist. Er genügt sich selbst, findet in sich selbst seine Bewegung, und er weist in sich keinerlei Grund, keinerlei Neigung hin zur Vollendung auf. Eine Formel reinen Tanzes darf nichts enthalten, was sein Ende vorhersehen läßt. Ihm fremde Ereignisse sind es, die sein Ende herbeiführen, die Grenzen seiner Dauer sind ihm nicht eingegeben; es sind jene der Konventionen eines Schauspiels; Erschöpfung und schwindendes Interesse kommen hinzu. In ihm selbst aber ist nichts, was ihn aufhören ließe. Er hört auf, so wie ein Traum aufhört, der endlos weitergehen könnte: er hört auf, nicht weil irgendein Projekt vollendet wäre – es gibt gar kein Projekt –, sondern durch die Erschöpfung von etwas anderem, das nicht in ihm selbst liegt.

Und könnte man deshalb nicht – gestatten Sie mir eine verwegene Formulierung – ihn (wie ich Sie schon ahnen ließ) als eine Art *Innenleben* betrachten, wobei nunmehr diesem psychologischen Begriff eine neue, physiologisch geprägte Bedeutung beizumessen wäre?

Ein Innenleben, das jedoch ganz aus Zeit- und Energieempfindungen besteht, die sich wechselseitig antworten und gleichsam einen Resonanzbereich bilden. Diese Resonanz überträgt sich wie jede andere: Unser Vergnügen als Zuschauer besteht zum Teil darin, sich durch Rhythmen mitgerissen zu fühlen. Und in Gedanken tanzen wir selbst mit!

Schreiten wir fort zu Konsequenzen oder höchst kuriosen Anwendungen einer derartigen Philosophie des Tanzes. Sprach ich über diese Kunst – wobei ich mich an diese sehr allgemeinen Betrachtungen halte –, dann ein wenig mit dem Hintergedanken, Sie dort hinzuführen, worauf ich jetzt zusteuere. Ich wollte Ihnen eine recht abstrakte Vorstellung vom Tanz geben, und vor allem wollte ich Ihnen den Tanz als Handlung darstellen, die sich aus der gewöhnlichen und zweckgebundenen Handlung *ableitet*, sich dann *von ihr löst* und am Ende sich ihr *entgegenstellt*.

Doch umfaßt dieser höchst allgemeine Gesichtspunkt (und deshalb habe ich ihn heute aufgegriffen) letztlich viel mehr als den Tanz im engeren Sinne. Knüpft doch jede Handlung, die nicht nach dem Nützlichen strebt und andererseits der Ausbildung, der Perfektionierung, der Entwicklung fähig ist, an diesen vereinfachten Typus des Tanzes an. Und somit *können alle Künste als Sonderfälle dieser allgemeinen Idee aufgefaßt werden*, enthalten doch alle Künste qua Definition ein Moment von Handlung, *jene Handlung, die das Werk hervorbringt* oder auch offenkundig werden läßt.

Ein *Gedicht* zum Beispiel ist *Handlung*, denn ein Gedicht besteht nur im Moment seines Vortrags: es ist also *in actu*. Wie der Tanz will dieser Akt nur einen

Zustand schaffen; er gibt sich seine eigenen Gesetze; auch er schafft sich eine Zeit und ein Zeitmaß, die ihm angemessen und wesentlich sind: er läßt sich nicht von der Form seiner Dauer unterscheiden. Wer Verse zu rezitieren beginnt, läßt sich in einen Tanz der Worte ein.

Beobachten Sie einen Virtuosen, Geiger, Pianisten bei der Arbeit. Betrachten Sie nur seine Hände. Halten Sie sich die Ohren zu, wenn Sie sich getrauen. Schauen Sie nur auf die Hände. Sehen Sie, wie sie auf der engen Bühne der Klaviatur agieren und laufen. Sind diese Hände nicht Tänzerinnen, die ebenso jahrelang einer eisernen Disziplin, endlosen Übungen unterworfen werden mußten?

Ich darf Sie daran erinnern, daß Sie nichts hören. Sie sehen nur diese Hände, die kommen und gehen, auf einem Punkt ruhen, übereinandergreifen, bisweilen Bockspringen spielen; eben verweilt die eine, während die andere scheinbar den Lauf ihrer fünf Finger bis zum anderen Ende der Bahn aus Elfenbein und Ebenholz sucht. Sie ahnen, daß dies alles bestimmten Gesetzen gehorcht, dieses ganze Ballett Regeln folgt, festgelegt ist …

Nebenbei gesagt: Wenn Sie nichts hören und das eben gespielte Stück nicht kennen, können Sie überhaupt nicht vorhersehen, wo der Ausführende angelangt ist. *Was Sie sehen*, gibt Ihnen *keinerlei Hinweis* darauf, wie weit der Pianist in seiner Aufgabe gekommen ist; doch zweifeln Sie nicht, daß diese Handlung, in die er vertieft ist, ständig einer recht komplexen Regel unterworfen ist … […]

Doch ist es höchste Zeit, diesen Tanz von Gedanken rund um den lebendigen Tanz zu beschließen.

Ich wollte Ihnen zeigen, daß diese Kunst – weit davon entfernt, ein flüchtiger Zeitvertreib zu sein oder eine Spezialität, die sich auf die Hervorbringung irgendwelcher spektakulärer Schaustellung beschränkt, auf die Belustigung der Augen, die sie schauen, oder der Körper, die sich ihr hingeben – vielmehr ganz einfach eine *allgemeine Poesie vom Handeln der Lebewesen* ist: sie isoliert und entwickelt die wesentlichen Merkmale dieses Handelns, löst und entfaltet [sic!] es, und macht den Körper, über den sie verfügt, zu einem Gegenstand, dessen Verwandlung, dessen Abfolge von Erscheinungsformen, dessen Suche nach den Grenzen der augenblicklichen Kräfte des Wesens zwangsläufig an die Funktion denken lassen, die der Dichter seinem Geist zuweist, an die schwierigen Probleme, die er diesem aufgibt, an die Metamorphosen, die er daraus gewinnt, die Abschweifungen, die er sucht und die ihn, manchmal im Obermaß, vom Erdboden entfernen, von der Vernunft, vom Durchschnittsbegriff und von der Logik des gesunden Menschenverstandes.

Was ist eine Metapher, wenn nicht eine Art Pirouette der Vorstellung, der man verschiedene Bilder oder Bezeichnungen näherbringt? Und was sind alle diese Figuren, die wir verwenden, alle diese Mittel wie Reime, Inversionen, Antithesen, wenn nicht Gebrauchsformen aller Möglichkeiten der Sprache, die uns von der praktischen Welt lösen und auch uns unser eigenes Universum, den bevorzugten Ort des geistigen Tanzes, schaffen?

Nunmehr des Wortes müde, doch um so begieriger auf sinnliche Verzauberung und müheloses Vergnügen, überlasse ich Sie jetzt der Kunst selbst, der Flamme, dem feurig feinen Ausdruck von Madame Argentina.

Welche Wunder an Einfühlungsvermögen und Erfindungsgabe diese große Künstlerin geschaffen hat, was sie aus dem spanischen Tanz gemacht hat – das wissen Sie. Was mich betrifft, nachdem ich zu Ihnen ausschließlich – und mehr als genug – über den Tanz *in abstracto* gesprochen habe, so kann ich Ihnen gar nicht sagen, wie sehr ich die von Argentina geleistete, intelligente Arbeit bewundere. Sie hat in äußerst noblem, tief durchdrungenem Stil eine Form von Volkstanz wieder-aufgegriffen, dem es unlängst noch beschieden war, herabgewürdigt zu werden, vor allem außerhalb Spaniens.

Ich denke, dieses großartige Ergebnis – ging es doch um die Rettung einer Kunstform, die Wiederherstellung ihrer Würde und legitimen Kraft – hat sie er-reicht kraft einer ungemein durchdringenden Analyse der Mittel einer solchen Kunstform – und ihrer eigenen. Das berührt mich und interessiert mich leiden-schaftlich. Ich bin einer, der nie Verstand und Gefühl gegenüberstellt oder gegen-überzustellen versteht, das reflexive Bewußtsein seinen unmittelbaren Gegebenhei-ten. Und ich begrüße Argentina mit genau jener Wertschätzung, die ich mir selbst gerne entgegenbringen würde.

HUGO VON HOFMANNSTHAL (1874 – 1929)

Hofmannsthal hat – wie dieser Text bezeugt – die revolutionären Wandlungen der Tanzkunst um die Jahrhundertwende mit Enthusiasmus erlebt. In der Darstellung des Tanzes der Ruth St. Denis sucht er seiner Bewunderung theoretisch auf die Spur zu kommen. Das ist nur bis zu einem gewissen Grade möglich. Aber während dieses Versuches breitet er vor dem Leser wunderbar poetische Bilder voller Farbe und Rhythmus aus: Der Tanz, den er während einer „Viertelstunde" sah, baut sich aus seinen Eindrücken, seinen Assoziationen und seinen Interpretationen auf. Man „fühlt es mit dem Auge", dass alle Bewegungen der Tänzerin „richtig" sind. Ihr Auftritt fasziniert und befremdet, sie hat „so gar nichts Weibliches". Der „grandiose Ernst ohne Spur von Pedanterie", der ihre Bewegungen zu einer „stummen Musik des menschlichen Leibes" koordiniert, erschafft gleichsam den „Tanz an sich." Der Dichter hat mit seinem Text ein kunstvolles Dokument der zeitgenössischen Wirkung des neuen Tanzes vorgelegt, deren Wucht die später Geborenen möglicherweise gar nicht mehr nachvollziehen können.

(Die unvergleichliche Tänzerin / 1906. In: Hugo von Hofmannsthal. Ges. Werke in Einzelausgaben. Prosa II. Hrsg. v. H. Steiner. Frankfurt a.M. 1951. S. 256-263.)

Die unvergleichliche Tänzerin

Sie heißt Ruth St. Denis. Oder sie heißt irgendwie und nennt sich Ruth St. Denis. Es ist möglich, daß sie eine Kanadierin ist, in der sich französisches Blut mit angelsächsischem mischt und dazu noch ein Tropfen fremderen Blutes, eine Großmutter aus indianischem Geblüt, etwas vom Geheimnis und von den Kräften einer Urrasse, die schwindet. Oder sie ist vielleicht eine Australierin, wie die Saharet, mit der sie übrigens so wenig wie möglich Ähnlichkeit hat. Es ist mehr als wahrscheinlich, daß sie Indien kennt und die dunkleren Länder hinter Indien; daß sie javanesische Tänzerinnen oft und viel gesehen hat; daß sie die Pagode von Rangoon kennt und „den liegenden Buddha mit dem unsäglich rührenden Lächeln", und andere heilige Stätten, beschattet von tausendjährigen Mangobäumen, türmend auf heiligen Bergen, zu denen uralte Pilgerwege hinanführen und Treppen, gebrochen in den Stein, geglättet und betreten zu einer Zeit, als die göttlichen Figuren des Parthenon noch in der unberührten Flanke eines Berges schliefen.

Jedenfalls hat sie diese ewigen Dinge des Ostens gesehen, und nicht mit gewöhnlichen Augen. Ob sie unter ihnen gelebt hat, jahrelang oder stundenlang – was hat Zeit mit diesen Dingen zu tun! Es ist durchaus der Augenblick, an den das Produktive gebunden ist; wie der Blitz fällt die Möglichkeit der Kunst in die wenigen Seelen, die dafür geboren sind, und so mag eine ganze Jugend, eingetaucht in den Traum des Orients, sich zu diesen nicht zu vergessenden Gebärden, diesen Tänzen verdichtet haben, oder die Intuition einer Sekunde, der Anblick einer einzigen Tempeltänzerin, eines einzigen Bildwerks. [...]

Ruth St. Denis (1879-1968) in Radha

Aber ich will von meiner Tänzerin reden. Doch ich werde kaum versuchen, ihr Tanzen zu beschreiben. Was sich von einem Tanz beschreiben ließe, wäre immer nur das Nebensächliche: das Kostüm, das Sentimentale, das Allegorische. Hier ist nichts sentimental, nichts allegorisch, und auch das Kostüm, diese glitzernde Verhüllung, die unter dem Zauber der rhythmischen, anschwellenden Bewegung einer plötzlichen Nacktheit weicht, deren Vision geheimnisvoll ist durch die fremde Färbung des Lichtes, und ernst, streng wie die Vision einer hüllenlosen, heiligen Statue im verschlossenen Tempelraum, auch dieses Kostüm aus starrendem Goldstoff (oder was sie sonst an anderen Abenden tragen mag) ist von unendlich untergeordneter Bedeutung. Es könnte nicht da sein und ihren Leib völlig ohne eine andere Hülle lassen als das Geheimnis seiner fremden Farbe mit dem helleren Gesicht, den hellen Innenflächen der Hände, oder es könnte diesen Leib in schleierige Gewebe so dicht einhüllen wie die kleinen Tänzerinnen von Tanagra, immer wäre dies sehr nebensächlich, und es bliebe ihr Tanzen, die unbeschreibliche Schönheit ihres Tanzens. Von dieser aber zu reden, werde ich nicht versuchen. Auch wird man sie hier sehen.

Ich sah sie an einem Abend, eine Viertelstunde lang. Die Bühne war das Innere des indischen Tempels. Weihrauch stieg auf, ein Gong wurde angeschlagen, Priester kauerten an der Erde, berührten mit der Stirn die Stufen des Altars, übten im Halbdunkel irgendwelche Bräuche. Das ganze Licht, ein blaues, starkes Licht, fiel auf das Standbild der Göttin. Ihr Gesicht war wie aus blaugefärbtem Elfenbein, ihr Gewand blaufunkelndes Metall. Sie saß, sie kauerte in der heiligen Haltung des Buddha auf der Lotosblume: die Beine gekreuzt, die Knie weit auseinander, die Hände vor dem Leib vereinigt, die Handflächen fest aneinandergepreßt. Nichts an ihr regte sich. Ihre Augen waren offen, aber die Wimpern schlugen nicht. Irgendeine unsägliche Kraft hielt den ganzen Körper zusammen. Es währte die volle Dauer einer Minute, aber man hätte die zehnfache Zeit diese regungslose Gestalt vor sich sehen wollen. Es hatte keine Ähnlichkeit mit der Nachahmung einer Statue durch ein menschliches Wesen. Es war keine erzwungene künstliche Starrnis darin, sondern eine innere seelische Notwendigkeit. Es strömte aus dem Innersten dieses sitzenden Mädchens in diese starren Glieder etwas von dem Fluidum, das die großen Gebärden der Duse über jede Möglichkeit, sie anders zu denken, hinaushebt. Und aus dieser Stellung steht sie auf. Dieses Aufstehen ist wie ein Wunder. Es ist, als hübe sich eine regungslose Lotosblume uns entgegen. Sie steht, sie steigt die Altarstufen herunter, das Blau verlischt, ihr Gesicht ist bräunlich, doch heller als ihr Leib, ihr Gewand fließendes Gold mit Edelsteinen; an den Knöcheln der schönen statuenhaften Füße sind silberne Glöckchen. In ihren regungslosen Augen ist stets das gleiche geheimnisvolle Lächeln: das Lächeln der Buddhastatue. Ein Lächeln, das nicht von dieser Welt ist. Ein absolut nicht weibliches Lächeln. Ein Lächeln, das irgendwie dem undurchdringlichen Lächeln auf den Bildern des Lionardo verwandt ist. Ein Lächeln, dem die Seele seltener Menschen zufliegt, und das ihr vom ersten Augenblick an und bleibend die Herzen der Frauen und die sinnliche Neugierde sehr vieler Männer entfremdet. Und nun beginnt ihr Tanz. Es sind Bewegungen, die in unaufhörlichem rhythmischem Fluß ineinander übergehen. Es ist das gleiche, was man im Jahre 1889 in Paris die kleinen Javanesinnen hat tanzen sehen, und in diesem Jahr die Tänzerinnen des Königs von Kambodscha. Es ist natürlich das gleiche, was alle orientalischen Tänze suchen. Eben den Tanz, den Tanz an sich, die stumme Musik des menschlichen Leibes. Ein rhythmischer Fluß unaufhörlicher und, wie Rodin sagt, richtiger Bewegungen. (Man hat hier vor kurzem die Pantomimen Severins gesehen: seine Gebärden waren unaufhörlich, sein Spiel hatte keinen toten Punkt, so wie auf einem unendlich höheren Niveau das Gebärdenspiel der Duse keine toten Punkte hat. Das Wort „richtige Bewegungen" gebrauchte Rodin von den Tänzerinnen aus Annam. „Was verstehen Sie unter richtigen Bewegungen, Meister?" fragte ihn der Interviewer. „Muß ich das wirklich erklären?" antwortete Rodin. „Die Bewegungen dieser Frauen, wenn sie tanzen, sind richtig. Die Bewegungen der europäischen Tänzerinnen sind falsch. Man kann das nicht erklären, aber es ist gar nicht zu diskutieren, man fühlt es mit dem Auge, so wie man falsche Noten mit dem Ohr fühlt.") So also tanzt sie. Es ist die berauschendste Verkettung von Gebärden, deren nicht eine an die Pose auch nur streift. Es sind unaufhörliche Emanationen absoluter sinnlicher Schönheit, deren nicht *eine* Konvention ist, zumindest nicht europäische Konvention, sondern allenfalls die Konvention höchsten, strengsten hieratischen uralten Stiles. Der Fortgang dieses Tanzes ist unschilderbar. Die Schilderung müßte sich an Details hängen, die ganz unwesentlich sind, und das Bild wäre verzerrt. Sie gibt sich im Laufe des Tanzes ab mit einer Perlenschnur, mit einer Blume, mit einer hölzernen Trinkschale. Aber sie gibt sich durchaus nur symbolisch damit ab. Diese Dinge dürfen in ihrem Tanz mitschwingen, aber sie verlieren ihr Eigenleben dabei. Man wird an das merkwürdige Wort von Goethe erinnert, daß Tizian, als er ganz reif und auf der Höhe seines Könnens war, „den Samt nur mehr symbolisch gemalt habe". So widmet sie dieser Blume, dieser Perlenschnur, dieser Trinkschale durchaus keine Zärtlichkeit, kein Interesse, das über die Rolle hinausgeht, die diesen Instrumenten in der rhythmischen Verschlingung des Tanzes zugeteilt ist. In dieser ungeheuren stilisierenden Kraft – seltsame Verbindung eines seltsamen lebendigen Wesens mit uralten Traditionen – ist jede Spur einer Sentimentalität weggetilgt. Dies ist so wie ihr Lächeln. Dies ist, was ihr vom ersten Augenblick an die Herzen der Frauen und die sinnliche Neugier der meisten Männer entfremdet. Und gerade das ist, was sie hält, und ihren Tanz zu etwas Unvergleichlichem macht. Er geht an die Grenzen der Wollust und er ist keusch. Er ist ganz den Sinnen hingegeben, und er deutet auf Höheres. Er ist wild, und er ist unter ewigen Gesetzen. Er könnte nicht anders sein, als er ist. Es kommt alles darin vor. Ich habe sie eine Viertelstunde lang gesehen, und ich erinnere Bewegungen, wie das Hinfallen, das Küssen ihrer eigenen Finger, das Aussaugen der Trinkschale, die sich in der gleichen Stelle des Gedächtnisses eingraben wie ein erhabenes Detail der Elgin Marbles, eine Farbe des Giorgione.

Es ist unbeschreiblich schön. Aber ich weiß nicht, ob es den Leuten sehr gefällt. Sie drängen sich hin, sie füllen das Theater, wo sie tanzt, Abend für Abend. Man wird sie hier sehen, und auch hier wird das Theater Abend für Abend gefüllt sein. Aber es werden nur wenige Menschen sie wirklich goutieren. Am wenigsten die Frauen. Schon um dieses enigmatischen Lächelns willen, an dem so gar nichts Weibliches ist, so gar nichts Schmelzendes, nichts Zärtliches. Aber sie wird ihre Stellung haben, hier wie dort und überall, wo sie auftritt. Die ungeheure Unmittelbarkeit dessen, was sie tut, diese strenge, fast abweisende Unmittelbarkeit, dies Kommentarlose, der grandiose Ernst ohne Spur von Pedanterie, alles dies schafft um sie herum den leeren Raum, den das Außerordentliche immer um sich hat. Man wird von ihr sagen, was man von der Duncan sagte: „Sie darf es tun. Sie darf alles tun.“ Aber was man von der Duncan sagte, weil sie sehr geschmackvoll, sehr klug und sehr anständig war, wird man von ihr sagen, weil sie großartig, undefinierbar und elementar ist. Im übrigen wird kein Anlaß sein, sie mit der Duncan zu vergleichen. Die Duncan, so charmant sie ist, wirkt neben ihr unendlich sentimental. Es war das Geheimnis der Duncan, daß sie wußte, was Tanzkunst ist. Diese da ist eine geborene große Tänzerin. Das Tanzen der Duncan, an diesen inkalkulablen Gebärden gemessen, war ein Zeigen, fast ein Demonstrieren. Diese tanzt. Die Duncan hatte etwas von einem sehr gewinnenden und leidenschaftlich dem Schönen hingegebenen Professor der Archäologie. Diese ist die lydische Tänzerin, aus dem Relief herabgestiegen.

Ruth St. Denis in Radha, 1904

RAINER MARIA RILKE (1875 – 1926)

Rainer Maria Rilkes dichterisches Werk bezeugt an vielen Stellen sein Interesse am Tanz. Auch er hat wie Valéry und Hofmannsthal das Tanzgeschehen seiner Zeit engagiert wahrgenommen. Das folgende Gedicht entstammt der Zeit in Frankreich, in welcher Rilke in der Zusammenarbeit mit dem Bildhauer Auguste Rodin (1840-1917) seinen Stil gefunden hatte. Rodin hatte ihn die Arbeit am Gegenstand gelehrt, die Identifikation von Ich und Gegenstand ebenso wie die Objektivation des Gefühls. Die spanische Tänzerin – es könnte „La Argentina" sein – wird als bewegtes Bild einer sich zur Feuersbrunst entwickelnden Flamme imaginiert. Tanzbewegung und Flammenbewegung überlagern einander – bis zu dem Augenblick, wo die Tänzerin sich von ihren Flammen distanziert und das Feuer löscht: dem Ende des Tanzes.

(Gedichte 1895-1910. In: Rainer Maria Rilke. Werke Bd. I. Hrsg. v. M. Engel und U. Fülleborn. Frankfurt 1996. S. 491.)

Spanische Tänzerin

Wie in der Hand ein Schwefelzündholz, weiß,
eh es zur Flamme kommt, nach allen Seiten
zuckende Zungen streckt –: beginnt im Kreis
naher Beschauer hastig, hell und heiß
ihr runder Tanz sich zuckend auszubreiten.

Und plötzlich ist er Flamme, ganz und gar.

Mit einem Blick entzündet sie ihr Haar
und dreht auf einmal mit gewagter Kunst
ihr ganzes Kleid in diese Feuersbrunst,
aus welcher sich, wie Schlangen, die erschrecken,
die nackten Arme wach und klappernd strecken.

Und dann: als würde ihr das Feuer knapp,
nimmt sie es ganz zusamm und wirft es ab
sehr herrisch, mit hochmütiger Gebärde
und schaut: da liegt es rasend auf der Erde

und flammt noch immer und ergiebt sich nicht –.

Doch sieghaft, sicher und mit einem süßen
grüßenden Lächeln hebt sie ihr Gesicht
und stampft es aus mit kleinen festen Füßen.

Antonia Mercé y Luque (1890-1936): La Argentina

RUDOLF VON LABAN (1879 – 1958)

Rudolf von Laban ist der Schöpfer des modernen „Ausdruckstanzes", der sich in Theorie und Praxis aus vielfältigen Quellen der Philosophie und den unterschiedlichen Künsten, aber auch esoterischen Bewegungen (Monte Verità / Ascona) um die Wende vom 19. zum 20. Jahrhundert speiste. Den „Ausdruckstanz", auch „Moderner Tanz" genannt, suchte er mit den Begriffen „Kraft, Zeit, Raum", denen „Bewegung, Rhythmus, Richtung" entsprechen, zu fassen. Er war Tänzer, Ballettdirektor, Tanztheoretiker und Tanzpädagoge. Er schuf eine inzwischen international verwendete Tanzschrift, die „Labannotation". Bedeutende Tänzer und Tanztheoretiker entstammen seiner Schule: z.B. Mary Wigman, Gret Palucca und Kurt Jooss. Der folgende Text entstammt der Einleitung zu seinem frühen Werk: „Die Welt des Tänzers" von 1920. Hier legt er sein tanzkünstlerisches Gesamtkonzept vor. Der Tanz ist für ihn eine anthropologische Notwendigkeit, die sich einfügt in das naturgesetzliche kosmische Bewegungsgeschehen. Hier finden wir die alten Bilder der griechischen Kosmologie ebenso wie den zeitgenössischen Enthusiasmus für den Tanz, der von Nietzsche herrührt. Laban emigrierte 1938 nach Großbritannien, arbeitete dort vor allem tanzpädagogisch und entwickelte und verfeinerte seine „Principles of dance and movement notation" (1956).

(Die Welt des Tänzers. Fünf Gedankenreigen. Stuttgart [2]1922. S. 1-10.)

Die Welt des Tänzers

Als ich an mein Werk herantrat, um als Erster unter den heutigen Tänzern von einer Welt zu sprechen, für die unserer Sprache Worte mangeln, war ich mir der Schwierigkeit dieses Unternehmens voll bewußt. Nur die felsenfeste Überzeugung, daß man dem Tanz auch das Gebiet schriftlichen und sprachlichen Ausdrucks erobern muß, um ihm das gebührende und so dringend notwendige Verstehen weitester Kreise zu erschließen, bestimmte mich dazu, diese schwierige und undankbare Arbeit zu leisten. Wohl kann man über den Tanz wie über alles mit literarischer Sicherheit gar Schönes berichten. Auch kann man die technischen Vorbedingungen der tänzerischen Bewegungen ganz gut mit Worten beschreiben. Beides ist schon oft geschehen, nützt dem Tanz und dem Tanzverstehen aber nicht viel. Immer bleiben jene fragwürdigen Vorurteile über Beruf und Wesen des Tänzers bestehen. Wo sie einer intuitiven Begeisterung weichen, ist das meiner Ansicht nach wichtigste Ziel des Schreibens über Tanz auch noch nicht erreicht. Dieses wichtigste Ziel scheint mir der Hinweis auf die der Tanzkunst und der tänzerischen Übung innewohnenden Kulturkräfte zu sein. Ferner die Feststellung, daß Tänzer-sein nichts mit jenem gaukelnden, schwärmerischen Getue gemein hat, das man allseits. als vornehmste Wesenseigenschaft des Tanzjüngers betrachtet und schildert. Schwer ist die Aufgabe daher in doppeltem Sinn. Erstens: muß sowohl das eben genannte wohlwollend lächelnde Vorurteil, wie auch das andere, brutalere – fast noch vorzuziehende – Mißurteil der rein materiell gedachten Körperlichkeit des Tanzgeschehens überwunden werden. Zweitens ist es äußerst schwierig, die Worte unserer Gebrauchs- und Philosophensprache so zu setzen, daß das wunderbar Einfache und dennoch Reiche des Tanzdenkens voll zur Geltung kommt. Nicht umsonst schweigt der Tänzer oder sein Bruder in der Kunst, der bildende Künstler, so oft und nachdrücklich, daß ihnen der Vorwurf des Nichtdenkens gemacht wird. Hier ist es wieder nur die starke Überzeugung, daß unser Zuvieldenken und Einseitigdenken am Rande des Abgrunds steht und daß Einsicht in tänzerisches Denken Lösungen zu bringen vermag, die mich bestimmt, den Wurf zu wagen. [...]

Schon die Grundbegriffe, Tänzertum und Tänzer, bedürfen heute leider noch einer Erläuterung. Tänzer ist mir jener neue Mensch, der seine Bewußtheit nicht einseitig aus den Brutalitäten des Denkens, des Gefühls oder des Wollens schöpft. Es ist jener Mensch, der klaren Verstand, tiefes Empfinden und starkes Wollen zu einem harmonisch ausgeglichenen und in den Wechselbeziehungen seiner Teile dennoch beweglichen Ganzen bewußt zu verweben trachtet. Findet ein andrer für diesen Menschen eine bessere Bezeichnung als das Wort „Tänzer", so steht dieser Benennung nichts im Wege. Ich aber fand, daß das, was man geistige Einheitlichkeit, Menschlichkeit, wirklich allseitige Lebensbejahung oder ähnlich nennt, niemals durch den Denker oder den Träumer oder aber den Gewaltmenschen erreicht und dargestellt wurde, sondern einzig durch jene, die ihr Erleben und Handeln aus dem die ganze Welt erfüllenden Tanz der leiblich-seelisch-geistigen Erscheinungen schöpften. Ich sah auch, daß die Kunst des Tanzes der einzige reine Vollausdruck dieses Erlebens sein kann, wenn er es auch heute leider nicht immer zu sein scheint. Er scheint es aber nur nicht zu sein, weil man den Tanz nicht pflegt und daher nicht kennt. Man nennt so grundverschiedene Dinge Tanz und Tanzkunst, daß kein klarumrissener Begriff und keine volle Wertung zustandekommen kann. [...]

Was nicht ganz in den privilegierten Ausmesser der Welt, in unseren Verstand, eingeht, bezeichnet man gerne als mystisch, okkult, intuitiv oder dergleichen. Es gibt wohl kein Wesen in der Natur, dem die Verschwommenheiten der genannten Anschauungen mehr zuwider sind als dem Tänzer. Meist vom Intellekt, von einem Fühlverstand getragen, sind diese Abstraktionen nicht mehr wert als alle anderen einseitigen Begriffsbilder. Sie wurzeln nicht im Weltganzen, sondern in einer besonders gezüchteten Teileigenschaft des Menschen. Mir scheint nun, daß Tanzerleben in keinem Teilempfinden, sondern im ganzen Menschen wurzelt. [...]

Wir wollen hier nun nicht eine vierte, fünfte oder tausendste Fakultät errichten, sondern den Menschen erleben und sagen lassen, was wirklich in ihm schwingt – Tanz. Und zwar soll es Erdentanz sein, ein Leib, der die seiner sinnesscheinbaren Form innewohnende Geistseelenform die allüberall waltende Spannkraft, als Ausdrucksmittel gebraucht.

Der Gedanke der Spannung muß auch noch beleuchtet werden. Der Tänzer stellt sich dabei kein Seil, keinen Strick, keinen stachligen Stern vor (obwohl das recht hübsche Symbole sind), sondern ein zusammenklingendes Sichwahrnehmen, Sichfühlen, Sichbetasten, Sicherleben aller unendlichen Wandelformen und Wandelmöglichkeiten der Welt untereinander. Aus diesem Allgeschehen entsprießt dann ein sinnlich Wahrnehmbares, eine Seinsform, die ich in diesem Werk Ballung nenne. Diese Ballung entsteht, dauert, vergeht und zeugt durch dieses Spannungsspiel das Empfinden Zeit – Raum – Kraft oder Ähnliches.

Wir sehen wohl kaum mit unseren Augen, ebensowenig wie wir mit unseren Ohren hören usw. Um beim Auge zu bleiben: Eine Ballung aus der besonders gearteten Zusammenschwungsform der einheitlichen Unendlichkeit entstanden, wird von einem unserer Organe, dem Auge, deutlich und grob gespiegelt. Deutlich im Sinne von „deutbar". Unsere Erfahrung deutet die Erscheinung als eine raumbeanspruchende Ballung, ein Ding. Unsere Forschung deutet das Auge als Dunkelkammer. Der Vorgang des Sehens und das Erkennen des Wesens des wahrgenommenen Dinges wird dadurch natürlich nicht geklärt. Was sieht? Das Auge? Das ganze Wesen? Ich glaube, unser Verstand vermag dieses Rätsel nicht zu lösen. Es ist doch auch gänzlich gleichgültig für unser Erkennen. Ich gehe an einem Abend in den Wald. Baumkonturen türmen sich und stürzen um einen Fleck fahlen Himmels. Ein Wolkenstreifen zieht steil und schräg durch diesen Fleck. Darunter, daneben steht ein Stern. Ich bin ergriffen. Mein Weg führte mich an einen Ort, wo ein Ballungsakkord, eine Spannung, einen Gedanken Gottes, der von jeher in mir schlummerte, erweckte. Ich kann den mathematischen oder ästhetischen Maßen der Erscheinung nachsinnen; kann auch über ihrer Einwirkung in Jauchzen oder Tränen ausbrechen. Auch kann ich mir bloß sagen: „Morgen gibt es sicher schönes

Wetter." Gleichviel: Ein Gedanke Gottes ist in mir erwacht. Erlebe ich diese Spannung nun vollbewußt und weiß ich sie in mein Leben einzuweben, so bin ich ein Tänzer. Andernfalls bin ich vielleicht ein Gelehrter, ein Priester, ein Träumer, ein guter oder schlechter Werkender oder sonst etwas, aber Tänzer bin ich nicht.

Der Wunsch, den Menschen tänzerisches Welterleben zugänglich zu machen, ist keineswegs neu. Ja, man kann sagen, das Bedeutendste, was Menschengeist schuf, war immer vom Tänzergeist getragen. Natürlich ist aber Tänzertum deshalb nicht maßlose Selbstüberhebung. In vielem Unscheinbarsten wirkt Tänzergeist ebenso stark wie in den Werken der Größten. Das Kind, die ganze unbewußt scheinende Natur und viele schlichte Menschen, die nie ein Werk oder nur bescheidene Werke schufen, sind von ihm erfüllt.

Das Wissen vom Tanz trennte man schon von altersher in Choreographie und Choreosophie. Die Choreographie beschreibt den Tanz, sei es nun in Worten, tanztechnischen Begriffen, Zeichen, Bildern, oder in musikalisch-rhythmischer Schrift. Diese Begriffe, Bilder und Schriften sind aber erst voll verständlich, wenn man sich die Grundanschauung, man möchte fast sagen, den Glauben des Tänzers klar macht. Von diesem Glauben handelt die Choreosophie. Plato hat in seinem „Timäus" die Kosmogonie des Pythagoras übermittelt, die eine Art tänzerischen Glaubensbekenntnisses ist. Die Nachfolger des Dschella-eddin-Ruminu (Sohn des Begründers des Ordens der tanzenden Derwische), deren Dichtung und Weltsehen unter dem Sammelnamen „Sufismus" bekannt ist, haben das Weltgeschehen als den Tanz der Sphären um Gott besungen. Im Mittelalter bestanden zahlreiche Bünde, die in ihren rituellen Zusammenkünften den Tanz als die Quelle aller Erkenntnis und als das Wesen alles Seins priesen. In den Mythologien aller Völker ist dem Tänzer ein eigener Glauben und eine besondere Wesensart zugeschrieben. Konfuzius nahte dem Tänzertum in seinen gesellschaftlich rituellen Moralgesetzen von einer anderen, der erzieherischen Seite. Nietzsches Zarathustra nennt den Tänzer als Eigenmenschen. Die Aufzählung der großen Choreosophen der Vergangenheit könnte Bände fällen.

Was kennzeichnet nun kurz, zusammengefasst, die Anschauung des Tänzers? Vor allem seine unbedingte Ehrfurcht vor tänzerischem Geschehen und die Hingabe an den Kern alles Seins, an die wohlgeordnete Bewegung, den Tanz. Diese Hingabe ist eine so ausschließliche, daß alles andere daneben verblaßt. Die Neigungen und Triebe, denen die Menschen sonst dienstbar sind, erhalten für den Tänzer Wert und Sinn erst durch ihre Beziehung zum Tanz. Diese Verehrung des Tanzes oder vielmehr der Tanzkraft der Welt bringt es mit sich, daß auch die tastbare Welt, dieser Symbolträger alles Seins, beachtet, geschätzt und bewundert wird. Gleich weit entfernt vom Abtötenwollen wie von der sinnlich materialistischen Überschätzung der Erscheinungswelt und ihrer Einwirkungen, steht ein eigentümlicher Glaube an die Kraft und Güte alles Seienden vor uns, die wir immer wieder nur beim tänzerischen Menschen in voller Reinheit und Abrundung finden. Tänzer ist jeder Künstler, mancher Denker und Träumer und in seinem unerkannten Grundwesen jeder Mensch. Tanz ist es, der aus dem Gedankenreigen des Dichters, dem Klangreigen des Musikers und den Bildern der Maler, Former und Geräteschaffer zu uns spricht. Tanz ist alle Kultur, alle Gesellschaftlichkeit. Tanz ist die Schwungkraft, die untastbare Vorstellungen zur Religion reiht. Tanz ist alles Wissen, Schauen und Bauen, das den Forscher und Tatmenschen erfüllt. Doch das reinste Abbild des Tanzes der Tänze, des Weltgeschehens, ist der Reigen, den der Menschenkörper schwingt.

Die Sonderstellung des Künstlers im Leben ist in diesem Glauben begründet. Er gibt die Kraft dieses Glaubens in seiner Kunst und darüber hinaus in der Tanzforschung und der Erziehung zum Tänzertum. Selbst der armseligste Kunstunterricht ist von diesem Glauben durchleuchtet. Was wir an theoretischen, ästhetischen und technischen Aufzeichnungen über den Tanz und die Kunst überhaupt haben, ist von diesem Glauben getragen. [...]

Es gibt ganz wenige Tänzer, wie es auch nur wenige wahre Dichter, Musiker und Bildner gibt. Neben der Tanzkunst steht die Tanzkunstfertigkeit. Vieles, was Tanz genannt wird, ist unkünstlerische Gymnastik, Akrobatik, lebende Bildstellerei, Schöngeisterei, Erotismus und ähnliches mehr. Wir sind am Anfang des Verständnisses für den tieferen Inhalt dieser Kunst und dürfen daher über sie nicht urteilen oder gar aburteilen. Wir können nur ehrfürchtig in die Werkstatt der Natur blicken, in der Tänzergeist entsteht.

Die Form, in die ich meine aus tausend Tänzen, Gesprächen mit Tänzern, Schriften über Tanz und Bewegung, ferner aus dem Unterrichten und Einstudieren von Tanz gewonnenen Einsichten kleide, ist der Gedankenreigen. Tanz erklärt sich nur im Tanz. Die gedanklichen Motive im Sinne tänzerischer Komposition zu ordnen und den Gedanken als körperlich-seelisch-geistige Bewegung zu erfassen, ist die Grundaufgabe dessen, der einen Gedankenreigen schafft. Die plastische Verwandtschaft der Begriffe und Gedanken untereinander steht über den logischen Zusammenhängen. Logik ist ein Teilgebiet der tänzerisch-plastischen Gedankenspannungsverwandtschaft, der Grundlage tänzerischen Denkens. [...]

Tanz erfordert Überwindung der Trägheit. Er schmeichelt also einem der Grundinsinkte des Menschen keineswegs. Tanz bringt aber auch Befreiung, und ich persönlich glaube, daß der Mensch die Schwelle überschritten hat, an der die Trägheit über den Freiheits- oder Leichtewunsch überwiegt. Nicht überall in jedem Einzelnen, aber in der Mehrzahl der Menschen lebt Tanz – Tanz, der erweckt werden will.

Rudolf von Laban: Der Mönch.

FRANZ KAFKA (1883 – 1924)

Auch Kafka vergleicht das Leben mit dem Tanz. Es gibt eine rituelle Ordnung für die Tanzenden, die seit eh und je bekannt ist. Aber in diese Ordnung dringt der Zufall ein, unberechenbar und unbegründet. Der Zusammenhang zwischen der Ordnung des Ganzen und dem Antrieb des Einzelnen, sich in dieser Ordnung zurecht zu finden, erscheint dunkel. Der Einzelne ist ungeschickt, bringt Unordnung in die Reihen und „weiß nur von seinem Unglück". Kafkas Blick auf die Gesellschaft und ihre Institutionen offenbart – kondensiert im Blick auf den Tanz – das Fundament seiner Weltsicht. „Das Ritual als Vollzug gesellschaftlichen Umgangs hat sich verselbständigt und vom Menschenverkehr gelöst. Der Einzelne, der in den rituellen Prozeß verwickelt ist, wird zuletzt ganz aus ihm verdrängt – ein Opfer der Gewalt." Der Tanz ist das Bild gesellschaftlicher, auch administrativer Macht und ihrer anonymen Dynamik, ein Quellpunkt anarchischer Gewalt. Diese These spielt Kafka in seinen Romanen und Erzählungen immer wieder durch.

(J. Schillemeit (Hrsg.): Franz Kafka. Nachgelassene Schriften und Fragmente. In: Franz Kafka. Schriften, Tagebücher, Briefe. Kritische Ausgabe. Bd. 2. Hrsg. v. J. Born, G. Neumann u. a. Frankfurt a.M. 1992. S. 70.)

Tanz – Bild willkürlicher Ordnung

[...] Das Gesetz der Quadrille ist klar, alle Tänzer kennen es, es gilt für alle Zeiten. Aber irgendeine der Zufälligkeiten des Lebens, die nie geschehen dürften, aber immer wieder geschehen, bringt dich allein zwischen die Reihen. Vielleicht verwirren sich dadurch auch die Reihen selbst, aber das weißt du nicht. Du weißt nur von Deinem Unglück. [...]

JOHANNES VON GUENTHER (1886 – 1973)

Der Slavist, Übersetzer und Schriftsteller (Romane und Dramen) Johannes von Guenther erinnert in seinem Text an die alte Verbindung von Tanz und Schauspielkunst und möchte diese insbesondere für die zeitgenössischen Aufführungen wieder lebendig machen. Der Schauspieler ist nicht nur Sprechkünstler, sondern ein Darsteller, der mit seinem ganzen Körper und seinen Bewegungen eine „Rolle" lebendig macht. In seiner differenzierten Betrachtung beider Künste formuliert er eine in der Geschichte des Tanzes bekannte Einsicht neu: Der Tanz ist eine symbolisch gesteigerte Bewegung: in ihm „verdichten" sich die menschlichen Bewegungs- und Ausdrucksformen. Der Tänzer ist kein „Naturalist". Auch der Schauspieler kann in seinen Bewegungen kein „Naturalist" sein. Dazu reichen weder die Aufführungszeit noch der Aufführungsraum. Das allein erzwingt schon eine tänzerisch gestaltete Bewegung. Der Schauspieler und spätere Direktor des Wiener Burgtheaters Lothar Müthel (1896-1964) erscheint ihm als der vollendete Schauspieler.

(Tanz und Musik. In: R. von Laban u.a.: Die tänzerische Situation unserer Zeit. Ein Querschnitt. Dresden 1936. S. 43-50.)

Tanz und Schauspiel

Der Tänzer muß sich belehren lassen: Schauspielkunst ist Ausspielen verborgener Anlagen, ist Offenbarung machtvoll zusammengezogenen Lebens. Und der Schauspieler muß sich belehren lassen: Tanz ist gesteigerte triebmäßige Bewegung, ist künstlerische Auswertung des Körperspiels; all die Bewegungsmöglichkeiten des gesund gewachsenen und gesund geübten Leibes bilden ein Instrument, ein Ausdruckswerk für Empfindungen. Beide, der Tänzer und der Schauspieler, werden aber auch erkennen, daß ihre Künste eng verwandt sind, weil sie beide darstellen, mit Mitteln des Leiblichen darstellen, und daß der Tanz, als echte Kunst ausgeübt, und das Schauspiel, als echte Kunst ausgeübt, sich sogar innigst treffen, weil sie das Wesen darstellen.

Mensch, werde wesentlich: Denn wenn die Welt vergeht,
so fällt der Zufall weg, das Wesen – das besteht!
Wenn der Schauspieler und der Tänzer diesen Jakob-Böhme-Spruch festhalten, dann kann der Tanz das Schauspiel durchdringen.

Unsere Alltagsbewegungen sind sehr oft ungefüllt und ungefühlt, inhaltlos und zwecklos. Aber für den Schauspieler muß jede Bewegung sinnvoll sein. Seine Kunst besteht ja zum größten Teil darin, lange Geschehnisse, ja, ein ganzes Leben, in kurze Stunden zusammenzudrängen und so vorzuspielen. In diesem magischen Zwange ist jede Bewegung wesentlich und gehört zum Kunstwerk seines Bewegungsablaufes. Der Schauspieler, der seine Bühnenarbeit ausarbeitet, verwirft ungefüllte, ungefühlte Bewegungen, ja, er erzieht sich dazu, daß unwesentliche, unwichtige Bewegungen gar nicht erst aufkommen. Er behält nur die gefühlten, wesentlichen Bewegungen. Die gibt er sparsam aus, die bindet er in den Rhythmus des Ganzen, in seine Rollenkomposition. Der Schauspieler Walther Franck ist vorbildlich in dieser Schaffensweise, in dieser Haushaltung der Leibesäußerungen.

Der Schauspieler geht. Seine Gangart ist geladen, ihre Dämonie packt uns. In meiner Erinnerung lebt ein primitives Beispiel: Von der bayerischen Bauernbühne Schultes aus Rottach-Egern wurde Billingers „Verlöbnis" aufgeführt. Diese spielenden Bauern waren im Bann ihrer furchtbar heiligen Handlung. Sie gehorchten ihrem Rhythmus. Sie gingen lastend und hackten ihre Worte zueinander.

Die Gangart des Schauspielers ist persönlicher, eindringlicher und überzeugender als Maske und fremdkörperliches Kostüm. Lothar Müthels Gang war in der Rolle des Maharadscha („Kalkutta, den 4. Mai") die katzenartige Sprungbereitschaft, in der Rolle des Wilhelm von Oranien (Goethes „Egmont") der geschlossene Soldatencharakter! Und das waren keine „Verstellungen", sondern das waren natürliche Formen verborgener Anlagen, die aber ans Licht gespielt wurden. [...]

Eine tänzerisch durchdrungene Aufführung – sei es im Lustspiel, sei es im ernsten Spiel – hebt die Zuschauer in einen Zustand des Glücks. Die Haushaltung der Bewegungen, die Präzision des Bewegungsspiels ist fast schon Tanz, ist beglückende Schaukunst.

Die Rhythmisierung des szenischen Lebens wird gefördert und vollends gefordert vom Verse. Ist das Drama in gebundener Rede gedichtet, dann gehört zu der gebundenen Rede auch die gebundene Bewegung. Schwingen die Verse sich auf zum Gesang, so muß auch die gebundene Bewegung noch eine Steigerung erfahren: sie muß nun durchaus Tanz werden. Hier setzt die Reformation des Opernspiels ein. Aber man soll nie vergessen: Auch die ungebundene Rede, wenn sie von primitiver Kraft oder von einem Dichter herrührt, hat ihren geheimen Rhythmus. Ihm muß sich die rhythmisierte Bewegung zuordnen.

Es ist ein Verhängnis der Bühnenkunst, welches nur sehr schwer zum Gegen gewandelt werden kann, daß zur Vollendung eines Bühnenwerkes viele Menschen notwendig sind: natürlich können unter den vielen Kunstausübenden immer nur wenige Künstler sein. Das erschwert ganz besonders die Gruppen- und Massenspiele auf der Bühne. Die Gruppen und Massen ordnen sich allerdings im Zufall des wirklichen Lebens von selber. Aber sie sind plump, roh und ungeordnet im gespielten Zustande – um so mehr, als jene „Kunstausübenden" daran beteiligt sein müssen. Gruppen- und Massenauftritte müssen in der kurzen Stunde des Spiels zusammengedrängt sein, haben also nicht in gehöriger Zeit das allmähliche Werden und Vergehen, das sie in Wirklichkeit aufweisen. Und drittens: dem Bühnenspiel sehen wir nicht bloß mit Neugier, Angst oder Freude zu wie diejenigen, die einem Geschehen des Alltags beiwohnen, sondern wir verlangen danach, ein Kunstwerk aufzunehmen. Darum muß der Spielleiter die Masse – gewiß zuerst genial erregen, dann aber: – behandeln, bändigen! [...]

Ein naturalistischer Kampf auf der Bühne ist ein Unding. Gleichviel, ob wir vor der Bühne oder um den Bühnenplatz herumsitzen: ein naturalistisch vorgeführter Kampf muß uns in den Grenzen des Bühnenraums und der Bühnenzeit gequetscht, kindlich und lächerlich erscheinen. Die Dichter haben deswegen schon meistens Kriegsszenen hinter die Kulissen verlegt. Aber es gibt ein Mittel, den Kampf auf der Bühne zu zeigen: den Kampftanz. [...]

Immerhin ist der Kampftanz einer der großen Gipfel des tänzerisch durchdrungenen Massenspiels. [...]

Rudolf von Laban im „Don Juan", Hertha-Feist-Schule, Berlin

MARY WIGMAN (1886 – 1973)

Mary Wigman, mit bürgerlichem Namen Karoline Sophie Marie Wiegmann, war Schülerin von Rudolf von Laban. Sie entwickelte bald ihren ganz individuellen Tanzstil im Rahmen des „Ausdruckstanzes" und gründete ihre eigene Schule, die „Wigmann-Schule Dresden", die schnell zu internationalem Ruhm kam. Ein eigenes Repertoire und eine große Zahl von Choreographien für Soli und Gruppentänze entstehen. Große Tänzerinnen der Zeit erhielten in ihrer Schule ihre Ausbildung, z.B. Berthe Trümpy, Gret Palucca und Hanya Holm. Sie choreographiert zwar 1936 zur Eröffnung der Olympischen Spiele in Berlin einen Tanz mit achtzig Tänzerinnen, aber bald ist ihre Kunst von den Nationalsozialisten nicht mehr erwünscht. Sie arbeitet fortan an ihren Soloauftritten. Die Stadt Dresden übernimmt 1942 ihre Schule. Nach Ende des Krieges, September 1945, bekommt sie die Genehmigung, ihre Schule dort wieder zu eröffnen, sie geht aber kurz danach nach West-Berlin. 1950 wird sie vom Tänzerbund in Köln eingeladen, einen Vortrag an der Deutschen Sporthochschule zu halten und veranstaltet dort als Gastdozentin Sommerkurse. Sie inszeniert mehrere Opern. Mary Wigman reflektiert den Tanz als Kunst aus der Fülle ihres künstlerischen Schaffens auf philosophisch-ästhetischem Niveau. Sie legt Wert darauf zu zeigen, dass der tänzerische „Ausdruck" nicht ein unmittelbarer Gefühlsausdruck eines individuellen Tänzers ist, sondern die künstlerische „Darstellung" der großen Themen der Menschheit in der Brechung durch die Individualität des Tänzers und seines Choreographen. Ihr Zeitgenosse, der Kabarettist Karl Valentin (1882-1948), hat das etwas schnoddrig, aber treffend formuliert: „Kunst ist schön, macht aber viel Arbeit."

(Die natürliche Bewegung als Grundlage des Tanzes. In: Deutsche Tanzkunst. Dresden 1935. S. 19ff. Vgl. dies.: Der Tanz in seinen verschiedenen Ausdrucks- und Darstellungsformen. Köln. Vortrag an der Deutschen Sporthochschule am 7. Juni 1966.)

Die natürliche Bewegung als Grundlage des Tanzes

Ähnlich wie wir mit dem Wort Musik das unendlich große und weitverzweigte Gesamtgebiet tönender Formen bezeichnen, so umfaßt auch das Wort Tanz den ganzen Reichtum jener rhythmisch schwingenden Formenwelt, die der Mensch durch das Medium seiner körperlichen Bewegung hervorzurufen vermag.

Volkstanz, Gesellschaftstanz, Kunsttanz – wie verschieden sie in Gestaltung, Wirkung und Zielsetzung auch sein mögen – sie alle leben doch immer wieder nur von und aus dem einen: der lebendigen Bewegung des menschlichen Körpers. [...] Um von vornherein jedem Mißverständnis vorzubeugen, möchte ich meinem Thema erst einmal etwas Prinzipielles vorausschicken. Volkstanz und Kunsttanz zum Beispiel bauen sich auf der natürlichen Bewegung des Menschen auf. Ihr gegenseitiges Verhältnis ist nicht anders wie das zwischen bildender Kunst und Volkskunst, zwischen Musik und Volksmusik. Jeder Künstler – auch der Tänzer – unterscheidet sich vom Nichtkünstler ja nicht durch ein der Natur und dem Volk fremdes Element, sondern durch die Kraft seiner Begabung.

Die angeborene Begabung ist eine im Menschen vorhandene Fähigkeit, das Natürliche, das Naturgemäße zu einer Höhe und Vollkommenheit zu steigern, daß damit allerdings etwas Neues entsteht. Das äußere Kennzeichen dieses Neuen ist die Form, und deshalb muß sich der Künstler oft ungerechterweise den Vorwurf machen lassen, seine Kunst sei formal und volksfremd. Das ist genau so falsch, als wenn man das malende Kind oder den musizierenden Dilettanten etwa zum Maßstab der Kunst eines Dürer oder eines Mozart machen wollte. Jeder Künstler kann ja gar nicht anders als aus dem Kind oder dem Volk herauswachsen! Dieses aber in der Gestaltung überwinden, heißt ja niemals den Ursprung verraten, sondern ihn veredeln, steigern, sublimieren und zu dem Endergebnis des gestalteten Kunstwerkes hinaufführen. [...]

Als Spitze, Spitzenleistung und ideales Resultat haben wir im Tanz – wie auf allen anderen künstlerischen Gebieten auch – das gestaltete Kunstwerk anzusehen. Das Kunstwerk, das in seiner einmaligen und endgültigen Form über seinen Schöpfer hinaus wirksam werden kann, das also nicht nur dem einen oder dem anderen, sondern vielen und die verschiedensten Menschen etwas zu sagen und zu geben vermag.

Wir sagen Kunstwerk! – Sehen wir uns das Wort näher an, so verbindet es zwei Begriffe zur Einheit: Kunst und Werk. Kunst besteht für uns niemals in der direkten Nachahmung eines rein realistischen Vorganges. Kunst ist stets Überhöhung und Umdeutung des Nur-Naturhaften. Kunst ist darüber hinaus aber auch Schöpfung und Erfindung. Und Kunst spricht zu uns im Gleichnis und im Symbol.

Werk aber meint: werken, wirken, erwirken. Werk heißt: handeln, schaffen und arbeiten. [...]

Wenn sich eine Anzahl Menschen – sagen wir ruhig ein Publikum – einen Tanzabend ansieht, so wird es sich in erster Linie mit der dargebotenen Programmfolge, mit den fertigen Tänzen selber auseinandersetzen. Es sieht und erlebt – durch die Darstellung – ein Endgültiges, ein in sich abgeschlossenes Ganzes, nämlich: die Gestaltung, die Komposition. Und je nach seiner inneren Verfassung wird sich der einzelne Zuschauer dazu verhalten. Er läßt sich davon begeistern, er lehnt es ab. Er wird in seinem Wesen davon ergriffen und sagt „Ja", oder er bleibt unberührt und wird es verneinen.

Jedenfalls gilt die Auseinandersetzung in den meisten Fällen dem Tanzkunstwerk selber, und viel seltener oder auch gar nicht wird im Augenblick des Erlebens die Frage laut werden, die uns im Zusammenhang mit unserem Thema besonders beschäftigen muß, die Frage: wie ist der darstellende Tänzer – der ja fast immer auch als Schöpfer des Tanzkunstwerkes anzusprechen ist – zu seinem Werk gekommen? Welchen Weg hat er zurücklegen müssen, um schließlich zu dem Resultat zu gelangen, das von der Bühne her auf uns einwirkt? Was für Kräfte haben zusammenströmen müssen, damit Ausdrucksdrang und Schaffenstrieb Gestalt annehmen und sich zu klarer Form verdichten konnten? Auf welche Mittel ist der Tänzer angewiesen, und wie ist das Material beschaffen, mit dem er arbeitet?

Der Beantwortung dieser Fragen müssen wir erst einmal etwas nicht Unwesentliches vorausschicken: der tanzende Mensch verfügt über keinerlei außer ihm liegende Ausdrucks- und Gestaltungsmittel. Er ist in jeder seiner Äußerungen angewiesen auf die natürlichen Gegebenheiten seines Körpers und auf die in diesem Körper lebendig vorhandene Bewegung. Ihre Auslösung und Entladung, ihre räumliche Sichtbarkeit nun erfährt die körperliche Bewegung durch die dem Menschen ebenfalls natürlich gegebene rhythmische Kraft.

Körper und körperliche Bewegung sind eins im Tanz! Und wenn auch die Möglichkeit besteht, sie in der Theorie gesondert zu behandeln, in der Praxis, im Tanz selber bilden sie eine untrennbare Einheit und sind vom Menschen nicht zu lösen.

Wir dürfen daher sagen: das Material des Tanzes ist Bewegung, die sich auf Grund der rhythmischen Kraft im Menschen offenbart. Mittler und Vermittler dieser Bewegung – Instrument des Tanzes also im allervornehmsten Sinne des Wortes – ist der menschliche Körper. Träger aber dieser körperbewegten Einheit ist der Mensch selber. Der Mensch, der sich im Tanz mitzuteilen vermag, der die Kraft hat, die Bilder seiner inneren Schau in die Wirklichkeit zu bannen, der ihnen die sichtbare Gestalt gibt im Tanz und im Tanzkunstwerk.

Wir haben also eine Dreiheit, die sich in ihrer Auswirkung als Einheit darstellt: der Mensch, sein Körper und seine rhythmisch fundierte Bewegung. Diese Einheit bildet die natürliche Grundlage aller tänzerischen Äußerungen und ist daher auch die unbedingt erforderliche Voraussetzung für den Tanz.

Tanz ist – wie jede andere Kunstgattung auch – Mitteilung, gesprochen in einer über den Alltag gehobenen Sprache vom Menschen und für den Menschen. Das Bedürfnis, sich mitzuteilen, ist dem Menschen ebenfalls von der Natur gegeben und gehört mit zu jenen Kräften, die den Antrieb zum Schaffen bilden und als Vorbedingung für das werdende Tanzkunstwerk unerläßlich sind.

Wir haben von Mensch, Körper und Bewegung gesprochen, von der dem Menschen innewohnenden rhythmischen Kraft, von der Fähigkeit und Notwendigkeit des „Sichmitteilens" als den natürlichen Gegebenheiten und den natürlichen Voraussetzungen für jede tänzerische Äußerung überhaupt. Und es sind zweifellos diese allen Menschen gemeinsam gehörigen Bedingungen, die dem Tanzkunstwerk die Wirkung ermöglichen, die es erlebbar, übertragbar und auch verstehbar machen.

Wie sollte Musik uns ergreifen und erschüttern, wenn nicht in jedem von uns der Ton als natürliche Lebensäußerung lebendig wäre?

Was hätte die Malerei uns zu sagen, wenn die Natur uns nicht die Sehkraft gegeben hätte, wenn die Beschaffenheit unseres Auges uns die Farbe nicht zum unmittelbaren und selbstverständlichen Erlebnis werden ließe?

Was ginge uns letzten Endes der Tanz an, wenn die Bewegungsfähigkeit uns nicht so selbstverständlich wäre, daß kein Mensch danach fragt, woher sie uns kommt! [...]

Im Kunstwerk hat der schöpferisch begabte Mensch, der Künstler, den Beweis zu erbringen, daß er des Naturgeschenkes seiner Begabung würdig ist. Durch das Sprachrohr des Kunstwerkes hat er seinen Mitmenschen das wiederzugeben und zu bringen, was ihm die Natur an besonderen Kräften und außergewöhnlichen Fähigkeiten auf den Lebensweg mitgab. [...]

Fragen wir nun, was für Erlebnisse es eigentlich sind, die die Phantasie des schöpferisch begabten Tänzers so zu erregen und anzuregen vermögen, daß es ihn zur Gestaltung zwingt, so fragen wir damit gleichzeitig nach den Inhalten des Tanzes überhaupt.

Diese Inhalte sind menschlicher Natur! Es geht auch im Tanz wie in den übrigen Künsten – um den Menschen und sein Schicksal, um alles, was dieses Urthema darstellerischer Gestaltung in sich schließt. Es geht um Freudiges und Schmerzliches, um Tragisches und Spielerisches, um Lastendes, Befreiendes und Festliches! – Es geht um Stark und Schwach, um Hell und Dunkel, um Tag und Traum. Es geht um Gott und Dämon, um Erde und Himmel, um Leben und Sterben, so wie sich dieses alles in der Erlebniswelt des Menschen spiegelt. [...]

Die Formungen und Durchgestaltungen nun, die diese aus der Erlebniswelt des tanzenden Menschen aufsteigender Inhalte erfahren, sind nicht in gleicher Weise umwandelbar und zeitlos. Sie sind veränderlich und in demselben Sinn zeitgebunden, wie es der Mensch in seiner gesamten Lebenshaltung ist. Denn auch er ist ja der Zeit verhaftet, in die er hineingeboren wurde. Wir dürfen also sagen: die Formensprache des Tanzes steht – wie die aller übrigen Künste auch – unter dem Gesetz der sich ständig wandelnden Zeit und muß sich daher in und mit dieser verwandeln.

Es mag auf den ersten Blick scheinen, als läge hierin ein Widerspruch, als gäbe es auf der einen Seite einen endgültig festgesetzten Inhalt und auf der anderen Seite eine irgendwo in der Luft schwebende Form, der man sich je nach Lust und Laune bedienen kann. Der Mensch, der in der Welt künstlerischen Schaffens auch nur einigermaßen zu Hause ist, weiß, daß ein solcher Widerspruch nicht besteht. Gilt doch sein schöpferisches Ringen gerade der Einheit von Inhalt und Form.

Künstlerische Form ist niemals etwas Äußerliches, an einen gegebenen Inhalt von außen Herangetragenes! Das echte Kunstwerk duldet keine Willkür der Form. Denn diese entsteht organisch und wird bestimmt von den jeweiligen Möglichkeiten des zeitlich begrenzten Menschen. [...]

Erst wenn der erlebte Inhalt und die diesem Inhalt entsprechende Form zu einer unlöslichen Einheit verschmolzen sind, dürfen wir von Kunstwerk und künstlerischer Gestaltung sprechen.

An dieser Stelle mag ein Hinweis auf die historisch gewordene und als „Klassisch" bezeichnete Tanzkunst des Balletts als Beispiel für die Zwangsläufigkeit auf dem Gebiete des künstlerischen Tanzes eingeschaltet werden.

Nicht die Willkür oder gar die Sensationslust eines einzelnen Menschen brach in die sorgfältig gehütete Tradition des europäischen Kunsttanzes ein. Nicht Mißachtung der Leistung oder Unterschätzung eines überkommenen Kulturgutes waren die Triebkräfte einer sich bahnbrechenden Erneuerung. Es vollzog sich vielmehr eine zeitnotwendige Wandlung der Form – ein Prozeß, der auf allen übrigen Gebieten der Kunst, wenn auch nicht zu gleicher Zeit, so doch in ähnlicher Weise immer wieder stattgefunden hat. [...]

So entstand um die Jahrhundertwende in Deutschland der in seinen Anfängen als „modern" bezeichnete Kunsttanz. Im Verlauf seiner kurzen Entwicklung hat sich dieser Tanz eine Weltgeltung erkämpft, die ihn heute dazu berechtigt, als „der neue deutsche Tanz" das Interesse seines Heimatlandes zu fordern.

Es braucht nicht geleugnet werden, daß während der ersten Entwicklungsphase des neuen Tanzes ein heftiger Kampf zwischen „Alt" und „Neu", zwischen „Klassischen" und „Modern" entbrannte. Was war natürlicher? Die junge Bewegung brauchte Raum, brauchte Wirkungsmöglichkeiten. Und der an seinen Überlieferungen festhaltende klassische Tanz verteidigte mit allen Mitteln seine gewissermaßen verbrieften Rechte. Wir dürfen annehmen, daß diese Kampfesphase nun zum Abschluß gelangt ist, daß eine gegenseitige Repektierung und Anerkennung nicht nur zur allgemeinen Befriedung führt, sondern das weitere Blühen des gesamten künstlerischen Tanzes in Deutschland garantiert und fördert. [...]

Wenn das Entstehungsmoment, die Intuition, der Augenblick künstlerischer Empfängnis sich auch fast immer dem Bewußtsein des Schaffenden entzieht, so tritt mit der Gestaltwerdung und ihren unerbittlichen Wirklichkeitsforderungen das bisher vielleicht nur Geahnte, Gefühlte- das noch Unbewußte ins Bewußtsein des Künstlers. Und mit diesem Augenblick beginnt für den Schaffenden die eigentliche Arbeit. Er steigt aus dem beschwingten und beseligenden Zustand schöpferischer Ergriffenheit in die Welt der Wirklichkeiten, er tritt den Weg zur künstlerischen Tat an. Dem schöpferisch begabten Tänzer bedeutet der Eingang in die Ebene des Bewußtseins nun keineswegs eine Spaltung oder gar eine Ernüchterung. Die Begabung des wahren Künstlers enthält wohl stets jene glückliche Mischung von schöpferischer Eingebung und künstlerischem Bewußtsein, die einander niemals stören, sondern ergänzen und fördern. Ein begeistertes Stammeln, ein Schluchzen oder Aufjauchzen ist ja noch nicht Poesie! Das wahllose Aneinanderreihen bildhafter Visionen, wie sie im Augenblick schöpferischer Erregung in uns aufsteigen mögen – ist ja noch nicht Gestaltung! Oder, um einen Fachausdruck zu gebrauchen: Improvisation ist nicht gleichbedeutend mit Komposition.

Ist nun dem Tänzer sein schöpferischer Einfall sozusagen im Schlaf oder in einer Art Traumzustand gekommen, so verlangt die Gestaltgebung, die Komposition von ihm die geistige Verarbeitung dieses Einfalls. Komponieren und Gestalten ist – auch im Tanz – ein geistiger Prozeß, und die Arbeit, die der Tänzer hier zu leisten hat, ist einmal: seinen schöpferischen Einfall aus der Ebene des Erlebens in die des Erkennens zu heben. Und ein anderes Mal, diesen Einfall daraufhin zu prüfen, ob er stark genug ist, um den Aufbau und Ausbau der Tanzkomposition zu tragen. Alle Zufälligkeiten der Augenblickseingebung müssen schwinden, damit das Wesentliche sich behaupten kann, damit der Einfall, geklärt, von allen Schlacken befreit und geläutert, sich zum tänzerischen Motiv, zum Thema des Tanzes verdichtet.

Das tänzerische Thema aber tritt vor unser Auge als rhythmisch gegliederter und klar geformter körperlicher Bewegungsablauf. [...]

Ist der Schaffensprozeß beendet, und hat das Werk in der Komposition seine endgültige Fassung erhalten, so tritt eine neue Aufgabe an den Tänzer heran: die Aufgabe der Darstellung. Hieß es während des Kristallisationsprozesses der Gestaltung für den Tänzer das allzu Persönliche um den Werkes willen zurückzustellen – ich möchte fast sagen, sich zu objektivieren, so heißt es nun: sich das selbstgeschaffene Werk wieder zu erobern; sie mit seinem Wesen, seinem Blut zu füllen und sie damit zu jenem Urgrund zurückzuführen, aus dem sie dem Tänzer gekommen ist.

Nur wenn ihm das gelingt, wird er auch in der Lage sein, das Tanzkunstwerk nicht einmal, sondern immer wieder darzustellen und in der Reproduktion die Kraft finden, es bei jeder Wiederholung von neuem zu erleben und schöpferisch zu durchdringen. Und nur dann wird der Tanz auch zu anderen Menschen sprechen, nur dann wird das Tanzkunstwerk zu einem Erlebnis werden, das auch andere Menschen zu erschüttern, zu begeistern und zu erheben vermag. [...]

Mary Wigman: Zweite Vision, Dresden

FRANK THIESS (1890 – 1977)

Der Schriftsteller Frank Thiess legt 1923 – auf dem Höhepunkt der künstlerischen Neuerungen im Tanz – seine „Studien zu einer Ästhetik der Tanzkunst" vor. Das ist – nach Valérys Aufsatz – der erste zusammenhängende philosophische Text zum Thema „Tanz" in der neueren Zeit. Der Tanz hat seit Isadora Duncan eine enorme künstlerische Präsenz gewonnen, so dass er nicht mehr nur mit einem Seitenblick der philosophischen Ästhetik abgehandelt werden kann. Frank Thiess hat das Verdienst, die spezifische „Sprache der Tanzkunst" auf den Begriff der philosophischen Ästhetik gebracht zu haben. Die verwendete philosophische Begrifflichkeit speist sich aus der „Lebensphilosophie" der Jahrhundertwende, die – hier sind die Namen Nietzsche, Dilthey, Simmel und Bergson zu nennen – versucht, die weitgreifende Profanisierung der Welt, wie sie durch Naturwissenschaft, Technik, Industrie und Kommerz geschieht, zu kompensieren. Grundlegend ist die Gewissheit von der großen Einheit des flutenden All-lebens, die der Künstler – und bei Thiess speziell der Tänzer – erfährt. Trotz der Zeitgebundenheit des philosophischen Hintergrundes gelingen dem Autoren allgemeine Aussagen zum „Tanz als Kunst".

(Der Tanz als Kunstwerk. Studien zu einer Ästhetik der Tanzkunst. München 1923. S. 51ff. und S. 63ff.)

Bewegung und Rhythmus

Betrachtet man den Tanz als eine in sich geschlossene fortlaufende Erscheinung, so stellt er – roh geschaut – eine Reihe von Bewegungen dar, die sich steigern, verändern und vollenden. Die größere Anzahl dieser Bewegungen scheint obendrein denen des realen Lebens durchaus verwandt zu sein, wie ja auch das Wort („Bewegung") im Tanz wie im Leben für den gleichen Vorgang Gültigkeit hat. Man wird also, um sein Wesen irgendwie festzuhalten und das spezifisch Künstlerische aus dem Allgemeinen herausschälen zu können, die unterscheidenden Merkmale zwischen künstlerischer und realer Bewegung suchen und untersuchen müssen.

Wodurch unterscheidet sich die künstlerische (tänzerische) Bewegung von der realen? Nun denn, kurz gesagt, durch drei Charakteristiken zeitlicher, räumlicher und inhaltlicher Natur: Rhythmus, Linie, Selbstzweck der Bewegung.

Sind die alltäglichen Bewegungen – wenn wir von gewissen Arbeitsleistungen absehen – unrhythmisch gestaltet, so ist das Wesen der tänzerischen Bewegung in ihrer rhythmischen Gebundenheit zu suchen. Und zwar in solchem Maße, daß ein

jedes Aussetzen des Rhythmus innerhalb des Tanzes sein Gewebe zerreißen und
ihn aus einer künstlerischen zu einer realen Erscheinung herabsetzen würde. Durch
den Rhythmus ist der Bewegung erst eine Form eine Einteilung und Skansion gegeben, die kein unnötiges Verweilen und kein unnötiges Überhasten eines Zustandes mehr gestattet. Der Rhythmus im Tanz entspricht vielleicht dem Gesetz der
notwendigen Einheit in der Dichtung. Er verhindert das ziellose Zerfallen des
„Stoffes" und gibt ihm durch ein einheitliches Gebundensein erst die geschlossene
und effektvolle Erscheinung. Das Strukturlose ist stets wirkungslos. Ein Wörter-
buch, das substanziell in sich alle Weisheit der Welt vereinigt, wäre ohne Einheit
ein völlig nutzloses Ding; aber durch die Einheit der alphabetischen Anordnung
vermochte man ihm plötzlich Zweck und Bedeutung zu geben. Das prachtvollste
Temperament, mag es mit entschiedenem Gefühl für das Kompositionelle im Tanz
gepaart sein, würde ohne Rhythmus wirkungslos verpuffen.

Der Zweck des Rhythmus ist also Gestaltung des „Bewegungsstoffes". Ich sage
Zweck des Rhythmus, nicht Zweck der Bewegung. Hier liegt ein grundlegender
Unterschied, der uns auf den zweiten Faktor hinweist, welcher die tänzerische
Bewegtheit von der realen trennt: Die reale ist Mittel zum Zweck, die tänzerische
Selbstzweck (in Parenthese: Daß die alltäglichen Bewegungen nicht nur Zweck-
bewegungen, sondern auch Selbstzweckbewegungen sein sollen, ist eine überaus
wichtige gesellschafts-ästhetische Forderung, streift aber nicht das Wesentliche der
Unterscheidung: Denn die alltägliche Bewegung soll auch selbstzwecklich schön
sein, die tänzerische nur selbstzwecklich schön). […]

Die Bedeutung der rhythmischen Linie im Tanze (von der dekorativen Linie später) liegt darin, daß in ihr, d.h. in jedem ihrer Taktabschnitte, bereits die Dynamik
des Ganzen zum Ausdruck kommt. Denn der Tanz ist, trotz rhythmischer Gliede-
rung, keine Addition einzelner Momente, sondern eine fortlaufende organische
Erscheinung, die man als solche nur mit dem Leben vergleichen kann, wo auch
jeder Bruchteil desselben das ganze Leben ist. Man kann unmöglich einen Teil des
Lebens als eine vom Ganzen gesonderte Erscheinung aus dem übrigen herausrei-
ßen (biographisch, d.h. in der Beschreibung wohl, aber nicht metaphysisch), denn
ein jedes Stück Leben ist das unabwendbare Resultat des vorhergehenden und
bereits die knospenhafte Zusammengefaßtheit des kommenden. Und jedes Teilchen Leben, das gerade gelebt wird, jede „Gegenwart" hat damit die Bedeutung
(Symbol) des Ganzen, weshalb ein großer Dichter oder Maler, der einen Menschen
in einem einzigen Lebensabschnitt oder Lebensmoment wiedergibt, in diesem

Abschnitt oder Moment gewissermaßen das ganze Leben sammeln und in nicht näher zu definierender Form zum Ausdruck bringen wird.

Nicht anders beim Tanz. Die einzelne rhythmische Körpergebärde ist kein Einzelnes, kein Unbedingtes, kein Losgelöstes, sondern ein metaphysisch mit dem Ganzen innigst verwobenes Stück. Sie hat die Bedeutung des Ganzen und trägt die Dynamik des gesamten Tanzes in sich gesammelt. Je künstlerisch vollkommener ein Tanz ist, um so machtvoller wird sich in den einzelnen vorüberfliegenden Gebärden sein Charakter und Sinn symbolisieren, um so inniger wird die geringste Bewegung mit der Idee des Ganzen verbunden sein.

In dem kontinuierlichen Wesen des Tanzes liegt auch die oben erhobene Forderung seiner durchgehenden Rhythmisierung begründet. Das Aufheben des Rhythmus ist wie ein Unterbrechen des elektrischen Stroms, das, mag es selbst nur sekundenlang währen, gleichwohl seine Einheitlichkeit zerstört. Der Tanz ist die Umsetzung einer Kraft in rhythmisch-lineare Bewegtheit. Und die Pausen, die großen Zäsuren und „bewegungslosen" Stellen sind natürlich nur scheinbar „bewegungslos", nur scheinbar arhythmisch, in Wirklichkeit aber mit Bewegtheit und rhythmischen Energien geladen. Der Rhythmus hat in solchen Momenten gewissermaßen nur latent unter der Oberfläche zu fließen (nicht anders wie bei einer Taktpause in einem Musikstück) und ist (wie im Verhältnis vom Leben zum Schlaf) nicht sichtbar vielleicht, aber spürbar und bei aller „oberflächlichen" Verborgenheit doch vorhanden. […]

Ferner: wir erwähnten, daß die Dynamik des Tanzes sich nicht nur zeitlich (im Rhythmus), sondern auch räumlich (in der Linie), darstellt. Natürlich gilt hier dasselbe Gesetz wie oben. Denn die Kontinuität der Bewegtheit wird eben durch die Bewegung dargestellt, und so wie sie in jeden Takt hineinfließt, hat sie auch jede Linie mit ihrem Strom zu erfüllen. Freilich ist damit der linearen Gesetzlichkeit des Tanzes noch nicht genügt. Denn die Schönheit der Linie ist ebensowenig eine Zufälligkeit wie das metrische Gefüge des Rhythmus, sondern von unverrückbaren geometrischen und ästhetischen Regeln bestimmt. […]

Die Frage nach Schönheit und Ausdruck der bewegten Linie ist vielleicht nicht so schwer zu beantworten, wenn wir auf das Grundprinzip aller künstlerischen Gestaltung zurückkommen, das wir schon im ersten Teil unserer Untersuchung dahin ausdeuteten, daß Kunst nicht nachbilden, sondern neubilden soll. Wäre jede künstlerische Erscheinung nur ein mehr oder weniger idealisiertes Nachzeichnen der Wirklichkeit, so müßte uns das photographische Handwerk (in der Dichtung wie in der Bildniskunst) genügen. Es genügt uns aber nicht, weil wir eben etwas ganz anderes von der Kunst verlangen. Nicht beliebige Auswahl des Stoffes, sondern Formung des Stoffes soll sie sein. Nicht bloßes Geschehen, sondern Symbol eines Geschehens. Nicht Ding allein, sondern Herkunft und Hinkunft eines Dinges, sein Wesentliches und Bedeutungsvolles. Diese Gesetze sind nun, wie überall in der Kunst, so auch in der Kunst des bewegten Körpers, d.h. in den Linien des Tanzes, wirksam. Und hierin ist vielleicht zuerst das künstlerisch Ausdrucksvolle der linearen Bewegtheit zu suchen: Wie die Dynamik des Tanzes bis in jede Linie zu dringen hat, so auch die Idee des Tanzes. D.h. die schöne Linie ist jetzt nicht mehr Ausdruck einer rhythmischen Bewegtheit allein, sondern Symbol eines durch sie zu Sagenden, wie die Worte und Begriffe Symbole eines durch sie Gesagten sind. [...]

Die Überwindung der Schwere

Als ein wesentliches Attribut des Tanzes ist von jeher die Leichtigkeit angesehen worden. Man beurteilte den Tanz gern nach seiner Federung, und diese Eigenschaft, welche man tanztechnisch als „Ballon" bezeichnet, wurde in der Hoch-Zeit des Balletts in solchem Maße unterstrichen, daß die Tänze vielfach aus einer Reihe fabelhafter Sprünge bestanden, mit denen die Balletteusen dartun wollten, daß die Schwerkraft der Erde sie wirklich so gut wie gar nicht mehr binde.

Daß dies zu höchst unkünstlerischen und unerfreulichen Erscheinungen führte, weiß man. Immerhin aber lag dieser Forderung nach Überwindung der Schwere eine richtige Erkenntnis vom Wesen des Tanzes zugrunde. Denn seine Haupttendenz ist und bleibt die Überwindung der „gewichtigen" Gebundenheit, und die Leichtigkeit der Bewegungen ist vielleicht die technische Kardinalforderung, die man in einen Tänzer stellen muß. Es ist sogar sicher die wichtigste technische Forderung und die notwendige Basis für einen eindrucksvollen Tanz. Ist sie doch nichts anderes als eine Überwindung der materiellen Hemmungen überhaupt und somit innerhalb der Kunst gar keine Einzelerscheinung. Man denke an die Überwindung des Steins in der Plastik, an die Überwindung der Fläche in der Malerei, an die Überwindung des Wortes in der Dichtung usw. Also gerade das eigentliche Material mit dem die jeweilige Kunst arbeitet, ihr Spezifisches und Charakteristisches, soll überwunden werden, soll bis zu einem gewissen Grade nicht mehr in Erscheinung treten. Bis zu einem gewissen Grade! Handelt es sich doch nicht um eine absolute Überwindung der Schwere, die einer Aufhebung der Schwerkraft gleichkäme. Wäre eine Aufhebung der Schwere verlangt, so müßte eine Lufttänzerin, etwa eine Art „Aga, die schwebende Jungfrau" das tanzkünstlerische Ideal sein. Natürlich hätte ein solcher Unsinn nichts mit Tanzkunst zu tun, und das Problem der „Überwindung der Schwere" liegt eben gerade darin, daß es nach den Grenzen fragt, die einem solchen Streben notwendigerweise zu setzen sind. [...]

Über die technische Seite des Problems nur wenige Worte. Der Hebel zur Überwindung ist einerseits im Sprunggelenk und Spann, anderseits im Rücken und in den Schultern zu suchen. Wird der eigentliche Sprung durch Spann und Sprunggelenk (Fesselgelenk) bewirkt, wird durch sie also die Schwere faktisch aufgehoben, so bewirken Rücken und Schultern erst, daß die Schwere auch wirklich als aufgehoben erscheint, d.h. durch sie kommt jenes Phänomen zustande, das man Leichtigkeit im Sprunge nennt. Denn die Leichtigkeit hat mit der Kraftleistung des Spanns und der Fessel nichts zu tun. Ein Sprung kann phänomenal hoch und auch schwer sein. Erst eine federnde Durcharbeitung des Spanns, des Rückens (dessen technische Bedeutung für die Tanzkunst noch weit größer ist als für das Klavierspiel) und eine gelockerte, also keilförmige Schulterhaltung gibt ihm das Ansehen des graziösen Sprungs, läßt uns glauben, es sei hier wirklich für Augenblicke die Schwere aufgehoben. Wie man es denn nicht genug betonen kann, daß es auf die Artistik innerhalb dieser Leistung nur wenig ankommt, sondern auf die leichte Linie, auf den architektonischen Bau der Erscheinung während des Sprunges und seinen Zusammenhang mit den vorhergehenden und folgenden Momenten. Hier ist nun der Ort, auf eine Erscheinung innerhalb der Tanzkunst zu sprechen zu kommen, deren Ursprung direkt aus der Lösung des Schwereproblems herzuleiten ist, und die allmählich das ganze Gebiet des Tanzes gewissermaßen in sich aufgesogen hat: Der Spitzentanz. [...]

Daß der Spitzentanz, einst ein Virtuosenstück, allmählich die gesamte Tanzproduktion auf die Spitze trieb, führten wir an. Nun, für uns ist weniger interessant zu wissen, wohin er führte, als woher er kam. Und hier ist die Antwort ohne Zögern zu geben: er entstammte dem Gedanken von der Überwindung der Schwere. Der Spitzentanz ist der eigentliche Ausdruck, vielleicht kann man sagen, das erstarrte Symbol dieses Gedankens geworden. Wie daher seine Quelle eine rein künstlerische ist und aus der genauen Erkenntnis eines Wesentlichen im Tanz entspringt, so ist die Richtung seines Flusses freilich allmählich mehr und mehr von artistischen Tendenzen beeinflußt worden, bis er dann endlich in einer Ausdrucksform gelandet ist, die mit Kunst so gut wie gar nichts mehr zu tun hat und von modernen Tänzerinnen vielfach sogar schon parodistisch verwertet worden ist. [...]

Dieses Streben, möglichst lange auf der Spitze zu gehen, auf der Spitze zu springen und die verzwicktesten Körperbewegungen auf der Spitze zu machen, führte bei einer ungenügenden Kenntnis der muskularen Körperbildung und einem falschen Training zu so grotesken Verzerrungen, wie man sie mit Schrecken in den ersten Jahren dieses Jahrhunderts und übrigens auch noch heute sehen kann: Der Spann, zu schwach für das Gewicht des Körpers, quillt beulenförmig hervor, bei normaler Verlagerung des Gewichts senkt sich dann der nur für die Spitze trainierte Muskel zum Plattfuß. Das Fesselgelenk wird dadurch unmäßig verbreitert, der große Wadenmuskel tritt heraus, und vor allem bewirkt eine falsche Gewichtsverlagerung und eine völlige Unkenntnis von der Bedeutung der Lendenwirbel jenes eingedrückte Kreuz mit dem eingezogenen Bauch und dem vorspringenden Gesäß, was beinahe schon als typische „Ballettfigur" allgemeine Geltung gewonnen hat. Trostloser Gedanke, daß die Kunst des Körpers den Körper verunstaltet, daß höchste Körperkultur zu solcher Unkultur führen konnte. Gewiß, dem liegt ohne Zweifel eine Unkenntnis aller Anatomie und aller Gesundheit überhaupt zugrunde. Und weil man nicht wußte, was gesund und richtig war, konnte man auch nicht wissen, was schön ist, denn die alte Weisheit von der Identität des gesunden mit dem schönen Körper wird bis zu einem gewissen Grade zu allen Zeiten Geltung haben.

Doch selbst wenn wir von der körperlichen Häßlichkeit absehen, so führt der Spitzentanz, da er mehr sein wollte als nur ein zeitweiliges Sich-auf-die-Spitze-Heben, zu einer starren Ausdruckslosigkeit, die ein paar feste Formen schuf, welche jeder mehr oder weniger erlernen konnte und die dann Ballettkunst, Tanzkunst waren. Daß Persönlichkeiten wie die Pawlowa, die Karsavina, die Fokina (diese bereits nicht uneingeschränkt) selbst diese starre Hülse mit wundervollem Gehalt erfüllen konnten, ist nicht nur die Folge eines unermüdlichen Trainings, sondern vor allem einer genialen Veranlagung. Ein genialer Dichter wird selbst in die erstarrte Form der Alexandriner-Tragödie des 17. Jahrhunderts unvergängliches Leben gießen können. Aber da beim Spitzentanz der Torso ja zur Bewegungslosigkeit verurteilt, der Schritt auf wenige Phrasen reduziert, die Ausdrucksfähigkeit der Arme durch Körper und Beinhaltung verkümmert ist, fallen naturgemäß eine Anzahl von Ausdrucksmomenten, Bewegungen, Linien; Rhythmen, Wendungen und Sprünge fort, und das „Ballett" mit seinen paar wiegenden und auswärtsfüßigen Schritten, die dann immer wieder auf die Höhe hopsen, nähert sich in seiner künstlerischen Eigenart jenen phantastischen Gebilden der Lyrik, die in den Gedichten der Meistersinger beschlossen liegen. Es deutet überhaupt auf völlige Fremdheit mit den Gesetzen der Kunst, wenn man das Leben erst in eine Form pressen will, die schon wie ein Gefäß unveränderlich, unverrückbar dasteht und ihren Inhalt nach links und rechts tyrannisiert. Denn auch der Tanz gibt keine Formen, denen sich das Leben anzubequemen hat, sondern Leben, das sich Formen schafft. Wohl ist es denkbar, daß die lebensvolle Kontinuität eines Tanzes in Momenten einer fast exaltierten „Gehobenheit" in die Form des Tanzes auf der Spitze hineinwächst (vorausgesetzt, daß die Tänzerin Ballettschuhe anhat), aber ihn als ein allzeit bereitliegendes Kleid zu nehmen, in das man für jeden Tanz hineinschlüpfen kann, ganz gleich, ob es zu weit oder zu eng ist, ob der Tanz Heiterkeit oder Ernst verlangt, das scheint doch weitab von allem Sinn und Segen reiner Kunst liegen.

Yvonne Georgi (1903-1975): Bewegungsstudie

MARCEL MARCEAU (geb. 1923)

Marcel Marceau ist nach Jean Louis Barrault (1911-1994) der bedeutendste Pantomime des 20. Jahrhunderts. Seine „Mimodramen" – kleine Szenen des Alltags, mit Grazie und leichtfüßiger Schwermut präsentiert – entstammen der „Kunst der Geste": der Pantomime. In einem Interview mit Herbert Jhering äußert sich der Künstler über seine Kunst in der Nähe und Abgrenzung vom Tanz. Dabei zeigt er, daß der Tanz pantomimische Momente hat oder haben kann, die Pantomime andererseits auch tänzerische Phasen einschließen kann. Schon zur Zeit des Gesprächs hatte Marcel Marceau Weltruhm, er ist in Europa, Asien und Amerika aufgetreten und hat jeweils die Traditionen von Tanz, Schauspiel und Pantomime sehr bewußt registriert.

(H. Jhering: Marcel Marceau. Weltkunst der Pantomime. Nach Gesprächen aufgezeichnet. Zürich o. J. [nach 1953].)

Tanz und Pantomime

[...] *Herbert Jhering*: Sie sprachen vom Tanz. Und diese Frage muß deutlich beantwortet werden, da sie sonst zu manchen Mißverständnissen führt. Wir haben nämlich noch nicht – wahrscheinlich weil der Unterschied zu selbstverständlich ist – von dem Unterschied zwischen Pantomime und Ballett gesprochen. Wenn wir diesen Unterschied untersuchen, kommen wir auf verschiedene Gegensätze sowohl zum klassischen wie zum expressionistischen Tanz. Das russische Ballett, das einen Welterfolg hatte, spielte schon vor dem Ersten Weltkrieg auch in Berlin. Aus seiner Tradition kamen selbst die neuen Komponisten wie Strawinsky und neue Bühnenbildner wie Bakst und Benois. Diese alle mit den großen Tänzern Nijinsky, der Pawlowa und Karsavina erweiterten und modernisierten das klassische Ballett, während Harald Kreutzberg und Jooss eine andere Form entwickelten, die viel mehr mit der verkürzten Wortsprache des Expressionismus im Zusammenhang stand, mit jenen Schreien und Expressionen, die auch im Tanz ausgedrückt worden sind. Welchen Platz nimmt die Pantomime – zwischen diesen Kunstgattungen ein?

Marcel Marceau: Für mich ist die Kunst des Mimen die Kunst der Haltung, wie ich schon gesagt habe, und der Tanz, allgemein das Ballett, die Kunst der Bewegung. Die Kunst des Mimen ist statischer und fest an den Boden gebunden, während sich der Tanz erhebt und den Sprung als Mittel benutzt. Der Tanz dreht sich nach einer Musik, und die Kunst des Mimen vollzieht sich in der Stille.

Herbert Jhering: Können Sie das näher sagen?

Marcel Marceau: Der Mime macht sich durch die Körperhaltung dem Publikum deutlich. Ein Schauspieler, der die Rampe betritt, ist wie ein Metall, das erklingt. Etienne Decroux, mein Lehrer, sagte oft zu mir, dieser oder jener Schauspieler sei Metall. Er sagte dies von Raimu und von Maurice Chevalier. Jahre später begriff ich, was er damit sagen wollte. Wenn die Intensität nachläßt, kann das Publikum die Ausstrahlung des Schauspielers weniger stark wahrnehmen. Sogar ein lyrischer Schauspieler strahlt so etwas wie stumme Töne aus. So hat Pierre Verry, der die Ankündigungstafeln für unsere Stilübungen und Bip-Pantomimen trägt, eine Körperhaltung, die allein schon Bedeutung und Form unserer Pantomimen zusammenfaßt. Der Typ des Mimen wird also durch seine Körperhaltung erklärt; der Tänzer hingegen gibt sein Bestes, wenn er sich bewegt, sich dreht und wendet, sich emporschwingt und so die Schwerkraft überwindet. Die Bewegung gibt ihm Noblesse, und die Intensität entspricht seiner Virtuosität. Wenn der Tanz lyrisch wird, nähert er sich dem Mimus. Ich denke da an den „Sterbenden Schwan", „Ikarus", den Lifar wie ein Gott tanzte und darstellte, oder an den „Nachmittag eines Fauns" von Nijinsky.

Herbert Jhering: Auf den „Sterbenden Schwan" komme ich später noch einmal zurück. Wir haben aber vorhin auch von den verschiedenen Arten des Tanzes sprechen wollen.

Marcel Marceau: Ja, wie Sie, Herr Jhering, sehr richtig gesagt haben, gibt es verschiedene Formen des Balletts. Im Expressionismus gab es ein Bedürfnis, den Tanz dramatischer zu machen, um sich aus der Konvention des akademischen Tanzes zu befreien, und zwar durch das Bedürfnis des Schreiens, des Atmens und battement de pieds. Der Tanz ist eine Befreiung. Die Kunst des Mimen ist eine Untersuchung, eine Forschung. Die Kunst des Tanzes kann ihren höchsten Gipfel nur erreichen, wenn die Bewußtheit mit Hilfe der Verzauberung schwindet oder wenn sie sich über jeder menschlichen Beschränkung in transparenter Klarheit befindet. Darin besteht der Triumph der Meisterschaft. Ein Auge ist mitten im Publikum, das andere auf der Szene.

Wenn der Tanz zum Drama wird, wird er leise, stiller und langsamer. Wenn der Mime die Befreiung sucht, geht er zum Tanz über. Der mime corporel oder der mime statuaire unterscheidet sich vom expressionistischen Tanz dadurch, daß der mime corporel fast allein den Körper bewegt ohne den Ausdruck der Hände und des Gesichts. Der Pantomime benutzt Hände und Gesicht nur in bestimmten Situationen, die komisch oder tragisch wirken sollen. Die Hände befreien nicht den

Körper, sondern haben eine andere Bedeutung, die wir mit den Zeichen vergleichen könnten, die die Chinesen und Japaner benutzen. Der Ausdruckstanz aber
gestaltete im allgemeinen keine Charaktere oder soziale Typen. Er ist eine Seelen-
befreiung, obwohl „Der grüne Tisch" von Kurt Jooss schon als eine Pantomime
betrachtet werden kann, ebenso wie Kreutzbergs „Till Eulenspiegel" oder einige
Hoffmannsche Figuren. Aber alle diese Versuche und Formen sind aus der Entwicklung nicht wegzudenken. Der Expressionismus im Tanz war eine Reaktion auf
den klassischen Tanz, wie der Expressionismus der Malerei die Klassiker und
Naturalisten ablöste. Die Pantomime wurde in dieser Zeit verschieden angewandt,
manchmal im Tanz, manchmal im Worttheater. Nur im siebzehnten Jahrhundert
stand sie bei den Italienern in der Zeit der Commedia dell'arte, und früher in der
Griechen- und Römerzeit, auf einer sehr hohen Stufe. Sie ist eine Kunst, die sich
selbst genügt, genau wie der klassische Tanz oder der expressionistische Tanz.

Jacques Callot (1592-1635): Tanzende Figuren der Commedia dell'arte

Einige französische Regisseure betrachteten die Pantomime nur als ein Mittel unter
anderen, um die Wirkung eines Theaterstückes zu vervollständigen. Sie gaben also
Pantomimen als Einlagen. Sie wollten an einem Abend und in einem Stück gewissermaßen alle Wirkungsmittel des Theaters einbauen, um den Eindruck zu vervollständigen. Sie nannten das „totales Theater". Deshalb halte ich es für gefährlich,

von einem totalen Theater zu sprechen. Wie kann man von einer Kunst sagen, daß sie total oder halb ist? Ich bin nicht weniger gepackt, wenn ich ein Gemälde von van Gogh sehe, als wenn ich eine Symphonie von Beethoven oder eine Fuge von Bach höre. Ich brauche, wenn ich in die Natur gehe, kein Grammophon mitzunehmen, um die Natur schöner zu finden.

Herbert Jhering: Ich möchte Sie hier gleich an ein Beispiel aus Ihrem eigenen Werk erinnern. Eine der ergreifendsten und schönsten Pantomimen, die es gibt, ist „Jugend, Reife, Alter, Tod", wo in zwei Minuten ein ganzes Leben nur durch das Anwachsen und Verfallen des Körpers und das Aufwachen und Verfallen des Gesichts dargestellt wird.

Marcel Marceau: Ich möchte diese Frage abschließen und sagen, daß nach meinem Gefühl die großen Künstler des Tanzes, der Pantomime, des Worttheaters oder aller anderen Gattungen, ob sie nun Expressionisten oder Klassiker waren, also Harald Kreutzberg, Kurt Jooss, Mary Wigman, Isadora Duncan, Rudolf Laban, Gret Palucca, Dore Hoyer, Fruchtbares und Großes gegeben haben. Wir müssen nur ihre Arten erkennen und gegeneinander abgrenzen.

Herbert Jhering: Diese Abgrenzungen sind nötig, auch wenn wir die Entwicklung historisch betrachten. Denn in der Entwicklung gab es Phasen, in denen Pantomime und Tanz doch noch miteinander verbunden waren.

Marcel Marceau: Bip (Pantomime)

Marcel Marceau: Ja, das stimmt. Die Pantomime hatte natürlich viele Phasen. Sie wurde bei den Griechen und bei den Römern eine Art Dichtung, ein Mimodrama. Die Griechen erzählten die Geschichten von Fischern, und diese Mimodramen waren mit Sprechchören verbunden. Im Mittelalter fand man die Mimen als Gaukler und als Saltotänzer, und auch in der Commedia dell'arte war die Pantomime akrobatisch. Im neunzehnten Jahrhundert wurden Harlekin oder Colombine oft von einem Tänzer und einer Seiltänzerin gespielt. Unterschied zwischen Pantomime und Mime: Die Pantomime war schon bei den Griechen und Römern die Kunst des stillen Theaters, wo Schauspieler komische und dramatische Handlungen ohne Worte spielten. Die großen Mimen bei den Römern hießen: Pylades, Bathyllos, Roscius. Bei den Griechen wurde die Handlung oft von einem Chor mit Gesang oder Versen begleitet. Es war schon eine Vorform des japanischen Nos. Im Mittelalter findet man die Mimen in den Mysterien und Passionen, die sogar noch die Cornmedia dell'arte mit ihren unsterblichen Masken belebt haben. Die Commedia dell'arte war ein Theater, das aus Tanz, Musik und Akrobatik bestand. Seine Gestalten hießen: der Doktor, Pantalone, Arlequin, Pulcinella, der Capitän, Brighella. Jeder hatte seinen besonderen Dialekt. Bologna, Venedig, Neapel waren die Städte, die diese Charaktermasken bildeten. Die Hauptdarsteller hießen bald Arlequin und Colombine. Die Mimen, die mitspielten, hatten für den Zuschauer einen Vorteil: am Kostüm war der betreffende Charakter für das Publikum auch im Ausland schnell erkenntlich und verständlich. In dieser Zeit bestand ein lebhafter Austausch zwischen französischen, italienischen oder englischen Schauspielern und Gauklern. [...]

FRITJOF CAPRA (geb. 1939)

Capra ist Atomphysiker. In der Begegnung mit östlicher Philosophie wird er aufmerksam auf die Ähnlichkeit der Weltkonzepte der modernen Physik mit Vorstellungen z.B. der indischen Philosophie. Den Einfall, dass die Bewegung kosmischer Energie einem Tanz gleicht, beschreibt er so: „Eines Nachmittags saß ich am Meer und sah, wie die Wellen anrollten, und fühlte den Rhythmus meines Atems, als ich mir plötzlich meiner Umgebung als Teil eines gigantischen kosmischen Tanzes bewußt wurde. Als Physiker wußte ich, daß der Sand und die Felsen, das Wasser und die Luft um mich her sich aus vibrierenden Molekülen und Atomen zusammensetzen. Diese wiederum bestehen aus Teilchen, die aus Erzeugung und Zerstörung anderer Teilchen miteinander reagieren". Das uralte Bild vom kosmischen Reigen erscheint hier in den Überlegungen eines modernen Naturwissenschaftlers.

(Das Tao der Physik. (Rev. Neuauflage der 1. Auflage „Der kosmische Reigen". 1975). Bern/ München/ Wien 1984. S. 223-225; 242-245.)

Der kosmische Tanz

Die Erforschung der subatomaren Welt im zwanzigsten Jahrhundert hat die innerlich dynamische Natur der Materie enthüllt. Sie zeigte, daß die Bestandteile der Atome, die subatomaren Teilchen, dynamische Strukturen sind, die nicht als isolierte Einheiten existieren, sondern als integrierte Teile eines unauflöslichen Netzwerks von Wechselbeziehungen. Diese Wechselwirkungen stellen einen unaufhörlichen Fluß von Energie dar, die sich als Austausch von Teilchen manifestiert; ein dynamisches Zusammenspiel, in dem Partikel in einer ständigen Variation von Energiestrukturen ohne Ende erzeugt und vernichtet werden. Die Teilchen-Wechselwirkungen lassen die stabilen Strukturen entstehen, die die materielle Welt aufbauen, die wiederum nicht in Ruhe bleiben, sondern in rhythmischen Bewegungen oszillieren. Das ganze Universum befindet sich somit in endloser Bewegung und Aktivität, in einem ständigen kosmischen Tanz von Energie.

Dieser Tanz umfaßt eine enorme Vielfalt von Strukturen, die aber überraschenderweise in wenige bestimmte Kategorien fallen. Das Studium der subatomaren Teilchen enthüllt daher eine große Ordnung. Alle Atome und somit alle Formen von Materie in unserer Umwelt sind aus nur drei Masseteilchen zusammengesetzt: dem Proton, dem Neutron und dem Elektron. Ein viertes Teilchen, das Photon, ist masselos und stellt die Einheit der elektromagnetischen Strahlung dar. Das Proton, das Photon und das Elektron sind alles stabile Teilchen, das heißt, sie können ewig leben, wenn sie nicht in einen Kollisionsprozeß geraten, der sie vernichten kann. Das Neutron dagegen kann spontan zerfallen. Dieser Zerfall heißt „Beta-Zerfall" und ist der Grundprozeß eines bestimmten Typs von Radioaktivität. Er umfaßt die Umwandlung des Neutrons zu einem Proton, begleitet von der Erzeugung eines Elektrons und eines neuen Typs eines masselosen Teilchens, genannt das Neutrino. Wie das Proton und das Elektron ist auch das Neutrino stabil. Es wird gewöhnlich mit dem griechischen Buchstaben ν (Ny) bezeichnet; die symbolische Schreibweise des Beta-Zerfalls sieht damit so aus:

$$n \rightarrow p + e^- + \nu$$

Die Umwandlung von Neutronen zu Protonen in den Atomen einer radioaktiven Substanz hat eine Umwandlung dieser Atome zu völlig anderen Atomen zur Folge. Die bei diesem Vorgang erzeugten Elektronen werden als starke Strahlung emittiert, die in der Biologie, der Medizin und der Industrie in weitem Umfang angewendet wird. Die Neutrinos dagegen sind, obwohl sie in gleicher Anzahl emittiert werden, sehr schwer zu entdecken, da sie weder Masse noch Ladung besitzen. Wie schon früher erwähnt, gibt es für jedes Teilchen ein Antiteilchen von gleicher Masse, aber entgegengesetzter Ladung. Das Photon ist sein eigenes Antiteilchen; das Antiteilchen des Elektrons nennt man Positron; darin gibt es ein Antiproton, ein Antineutron und ein Antineutrino. Das beim Beta-Zerfall entstehende masselose Teilchen ist, genaugenommen, nicht das Neutrino, sondern das Antineutrino (mit $\bar{\nu}$ bezeichnet), so daß der Prozeß richtig so zu schreiben ist:

$$n \rightarrow p + e^- + \bar{\nu}$$

Die bisher erwähnten Teilchen stellen nur einen Bruchteil der heute bekannten subatomaren Teilchen dar. Alle anderen sind instabil und zerfallen in kürzester Zeit zu anderen Teilchen, von denen einige weiter zerfallen, bis eine Kombination stabiler Teilchen übrigbleibt. Die Untersuchung der unstabilen Teilchen ist sehr aufwendig, da sie jedesmal in Kollisionsprozessen neu erzeugt werden müssen, und dafür sind riesige Teilchenbeschleuniger, Blasenkammern und andere recht komplizierte Geräte zur Registrierung von Teilchen erforderlich.

Die meisten instabilen Teilchen leben nur extrem kurze Zeit nach menschlichen Begriffen: weniger als eine Millionstel Sekunde. Man muß jedoch ihre Lebensspanne im Verhältnis zu ihrer Größe sehen, die ebenfalls winzig ist. Wenn man es so betrachtet, leben viele von ihnen relativ lange, und eine Millionstel Sekunde ist in der Teilchenwelt wirklich eine enorme Zeit. Ein Mensch kann in einer Sekunde eine Strecke zurücklegen, die einige Male so lang ist wie er selbst. Die entsprechende Zeitspanne für ein Teilchen wäre daher die Zeit, die es braucht, und eine Strecke zurückzulegen, die einige Male seiner eigenen Größe entspricht: Man könnte diese Zeiteinheit „Teilchen-Sekunde"[*] nennen.

Um einen mittelgroßen Atomkern zu durchqueren, braucht ein Teilchen etwa zehn dieser Teilchen-Sekunden, wenn es sich nahezu mit Lichtgeschwindigkeit fortpflanzt, was Teilchen in Kollisionsversuchen tun. Unter der großen Zahl von instabilen Partikeln gibt es etwa zwei Dutzend, die mehrere Atomkerne durchqueren können, ehe sie zerfallen. Diese Entfernung entspricht einige 100 000 mal ihrer Größe, und sie benötigen dazu einige hundert „Teilchen-Stunden". [...] Die meisten der instabilen Teilchen in der Tabelle legen tatsächlich einen ganzen Zentimeter zurück, oder sogar mehrere Zentimeter, bevor sie zerfallen, und die am längsten leben, eine millionstel Sekunde, können mehrere hundert Meter zurücklegen, bevor sie zerfallen, eine im Vergleich zu ihrer Größe riesige Strecke.

Alle anderen soweit bekannten Teilchen gehören zur Kategorie der „Resonanzen", die im folgenden Kapitel im einzelnen besprochen wird. Ihre Lebenszeit ist viel kürzer, sie zerfallen nach wenigen „Teilchen-Sekunden", so daß sie nur einen Weg zurücklegen können, der wenige Male ihre eigene Größe beträgt. Das heißt, daß man sie in der Blasenkammer nicht sehen und nur indirekt auf ihre Existenz schließen kann. Die in Blasenkammern sichtbaren Spuren können nur von den in der Tabelle aufgeführten Teilchen gezogen werden.

> *Alle Dinge sind Ballungen von Atomen, die tanzen und durch ihre Bewegungen Geräusche hervorrufen. Ändert sich der Rhythmus des Tanzes, ändern sich auch die erzeugten Töne. [...] Jedes Atom singt unaufhörlich sein Lied, und der Ton erzeugt in jedem Augenblick dichte und subtile Formen.[2]*

Die Ähnlichkeit dieser Ansicht mit der modernen Physik fällt besonders auf, wenn man bedenkt, daß der Schall eine Welle von bestimmter Frequenz ist, die sich mit der Tonhöhe ändert, und daß Teilchen, das moderne Äquivalent zum alten Begriff „Atom", ebenfalls Wellen sind, deren Frequenzen ihrer Energie proportional sind. Nach der Feldtheorie „singt" wirklich jedes Partikel „sein ewiges Lied" und produ-

---

[*] Physiker schreiben diese Zeiteinheit als 10^{-23} Sekunden, das ist ein Kürzel für eine Zahl mit zweiundzwanzig Nullen hinter dem Komma und einer davor, d.h. für 0,00000000000000000000001 Sekunden.

[2] A. David-Neel: *Tibetan Journal* (John Lane. The Bodley Head. London 1936). S. 186-187.

ziert rhythmische Energiestrukturen (die virtuellen Teilchen) in „dichter und subtiler Form".

Die Metapher des kosmischen Tanzes wird am tiefsten und schönsten im Hinduismus mit dem Bild des tanzenden Gottes Shiva ausgedrückt. Eine der vielen Inkarnationen Shivas, einer der ältesten und populärsten indischen Götter, ist die als König der Tänzer. Im Glauben der Hindus ist alles Leben ein Teil eines großen rhythmischen Prozesses von Schöpfung und Zerstörung, von Tod und Wiedergeburt, und Shivas Tanz symbolisiert diesen ewigen Rhythmus von Leben und Tod, der sich in endlosen Zyklen fortsetzt. Mit den Worten von Ananda Coomaraswamy:

> *In der Nacht des Brahman ist die Natur reglos und kann nicht tanzen, bis Shiva es will: Er steht aus seiner Verzückung auf und schickt tanzend pulsierende Wellen von erwachenden Tönen durch die leblose Materie, und siehe! Die Materie tanzt auch und legt sich als Glorienschein um ihn. Tanzend unterhält er ihre vielfachen Phänomene. In der Fülle der Zeit zerstört er, immer noch tanzend, alle Formen und Namen durch Feuer und schafft neue Ruhe. Dies ist Poesie und dennoch Wissenschaft.[3]*

Der Tanz des Shiva symbolisiert nicht nur die kosmischen Zyklen von Schöpfung und Zerstörung, sondern auch den täglichen Rhythmus von Geburt und Tod, den die indische Mystik als Basis aller Existenz sieht. Gleichzeitig erinnert uns Shiva daran, daß die vielfältigen Phänomene in der Welt „Maya" sind – nicht fundamental, sondern Illusionen und ständig wechselnd. Er erschafft und zerstört sie im endlosen Fluß seines Tanzes, wie Heinrich Zimmer ihn beschreibt:

> *In seiner Gestalt als Nataraja, König der Tänzer, beschleunigen seine wilden und anmutvollen Gebärden die kosmische Illusion. Seine wirbelnden Arme und Beine und die Schwingung seines Leibes erregen – oder sind sie eigentlich – die beständige Schöpfung und Zerstörung des Universums, wo der Tod genau die Geburt aufwiegt und Vernichtung das Ende Werdens ist.[4]*

---

[3] A. K. Coomaraswamy: The Dance of Shiva (The Noonday Press. New-York 1969). S. 78.
[4] H. Zimmer: *Indische Mythen und Symbole* (Diederichs. Düsseldorf/Köln 1972). S. 173.

Indische Künstler des 10. und 12. Jahrhunderts haben Shivas kosmischen Tanz in wundervollen Bronzeskulpturen tanzender Figuren mit vier Armen dargestellt, deren perfekt balancierte und doch dynamische Gesten den Rhythmus und die Einheit des Lebens ausdrücken. Die verschiedenen Bedeutungen des Tanzes werden durch die Details dieser Figuren in einer komplexen bildlichen Allegorie wiedergegeben. Die obere rechte Hand des Gottes hält eine Trommel, die den Urklang der Schöpfung symbolisiert, die obere linke hält eine Flamme, das Element der Zerstörung. Die Balance dieser beiden Hände repräsentiert das dynamische Gleichgewicht zwischen Schöpfung und Zerstörung in der Welt, weiter akzentuiert durch des Tänzers ruhiges und entrücktes Gesicht zwischen den beiden Händen, in dem die Polarität der Schöpfung und Zerstörung aufgelöst und überschritten wird. Die zweite rechte Hand ist zum Zeichen „Fürchte nicht" erhoben und symbolisiert Erhaltung, Schutz und Frieden, während die verbleibende linke Hand nach unten auf den erhobenen Fuß zeigt, symbolisch für die Erlösung vom Bann der Maya. Der Gott wird auf dem Körper eines Dämons tanzend dargestellt, einem Symbol menschlicher Unwissenheit, die überwunden werden muß, bevor die Befreiung erreicht werden kann. [...]

Shiva Nataraja, Gott von Chidambaram, Bronze,
ca. 11. Jh., Amsterdam, Museum van Aziatische Kunst   *Kosmischer Wirbel*

EVA-ELISABETH FISCHER (geb. 1952)

Pina Bausch (geb. 1940) ist eine der erfolgreichsten Repräsentanten des Tanztheaters der Gegenwart. Als Schülerin von Kurt Jooss (der seine Wurzeln im „Ausdruckstanz" der zwanziger Jahre hatte), begann sie ihr Tanzstudium an der Folkwangschule in Essen und schloss es mit dem Diplom für Bühnentanz und Tanzpädagogik ab. Sie erarbeitete sich einen gänzlich neuen Tanzstil, der in großen Aufführungen ihrer Choreographien weltweit gefeiert wurde: z.b. in Strawinskys „Sacre du Printemps" und „Die sieben Todsünden". Die Journalistin Eva-Elisabeth Fischer präsentiert Pina Bauschs inzwischen „klassisch" gewordene – in den siebziger Jahren noch revolutionäre – Tanzkunst nicht ohne leise Kritik.

(Ein Nümmerchen im Hamam – Pina Bausch reißt mit ihrem neuen alten Stück das Publikum von den Stühlen. In: Süddeutsche Zeitung Nr. 69. 24. März 2003.)

Ein neues Stück von Pina Bausch

Mensch, ich mach' das jetzt seit dreißig Jahren –
Pina Bausch reißt mit ihrem neuen alten Stück
das Publikum von den Stühlen

Eine Überraschung ist das nicht. Pina Bauschs jüngstes Stück hat wie üblich noch keinen Titel bei seiner Uraufführung. Überraschend ist etwas anderes. Das Stück ist kein Stück. Diesmal in Koproduktion mit Istanbul entstanden, funktioniert es in einem ausufernden Prolog zunächst wie ein Spot aus der Tourismuswerbung: Man erkennt etwas wieder, ohne es eigentlich zu kennen. „Ich im Hamam", sagt sie, sagt er, so als wollte jede(r) stolz dem Publikum seine Fotos vom Wellnessurlaub an der türkischen Küste zeigen.

Die Männer bäuchlings, Badetücher um die Lenden. Die Frauen, von Marion Cito in hinreißende, bonbonfarbene Seidenkleider gehüllt und auf lebensgefährlichen Satinstilettos einher stakend, schwenken ihr langes Haar kopfüber Richtung Männerrücken, drücken Schaum über ihnen aus. Dazu orientalisches Flötengedudel. Zwei Mädchen tunken verzückt giggelnd Honig mit Pitabrocken. Was lernen wir daraus? Der Türke ist reinlich (Hamam) und isst gern Süßes (Honig). Der Tourist macht's nach und ist beglückt.

Das Thema Lust und Sinnlichkeit beschäftigt Pina Bausch und die Ihren noch eine Weile weiter – die Sinnlichkeit des Essens, die Sinnlichkeit der Liebe.

Nazareth Panadero wäscht Geschirr in einem Plastikeimer. Sie trägt über ihrem langen Brokatkleid ein Handtuch um die Hüften. Ein Kerl packt sie von hinten und sie drückt sich, vor Leidenschaft ächzend, an seinen Körper, um dann umgehend zu ihrer Spülarbeit zurückzukehren. Diese Szene wiederholt sich mehrmals nach dem Bausch'schen Repetitionsprinzip und gewinnt dadurch an Komik und Intensität. Ein wenig später wird Panadero statt des Handtuchs einen schwarzen Strapsgürtel anlegen und mit ihrer durchdringenden Stimme sagen: „Warum soll man so etwas verstecken? Ist doch sinnlich." Da erklärt sie im Nachhinein unnötig, was sie doch so sinnlich und einfach mit dem Geschirrtuch bereits ausgedrückt hat und dann noch einmal, als sie ein Daunenkissen auf einem Tisch knetete, als sei es ein schwerer Hefeteig.

Befremdlich genug, passiert es mehrmals an diesem Abend, dass auf etwas ganz Offensichtliches hingewiesen oder dass es in Frage gestellt wird. Zum Beispiel, wie es sich anfühlt, ins Leere zu lächeln. Diese Art, lockend und maliziös und damit geheimnisvoll in sich hinein, zugleich nach außen, aber keineswegs zielgerichtet zu lächeln, ist ein Markenzeichen des Tanztheaters Wuppertal.

Da anzunehmen ist, dass Pina Bausch nicht einfach irgendetwas unterläuft, mag dieses Lächeln ein Selbstverweis sein, eine Reminiszenz mit dem Tenor, Mensch, ich mach' das jetzt seit dreißig Jahren, und so geht das. Sie gibt dabei natürlich keinen Funken ihres Geheimnisses preis. In Panaderos Spülszene lodert das Unerklärliche von Pina Bauschs Genie, dem man an diesem Abend jedoch leider nur in flüchtigen Augenblicken begegnen wird. Inhaltliches wird nur mehr gestreift und bald wieder fallen gelassen; es klingt in diesem Stück in Szenen und Szenchen nur mehr wie ein fernes Echo längst überholter Erkenntnisse, wie ein fremd gewordenes Zitat.

Pina Bauschs neues Stück ist eine Nummernrevue. Peter Pabst hat ihr die perfekte Bühne dafür gebaut, einen schwarzen Kasten, auf den sich im Laufe des Abends ein Wasserfall erbricht, der eine erkleckliche Pfütze hinterlässt. Hoffentlich fliegen nach den ersten Aufführungen die Videoprojektionen, die krampfhaft orientalisches Lokalkolorit suggerieren sollen, heraus; hoffentlich merkt die Truppe auch noch, wie überflüssig der Tüllvorhang ist, der wohl an Muttis Wohnzimmer erinnern soll und am linken Bühnenrand nutzlos herunterhängt.

In Pabsts schönem Pfützenkasten also ist nun Solo um Solo zu bestaunen. Und die Leute quittieren es so, wie sie es in Revuen oder bei Galaabenden zu tun pflegen. Sie applaudieren nach jedem Nümmerchen und freuen sich aufs nächste, was man natürlich keinem verdenken kann, da jeder auf seine Kosten kommt bei der Betrachtung schöner, auch exotischer Frauen, wagemutiger Männer, bester Tänzer in einfallsreichen, ja ergreifenden Tänzen. Hier feiert der Tanz sich selbst als rein und unverfälscht in Pumps und auf nackter Sohle, was speziell jene Kritiker mit Genugtuung erfüllen mag, die einst, im Jahre Schnee, anlässlich des Tanztheaters von Pina Bausch das Kritikerschisma begründeten mit der weltbewegenden Frage, ob dies denn noch Tanz sei; die angesichts der psychologischen und verkappt politischen und kritischen Gesamtkunstwerke es am liebsten jenen erbosten Zuschauern gleichgetan hätten, die Türen schlagend und unter Schmähgebrüll das Theater verließen und die Choreographin brieflich und per Telefon ernstlich bedrohten.

,Auch die konservativsten unter den Pina-Bausch-Konsumenten können sich heute genüsslich zurücklehnen und zuschauen, was es doch hier an Herrlichem und Unvergleichlichem zu bewundern gibt. Ditta Miranda Jasjfi etwa mit Händen wie Kolibri-Flügel; Kenji Takagi, der Drehungen aus sich herausschraubt, als seien sie die sichtbare Aura geballter Energie; Fabien Prioville, der das Zucken von Schluckauf in verwegenen Hip-Hop zu verwandeln versteht; Fernando Suels, der unvergleichlich den tanzenden Melancholiker gibt; Alexandre Castres, der, locker und in einem Rutsch, rücklings übern Tisch schlittert, um sitzend auf einem Stuhl zu landen.

Ja, schon, Pina Bausch hatte früher richtige Artisten in ihren Stücken, auch Eddie Constantine. Aber sie lieferten solistische Einlagen, waren Beiwerk zu einem großen Thema. In diesem dreistündigen bunten Divertissement dagegen muss man die Spuren eines möglichen Themas suchen. Mehr als die wenigen schrillen Ethno-Klischees über den türkischen Partner sagt jenes Bild über männliche Dominanz und stille Übereinkunft im Gastland, in dem zwei Männer in schwarzen Anzügen aufeinander zurobben zum Shakehands. Oder die Szene, in der eine Gruppe von Frauen als erhabenes Frauenbild in Pinas Moonwalk über die Bühne schwebt.

Und dann der Schluss, eine der grandiosesten Polonaisen, die Pina Bausch je einfiel: Die Männer sitzen am Boden und wiegen sich im Profil über die Bühnenbreite vorwärts als bewegtes Basrelief, während die Frauen kleinen Meerjungfrauen gleich in einer Kette im Bühnenhintergrund vorüber tanzen. Das kann allein Pina Bausch und niemand sonst. Nur schade, dass es für sie nichts mehr zu sagen gibt, was in früheren Jahren nicht schon gesagt worden wäre. Das jubelnde Publikum ehrt sie stehend.

Literaturverzeichnis

Die Literaturangaben enthalten eine Auswahl allgemeiner Darstellungen zur Kulturgeschichte des Tanzes und eine Auswahl von Darstellungen einzelner Tänzer und Tänzerinnen.

André, J. (2002). Griechische Feste und römische Spiele. Leipzig.

Andresen, C. (1961). Altchristliche Kritik am Tanz – ein Ausschnitt aus dem Kampf der alten heidnischen Sitte. Zeitschrift für Kirchengeschichte, 4. Folge X. 72. Bd. Stuttgart / Berlin / Köln.

Baaren, Th. P. (1964). Selbst die Götter tanzen. Sinn und Formen des Tanzes in Kultur und Religion. Dt. Übers. Gütersloh.

Backmann, E. L. (1952). Religious dances in the Christian Church and in popular medicine. Engl. Übers. London.

Balcar, A. J. (1957). Das Ballett. Eine kleine Kulturgeschichte. München.

Balogh, J. (1928). „Tänze in Kirchen und auf Kirchhöfen". *Niederdeutsche Zeitschrift für Volkskunde.* Vol. 6. No. 1. S. 1-14. Hannover.

Baxmann, I. (1988). „Die Gesinnung ins Schweigen bringen". Tanz als Metasprache und Gesellschaftsutopie in der Kultur der zwanziger Jahre. In: Gumbrecht, U., Pfeiffer, K. L. (Hrsg.). Kommunikation. Frankfurt a.M. S. 360-375.

Becker, M. L. (1901). Der Tanz. Leipzig.

Berger, T. (1985). Tanz vor dem Herrn lobt seinen Namen. Mainz.

- (1985). Liturgie und Tanz. Anthropologische Aspekte, historische Daten, theologische Perspektiven. St. Ottilien.

Bie, O. (1925). Der Tanz. Berlin.

Böhme, F. M. (1886). Geschichte des Tanzes in Deutschland. Zwei Bde. Bd. I. Leipzig. Nachdruck Hildesheim 1973.

Böhme, F. (1924). Der Tanz in der bildenden Kunst. Stuttgart / Heilbronn.

- (1996). Rudolf von Laban und die Entstehung des modernen Tanzdramas. Hrsg. v. M. Dafova in der Reihe „Documenta Choreologica". Hrsg. v. C. Jeschke. Berlin.

Boehn, M. von (1925). Der Tanz. Berlin.

Brandstetter, G. (2002). de figura. Überlegungen zu einem Darstellungsprinzip des Realismus – Gottfried Kellers „Tanzlegendchen" In: G. Brandstetter, S. Peters (Hrsg.). de figura. Rhetorik – Bewegung – Gestalt. München, S. 223-245.

- (1993). Aufforderung zum Tanz. Geschichten und Gedichte. Stuttgart.

- (1995). Tanz-Lektüren. Körperbilder und Raumfiguren der Avantgarde. Frankfurt a.M.

Brunner, W. (1983). Höfischer Tanz um 1500 unter besonderer Berücksichtigung des Bassdance. In: Deutscher Bundesverband Tanz e.V. (Hrsg.). Information über Tanz. Tanzhistorische Studien III. Berlin.

Calendoli, G. (1985). Tanz: Kult-Rhythmus-Kunst. Karlsfeld.

- (1985). Tanz. München.

Duncan, I. (1929). Tanz der Zukunft (The Dance of the Future). Eine Vorlesung. Übersetzt und eingeleitet v. Federn, K. Jena.

- (1988). Memoiren. Frankfurt a.M.

Erdmann-Rajski, K. (2000). Gret Palucca. Hildesheim.

Flach, H. (1880). Der Tanz bei den Griechen. Berlin.

Fleischle-Braun, C. (2000). Der moderne Tanz. Geschichte und Vermittlungskonzepte. Butzbach-Griedel.

Fritsch-Vivie, G. (1999). Mary Wigman. Reinbek.

Gebauer, G., Wulf, C. (1998). Mimesis, Kultur – Kunst – Gesellschaft. Hamburg.

Graham, M. (1992). Der Tanz – mein Leben. Eine Autobiographie. München.

Günther, D. (1962). Der Tanz als Bewegungsphänomen. Reinbeck bei Hamburg.

Günther, H., Schäfer, H. (1959). Vom Schamanentanz zur Rumba. Die Geschichte des Gesellschaftstanzes. Stuttgart.

Jeschke, C., Bayerdörfer, H.-P. (Hrsg.) (2000). Bewegung im Blick. Beiträge zu einer theaterwissenschaftlichen Bewegungsforschung. Berlin.

Hackmann, H. (1918). Die Wiedergeburt des Tanzes. Jena.

Heinrich-Heine-Universität (1995). Liebe, Tanz und Tod. Ausgewählte Werke aus der Graphik-Sammlung „Mensch und Tod" der Heinrich-Heine-Universität. Düsseldorf.

Henkel, A. (1983). „Das Tanzlegendchen". In: ders.: Der Zeiten Bildersaal. Studien und Vorträge. Stuttgart. S. 183-199.

Heyer, F. (Hrsg.) (1958). Der Tanz in der modernen Gesellschaft. Hamburg.

Jacques-Dalcroze, E. (1977). Rhythmus, Musik und Erziehung. Genf.

Jeschke, C., Vettermann, G. (1992). Ausdruckstanz. Eine mitteleuropäische Bewegung der ersten Hälfte des 20. Jahrhunderts. Wilhelmshaven.

Kaiser, G. (1981). Gottfried Keller. Das gedichtete Leben. Frankfurt a.M. S. 399-422.

Klein, G. Individuum und Freiheit. Vom Tanzverständnis im Ausdruckstanz. In: *TanzAktuell*, 6 (2). S. 6-11.

- (1992). Frauen, Körper, Tanz – Eine Zivilisationsgeschichte des Tanzes. Berlin.

- (1999). Electronic Vibration. Pop Kultur Theorie. Hamburg.

Laban, R. von: Die Welt des Tänzers. Fünf Gedankenreigen. Stuttgart 1920.

Lippe, R. zur (1988). Vom Leib zum Körper. Naturbeherrschung am Menschen in der Renaissance. Hamburg.

Lorenz, V. (1987). Primaballerina. Der zerbrechliche Traum auf Spitzen. Frankfurt a.M.

Müller, H. (1993). „...jeder Mensch ist ein Tänzer." Ausdruckstanz in Deutschland zwischen 1900-1945. Gießen.

- (1986). Mary Wigman. Leben und Werk der großen Tänzerin. Hrsg. v. der Akademie der Künste Berlin. Weinheim / Berlin.
- (1986). Die Begründung des Ausdruckstanzes durch Mary Wigman. Dissertation. Köln.
Neff, K. (Hrsg.) (1993). Vom Tanz. Frankfurt a.M. / Leipzig.
Nitschke, A. (1987). Bewegungen in Mittelalter und Renaissance: Kämpfe, Spiele, Tänze, Zeremonielle und Umgangsformen. Düsseldorf.
Nitschke, A., Wieland, H. (Hrsg.) (1981). Die Faszination und Wirkung außereuropäischer Tanz- und Sportformen. Hamburg.
Petermann, K. (Hrsg.) (1976ff.). Documenta choreologica. Studienbibliothek zur Geschichte des Tanzes. Leipzig.
Postuwka, G. (1999). Moderner Tanz und Tanzerziehung. Analyse historischer und gegenwärtiger Entwicklungstendenzen. Schorndorf.
Ränsch-Trill, B. (2002). Tanz als Spiel. Zur philosophischen Ästhetik. In: F.I.T. Forschung. Innovation. Technologie. Das Wissenschaftsmagazin der Deutschen Sporthochschule Köln. 2002/1. S. 27-56.
Rasch, W. (1967). Tanz als Lebenssymbol im Drama um 1900. In: Zur Deutschen Literatur seit der Jahrhundertwende. Stuttgart.
Sachs, C. (1976). Eine Weltgeschichte des Tanzes. Berlin 1933. (Nachdruck) Hildesheim.
Salmen, W. (1989). Tanz im 19. Jahrhundert. Leipzig.
- (1999). TERPSICHORE. Hildesheim.
Schikowski Dr., J. (1926). Geschichte des Tanzes. Berlin.
Schlicher, S. (1987). Tanztheater – Traditionen und Freiheiten. Pina Bausch, Gerhard Bohner, Reinhild Hoffmann, Hans Kresnik, Susanne Linke. Reinbek bei Hamburg.
Schmidt, J. (1998). „Tanzen gegen die Angst". Pina Bausch. München.
Schroedter, St. (2004). Vom „Affect" zur „Action". Quellenstudien zur Poetik der Tanzkunst vom späten Ballett de Cour bis frühen Ballett en Action. Würzburg.
Schürmann, V. (Hrsg.) (2001). Menschliche Körper in Bewegung. Philosophische Modelle und Konzepte der Sportwissenschaft. Frankfurt a.M. / New York.
Sellke, H. (1926). Vom Sport zur Kunst. Stuttgart.
Sorell, W. (1995). Kulturgeschichte des Tanzes: Der Tanz als Spiegel der Zeit. 2., verb. und erw. Aufl. Wilhelmshaven.
Tänzer unserer Zeit: Mit 76 Fotos von S. Enkelmann. Geleitwort von R. Crunz. Einführung von H. Kreutzberg. München 1937.
Taubert, K. H. (1968). Höfische Tänze. Ihre Geschichte und Choreographie. Mainz.
Theobald, R. (1997). Noverrres Anfänge in Berlin. Zur Geschichte des Balletts an der Hofoper Friedrichs des Großen. In: Tanzwissenschaft 4. Digitale Fachzeitschrift. Deutsches Tanzarchiv Köln. www.sk-kultur.de/tanz/tanz0497.htm Zugriff vom 29.04.2004.

Trier, J. (1949). Rhythmus. In: *Studium Generale*. Heft 3. 2. Jahrgang. Berlin / Göttingen / Heidelberg.

Vietta, E. (1938). Der Tanz. Frankfurt a.M.

Weege, F. (1926). Der Tanz in der Antike. Halle / Saale.

Weismann, W. (1972). Kirche und Schauspiele. Die Schauspiele im Urteil der lateinischen Kirchenväter unter besonderer Berücksichtigung von Augustin. In: Cassiciacum. Bd.27. (Würzburg).

Wigman, Mary (1963). Die Sprache des Tanzes. Stuttgart.

Sandro Botticelli (1445-1510):
Primavera, Florenz, Uffizien
(Ausschnitt: Tanz der drei Grazien)

Abbildungsnachweis

Die Abbildungen werden nach ihrer Herkunft in Taschenbüchern, historischen und aktuellen wissenschaftlichen oder populären Ausgaben nachgewiesen.

Dieser Nachweis gestattet es, die Abbildungen im Zusammenhang mit anderen Illustrationen und zugehörigen Textstellen zu sehen, denen sie entnommen sind. In einigen Fällen wird auf Kunstdruckkarten und Postkarten als Bildvorlage verwiesen. Die bekannteren Bilder sind heute zumeist über Internet aufrufbar.

S. 2:   Donatello: Tanzende Putti. In: B. A. Bennett u. D. G. Wilkins: Donatello. Stuttgart 1986. S. 96.

S. 13:   Weiße Dame von Auahouret, ca. 4000 v. Chr. (afrikanische Felsenmalerei). In: E. Lohse-Claus: Tanz in der Kunst. Leipzig 1964. Tafel 1.

S. 14:   Reigentanz, Kreta. In: C. Andreopoulou-Koilaku: Mystra. Die letzte Ruhestätte von Byzanz. Archäologischer Führer. Athen o. J. S. 21.

S. 16:   Reigentanz von der Francoisvase, Florenz. „Heiliger Tanz von Delos". In: F. Weege: Der Tanz in der Antike. Halle / Saale 1926. S. 57 (Abb. 75).

S. 16:   Der Reigentanz „Hormos" (unteritalisches Vasenbild aus Ruro, Museo Borbonico). In: Weege: a.a.O. S. 38 f. (Abb. 44 u. 46).

S. 17:   „Borghesische Tänzerinnen". Rundbild einer Schale des Epiktetos. In: Weege: a.a.O. S. 58 (Abb. 77).

S. 17:   Tänze um den Yasukuni-Schrein. In: *Süddeutsche Zeitung*. 14. 5. 2003. S. 12.

S. 18:   Flötenspieler und Tänzerin (6. Jh. v. Chr.). Rundbild einer Schale des Epiktetos. In: Weege: a.a.O. S. 15 (Abb. 13).

S. 18:   Tanz um den Dionysos-Altar. In: Weege: a.a.O. S. 76 (Abb. 103).

S. 19:   Dionysischer Fries mit gegeißeltem Mädchen und Bacchantin, 80 v. Chr. (Pompejanische Wandmalerei). In: Lohse-Claus: a.a.O. Tafel 6.

S. 20:   Tanz der Salome, 1022 (Bronzerelief der Bernwardsäule). Dom, Hildesheim. In: Lohse-Claus: a.a.O. Tafel 12.

S. 21:   Aubrey Beardsley: Stomach Dance of Salome. In: The early Work of A. Beardsley. New York 1967. Tafel 148.

S. 21:   Zittertanz der Shaker. In: W. Sorell. Kulturgeschichte des Tanzes. Wilhelmshaven [2]1995. S. 126.

S. 23:   Griechischer Waffentanz. In: Weege: a.a.O. S. 37 (Abb. 43).

S. 24:   Griechische Schwerttänzerin. In: Weege: a.a.O. S. 125 (Abb. 177).

S. 25: Hiltbolt von Swanegoen, ca. 1300 (Manesse-Handschrift). In: Lohse-Claus: a.a.O. Tafel 13.

S. 26: Die Erlösung des Renaud (Finale). In: V. Lorenz: Primaballerina. Frankfurt a.M. 1987. S 64.

S. 27: Synchronschwimmen. Postkarte.

S. 27: Formationstanz. Postkarte.

S. 28: Walzer. Postkarte.

S. 30: Statuette einer Tänzerin, 2. Jh. v. Chr. (Terracotta aus Myrna). In: Lohse-Claus: a.a.O. Tafel 4.

S. 31: Die Tänzerin Barberina Campanini. Berlin, Schloss Charlottenburg. Postkarte.

S. 32: Gret Palucca: Rosenkavalierwalzer (1932). In: K. Erdmann-Rajski: Gret Palucca. Hildesheim 2000. S. 251.

S. 33: Mary Wigman „Hexentanz". In: R. Lämmel: Der moderne Tanz. Berlin o. J. (ca. 1925/27). Tafel 16.

S. 34: Harald Kreutzberg „Bewegungsstudie". In: Sorell: a.a.O. S. 357.

S. 35: Tanz-Figurine (ägyptisch). In: S. Lloyd: The art of the ancient near east. London 1961. S. 29.

S. 37: Goldener Stier. In: Lloyd: a.a.O. S. 91.

S. 39: Tänzerische Haltung. Phönizische Gottheit. In: D. Baramki: Phoenicia and the Phoenicians. Beirut 1961. Tafel 6.

S. 42: Griechische Tänzerin. In: M. v. Boehn: Der Tanz. Berlin 1925. S. 8.

S. 50: Griechischer Waffentanz. In: Weege: a.a.O. S. 47 (Abb. 17).

S. 53: Anakreon im Komos. In: Weege: a.a.O. S. 127 (Abb. 180).

S. 55: Der Tanz der Salome. Postkarte.

S. 73: Der jährliche Tanz der Sonne. Römischer Steckkalender. Museumsreplik, Keramik.

S. 79: Schreit-Tanz heiliger Frauen. In: D. T. Rice: Art of the Byzantine Era. London 1963. S. 50.

S. 81: Tänzerin auf der Krone des Kaisers Konstantin IX. Monomachos. In: Rice: a.a.O. S. 77.

S. 85: Tanz der Engel. Fra Angelico: Il Paradiso. Postkarte.

S. 88: Rhythmischer Schreit-Tanz der Engel. In: C. Andreopoulou-Koilaku: Mystra. Die letzte Ruhestätte von Byzanz. Archäologischer Führer. Athen o.J. S. 21.

S. 90:   Thronende Maria mit Kind. In: Rice: a.a.O. S. 177.

S. 90:   Polnischer Breakdancer vor Papst Johannes Paul II. 2004. In: *Der Spiegel*. Nr. 6 vom 2. 2. 2004. S. 164.

S. 91:   Mittelalterliches Liebespaar. In: T. Bein: Liebe und Erotik. Graz / Darmstadt 2003. S. 107.

S. 95:   Der Bilderzyklus zu Dantes „Göttlichen Komödie": Sandro Botticelli: Kupferstichkabinett. Katalog. Berlin 2000.

S. 98:   Heinrich Seuse im Tanz mit einem Engel. (Cod. Guelf. 78. 5. Aug. 2°, Blatt 95r.) Herzog-August-Bibliothek Wolfenbüttel.

S. 100:   Moriskentänzer von Erasmus Grasser. München, Stadtmuseum. Postkarte.

S. 102:   Dürer: Maskentanz. In: M. v. Boehm: a.a.O. S. 64.

S. 103:   Der Tanz ums goldene Kalb. In: S. Brant: Das Narrenschiff. Stuttgart 1985. S. 215.

S. 104:   Liebespaar in Tanzhaltung. In: H. Belting: Hieronymus Bosch/Garten der Lüste. München / Berlin / London / New York 2002. S. 53.

S. 106:   Crispin de Passe: Tanzstunde. In: M. v. Boehn: a.a.O. S. 104.

S. 108:   Giacomo Franco: Die Galliarde. In: M. v. Boehn: a.a.O. S. 96.

S. 110:   J. E. Nilson: Menuett. In: M. v. Boehn: a.a.O. S. 128.

S. 114:   Antoine Watteau (1684-1721): Die Hirten. Postkarte.

S. 119:   A. Watteau: L'Indifferent. Postkarte.

S. 121:   Nicolas Lancret (1690-1743): Die Tänzerin Camargo. Postkarte.

S. 123:   Hochzeitsmenuett Ludwig XVI. Postkarte.

S. 128:   Michael Wolgemut: Totentanz. In: Sorell: a.a.O. S. 30.

S. 130,
132,
133:        Die von Goethe zitierten Bilder des besagten Reliefs finden sich in der zitierten Ausgabe der „Kunsthistorischen Schriften". S. 130.

S. 137:   Francisco de Goya: Blinde Kuh. In: Museo del Prado. Führer, Deutsch. Aldeasa 2000. S. 165.

S. 139:   J. H. W. Tischbein: Schwebende Nymphen. Landesmuseum Oldenburg. In: H. Schlaffer: Klassik und Romantik. Stuttgart 1986. Tafel VI.

S. 142:   B. Bracelli: Tanz mechanischer Figuren. In: G. R. Hocke: Die Welt als Labyrinth. Hamburg 1987. S. 143.

S. 144:   Marionettentheater. In: Die Welt im Puppenspiel. Zürich 1972. S. 58.

S. 150:   Lucas Cranach d. Ä.: Das Goldene Zeitalter. In: G. Bartz, A. Karnein, C. Lange: Liebesfreuden im Mittelalter. München 2001. S. 13.

S. 152:   Marie Taglioni. In: M. v. Boehn: a.a.O. S. 232.

S. 154:   Fanny Elssler. In: M. v. Boehn: a.a.O. S. 224.

S. 156:   Bolero (Ausschnitt). In: M. v. Boehn: a.a.O. S. 208.

S. 157:   Schinkel: Uranus und der Tanz der Gestirne. In: P. F. Feist: Geschichte der Deutschen Kunst (1760-1848). Leipzig 1986. Bildtafel 115.

S. 159:   Vincent v. Gogh: Tanzssaal in Arles. In: St. Roffo: Van Gogh. Kehl a. Rhein 1994. S. 29.

S. 164:   Edgar Degas: Tänzerin auf der Bühne. Postkarte.

S. 166:   Edgar Degas: Kleine Tänzerin. Postkarte.

S. 168-
173:      Die Abbildungen der Zeichnungen von Wilhelm Busch entstammen der zitierten Ausgabe, s. S. 167.

S. 175:   Otto Eckmann: Tanzende Mädchen. In: A. Soergel, C. Hohoff: Dichtung und Dichter der Zeit. Bd. 1. Düsseldorf 1964. S. 299.

S. 177:   Camille Claudel: Der Walzer. In: J. A. Schmoll, gen. Eisenwerth: Rodin und Camille Claudel. München / London / New York 2000. S. 65.

S. 187:   Ruth St. Denis in Radha. Postkarte.

S. 190:   Ruth St. Denis in Radha. In: Sorell: a.a.O. S. 298.

S. 192:   Antonia Mercé y Luque: La Argentina. Postkarte.

S. 198:   R. von Laban: Der Mönch. In: Ders.: Die Welt des Tänzers. Stuttgart 1920. S. 39.

S. 202:   R. von Laban als Don Juan. In: Lämmel: a.a.O. Tafel 9.

S. 209.   Mary Wigman: Zweite Vison. In: Lämmel: a.a.O. Tafel 17.

S. 216:   Yvonne Georgi: Bewegungsstudie. In: Lämmel: a.a.O. Tafel 25.

S. 219:   Jacques Callot: Figuren der Commedia dell'arte. Postkarte.

S. 220:   Marcel Marceau als „Bip". In: Marcel Marceau: Maître Mime. Québec 1978. Bildtafeln. Ohne Zählung.

S. 226:   Shiva Nataraja. In: H. Lützeler: Wozu eigentlich Kunst? Bergisch-Gladbach 1980. S. 242.

S. 226:   Kosmischer Wirbel. In: *Süddeutsche Zeitung*. 22. 8. 1997.

S. 233:   Sandro Botticelli: Tanz der drei Grazien. Postkarte.

Prof. Dr. Uwe Pühse (Hrsg.)

Soziales Handeln im Sport und Sportunterricht

Die Sportpädagogik hat sich in zeitlichen Abständen immer wieder mit Fragen des sozialen Handelns im Sport und Sportunterricht beschäftigt. Nachdem es in den letzten Jahren ruhiger um diese Thematik wurde und verstärkt Probleme der Gesundheitserziehung ins Blickfeld rückten, soll der vorliegende Reader einen Beitrag dazu liefern, die Diskussion um das soziale Handeln im Sport neu zu beleben. In der Textsammlung nehmen namhafte Autorinnen und Autoren aus jugendsoziologischer, entwicklungspsychologischer, schulpädagogischer und besonders aus sportpädagogischer Perspektive Stellung zum Thema und öffnen so die Diskussion einer erweiterten Betrachtungsweise.

DIN A5, 248 Seiten
ISBN 3-7780-6881-4
Bestell-Nr. 6881 € 19.90

Prof. Dr. Heinz Denk / Prof. Dr. Gerhard Hecker (Hrsg.)

Texte zur Sportpädagogik   Teil III
Reformpädagogische Ideen, Ansätze und Konzepte

Die in diesem Band vorgelegten Originaltexte beziehen sich auf die Zeitspanne von 1908–1966. Sie sollen insbesondere einen Eindruck vermitteln von den vielfältigen Ansätzen der Kritik an der Schulpraxis und den daraus resultierenden reformerischen Konzepten, die in diesen Jahrzehnten die Entwicklung der Sportpädagogik und der sportbezogenen erzieherischen Praxis beeinflusst haben.

DIN A5, 312 Seiten
ISBN 3-7780-6891-1
Bestell-Nr. 6891 € 24.90

Steinwasenstraße 6–8, 73614 Schorndorf
Telefon (07181) 402-125, Telefax (07181) 402-111
Internet: www.hofmann-verlag.de · E-Mail: bestellung@hofmann-verlag.de